国家社科基金项目（07XYJ036）最终结项成果
省高校重点建设研究基地粤港澳产业转移研究中心成果

人民币汇制改革的绩效及进一步改革研究

——兼论人民币升值的中国产业升级与产业转移效应

曹垂龙 著

中国社会科学出版社

图书在版编目(CIP)数据

人民币汇制改革的绩效及进一步改革研究:兼论人民币升值的中国产业
升级与产业转移效应/曹垂龙著.—北京:中国社会科学出版社,2011.8
ISBN 978 - 7 -5004 -9874 -2

Ⅰ.①人… Ⅱ.①曹… Ⅲ.①人民币汇率—货币制度—经济体制
改革—研究 Ⅳ.①F832.63

中国版本图书馆 CIP 数据核字(2011)第 112620 号

策划编辑	冯 斌
责任编辑	丁玉灵
责任校对	李 莉
装帧设计	郭蕾蕾
技术编辑	戴 宽

出版发行 中国社会科学出版社
社　　址　北京鼓楼西大街甲 158 号　　　邮　编　100720
电　　话　010—84029450(邮购)
网　　址　http://www.csspw.cn
经　　销　新华书店
印　　刷　新魏印刷厂　　　　　　　　装　订　广增装订厂
版　　次　2011 年 8 月第 1 版　　　　　印　次　2011 年 8 月第 1 次印刷
开　　本　710×1000　1/16
印　　张　19.5
字　　数　320 千字
定　　价　42.00 元

目　录

第八部分 人民币汇制进一步改革方案的设计与论证篇

第一部分

绪论篇

第一章 绪论

本书是笔者在本人主持并于 2010 年 4 月完成结项的国家哲学社会科学基金项目"人民币汇制改革的绩效及进一步改革研究：兼论人民币升值的中国产业升级与产业转移效应"研究（项目批准号：07XYJ036）的最终成果的基础上，添加了 2010 年 1—7 月的数据而写成。

本章将首先阐述本书的研究思路，其次叙述主要观点和创新点，最后简单阐述研究框架。

第一节 选题意义与研究思路

一 课题选题意义和价值

（一）课题申报前的国内外研究现状述评

1. 人民币汇制改革的影响方面的研究

汇制改革前，绝大多数国内外专家和学者均认为，人民币名义汇率存在较大程度的低估（张志柏，2005；鲁志勇等，2005；张斌，2003；等），人民币应该适当升值。一些学者（范金，2004；杨帆等，2005）还对人民币升值对进出口贸易、农业、加工业、制造业等行业的影响进行了研究，认为人民币升值还会扩大我国的贸易顺差等等。麦金农（2005）在人民币汇制改革不久即指出，中国的汇制改革对中国的贸易失衡的改善作用不大，或者说人民币升值对中国贸易平衡效应是不确定的，相反却会给中国带来通缩和"零利率流动性陷阱"的压力以及人民币升值压力不断增加的风险，但普林斯顿大学邹至庄教授却持相反的观点。综观国内外学者的研究成果，主要侧重于人民币汇率变化对货币政策独立性、出口、就业、物价等方面影响的实证研究。但是汇制改革至本项目申报时的 2007 年 2 月已有近 20 个月，国内外学者在对汇制改革对我国贸易收支、国际资本流动、国内金融市场、内外均衡等方面的真实影响的研究文献不多。

2. 人民币新汇制的表现及其进一步改革方面的研究

2005 年 7 月人民币汇率制度改革后，国内外一些专家和学者对人民币新汇制的表现进行了跟踪和研究，并且根据新汇制的不足提出了一些进一步改革的思路。如：杜晓蓉（2006）证实证明，汇制改革初期人民币实质在高频上盯住美元；金永军等（2006）也根据汇制改革后的短期实效证明在货币篮子中，美元的权重仍占 95% 以上，人民币汇率制度仍是"参考美元为主的软盯住的汇率制度"。但两位学者均未对人民币汇制的进一步改革提出方案。黄泽民（2006）认为："BBC 汇率制度似乎尚未形成"，"人民币进行目标区管理比参考一篮子货币调节将使我国央行更为主动"，"汇率目标区管理式的有管理的浮动汇率机制兼顾固定汇率制和浮动汇率制的优点，是适合我国现实经济状况的"。岳华（2006）通过建立预期价值函数也证实："目标区制是最优选择。"但两位学者均只是提出目标区制更适合中国现实经济状况，并未对目标区的大小和如何建立货币篮子提出建设性的方案。许少强（2006）也认为应建立目标区制，但提出美元在篮子中的权重为 80%，这必然会导致极浓的盯住美元制色彩，建立目标区制的意义太小。季涛（2006）提出："消除外汇投机最好的办法是将人民币每次升（贬）值控制在 1%，并保持一段时间"，但却没有考虑到央行的政策空间太小，以及外部压力如何消除的难题。

（二）选题意义和价值

人民币汇制改革至今已近五年，截止到 2010 年 6 月 30 日，与汇制改革前相比人民币对美元已累计升值近 22%，而 IMF2006 年仍然将中国的汇率制度纳入事实上的其他传统的固定盯住单一美元，我们有必要对汇制改革五年来的绩效及真实经济效应等加以研究。本书旨在通过对新汇制的实际性质、五年的表现、汇制改革后外汇市场和外汇管理等方面的配套改革、汇制改革五年来的货币政策效应、国际游资效应及贸易收支效应，以及人民币升值对国内经济（包括增长速度与结构调整）和就业的影响等进行研究，并借以作为人民币汇制改革的绩效评价和进一步改革的依据。从前期研究成果来看，新汇制并未达到预期的效果，汇率带宽太窄，游资抑制效应仍然欠佳和为货币政策的独立性释放的空间仍然不大，人民币升值压力依旧，如何对人民币汇制进行进一步弹性化改革已成当务之急（曹垂龙，2006、2007）。汇率已成为影响一国经济内外均衡的核心要素，因此，本书具有很强的现实意义，其研究成果对决策层关于人民币汇制改革的绩效评价及其进一步改革等方面的决策具有参考价值。

二　基本研究思路和主要研究方法

（一）基本研究思路

主要通过大量查阅和研究国内外相关文献资料，研究和总结国内外与本书相关的经典理论和国外汇率改革的成就、经验和教训，充分考虑我国经济和金融方面的国情及发展趋势，理性地研究人民币汇制改革的绩效，并设计出进一步改革的方案。

（二）主要研究方法

主要采用：规范研究、实证研究、对比分析等研究方法。

1. 规范研究

规范研究是基础，本成果中运用了大量的规范研究的分析、描述和推理，尤其是对一些经典理论及其在中国的适用性分析等。

2. 实证研究

在规范研究的基础上，通过收集大量的数据进行实证研究，尤其侧重于人民币汇制改革对中国经济内外均衡和货币政策效率等的改善效应，并借以作为人民币汇制改革的绩效评价。

3. 对比分析

比较分析国外汇率改革的经验和教训，并根据中国的实际情况，设计出关于货币篮子的货币构成、权数、区间大小、是否公开透明等多套方案，进行优劣的比较分析和论证，最后提出进一步改革的较优方案。

第二节　研究的主要内容、观点和创新点

一　研究的主要内容

（一）人民币汇率制度改革的原因与人民币应该选择什么汇率制度

主要研究 2005 年人民币汇制改革的原因（内外因素），以及分析在开放进程中人民币应该选择什么汇率制度，并在此基础上对我国 2005 年的汇制改革作简单的评析。

（二）深入研究人民币汇改对中国经济内外均衡的改善效应，并借以作为人民币汇改的绩效评价和进一步改革的依据

按照相关内容设计 7 个子课题，主要包括：

1. 人民币汇制改革的国际游资抑制效应

主要研究人民币汇制改革对国际游资抑制的效果，并探讨新形势下传统的国际游资估算方法的适用性，以及是否有必要对新形势下的国际游资估算方法进行修正，如何修正，等等。

2. 人民币升值对我国贸易收支不平衡的改善效应

主要研究人民币汇率改革的"副产品"——人民币升值对我国贸易收支失衡的改善效应，探讨中国贸易总收支失衡、中美贸易收支失衡和全球贸易失衡不断扩大的深层次根源，并在此基础上反驳西方国家的"中国控制汇率论"和要求人民币大幅度升值的言论。

3. 人民币汇制改革的中国货币政策独立性的释放效应

主要研究人民币汇制改革对中国货币政策独立性和有效性的改善效应，通过研究人民币汇制改革对国际游资抑制效应等，来进一步分析中国货币政策独立性和有效性的改善效应，并力求析解人民币升值与中国通货膨胀加剧的悖论。

4. 人民币汇制改革对国内金融市场和商业银行的影响

主要研究人民币汇率改革对中国外汇市场、货币市场、资本市场和商业银行的积极和消极影响，如何预防人民币汇率改革给我国带来的金融风险等。

5. 人民币升值对中国经济增长和就业的影响

主要研究人民币汇率改革对中国经济增长和就业的影响，尤其是人民币升值对中国经济增长和就业的影响，包括对中国经济增长速度和就业的消极影响；人民币汇率变动的中国经济增长方式（经济增长质量）、产业结构调整、产业转移等方面的影响；并析解人民币升值与中国经济增长加速之谜。

6. 人民币均衡汇率新视角及人民币汇率政策

主要研究均衡汇率新论——均衡汇率杠杆论，并根据中国的国情提出近中期的人民币汇率政策，即人民币汇率的调整方式。

7. 国际货币体系中的美元霸权及其对人民币汇制改革的影响

主要研究当今国际货币体系中的美元霸权及其对人民币的影响，进一步揭示人民币汇制改革对中国外部经济失衡和全球经济失衡的改善绩效不佳的深层次根源，以进一步反驳西方国家的"中国控制汇率论"和要求人民币大幅度升值的言论，并为我们提出的近中期的人民币汇率政策，即人民币汇率的调整方式寻找更多的理论支撑点。

（三）设计人民币汇制进一步改革的可行方案

在全面评价人民币新汇制的绩效的基础上，并按照主动性、可控性和渐进性的原则，设计人民币汇制进一步改革的可行方案。

二 重点与难点

辩证地剖析人民币新汇制运行五年以来的积极表现与不足，评价汇制改革五年以来对中国经济内外均衡实现，尤其是对贸易收支、国际游资、货币政策独立性、经济增长和就业等方面的影响，特别是分析解释人民币升值的多项中国经济效应之谜：如人民币升值与中国贸易收支顺差骤升共舞之悖论、人民币升值与中国经济增长加速（尤其是净出口的经济增长贡献度大幅度上升）之悖论、在资本项目基本管制条件下人民币升值与中国通货膨胀加剧之谜等，并根据西方有关汇率方面的经典理论和我国的国情，提出适合我国经济状况和发展趋势的人民币汇制进一步改革的方案。

三 主要观点

（一）人民币汇率制度改革的原因与人民币应该选择什么汇率制度

任何一种汇率制度都有其利弊，一国所选择的汇率制度，只有在其当时的国情下，利大于弊，才是较优的选择。

1. 汇改前人民币选择盯住制，是特殊时期短期避害的选择

尽管盯住制有着种种缺陷，但其具有的稳定汇率、降低外汇风险、增强外部经济对本币的信心等，是对外贸易和引进外资的较有力支撑。因此，从短期看，可以说盯住制利大于弊，可作为特殊时期短期避害的选择，如国际汇率异常波动时期、发展中国家实施出口导向型经济战略的初期等。众所周知，人民币正是在举世瞩目的亚洲金融风暴的特殊时期，改为事实上的盯住美元制作为避害的选择（当时众所周知，人民币经受着极大的贬值预期）。应该肯定，人民币汇率的稳定对于我国能在东南亚金融危机中安全着陆和促进汇改前我国经济的稳步发展，功德无量。

2. 在金融开放不断扩大的条件下，盯住制的劣势日渐显露，应该逐步退出

按 IMF 分类法，汇改前中国大概已有 45% 的资本项目实际上已经可兑换，仍实行严格管制只有数项而已，部分管制的项目也不过十几个（钟伟，

2003）。我国资本与金融账户对外开放的进程不可逆转，并有朝着放松发展的基本趋势。伴随我国逐步加大的对外开放的步伐，人民币盯住制下的"米德冲突"、对货币政策工具效率的伤害和货币危机的易发性等劣势正日渐显露。根据世界各国的经验教训，实践证明较封闭的资本项目是盯住制良性运行的前提，一国金融自由化的进程应与其汇率灵活度的改革相协调，否则，就容易爆发货币危机。20 世纪末的东南亚金融危机，不就是很好的例证吗？可见，随着我国资本项目的逐步开放，从中国经济的可持续发展出发，选择时机抛弃人民币盯住制是明智的。

3. 管理浮动应该是人民币今后较长期汇率政策的较优选择

就不断开放的中国经济的内外均衡而言，已对人民币汇制提出了弹性化改革的要求，而就中国的经济实力和金融市场的完善程度等因素来看，在现行不公正、不合理、不稳定的牙买加体制下实行完全的自由浮动也不是明智之举。通过基于国际汇率安排的比较和我国内生变量的分析，得出管理浮动兼顾固定汇率与浮动汇率的稳定性和灵活性，是政府力量和市场力量的融合，应该是中国现阶段及今后较长时期内的较优选择。

4. 中国经济内外均衡的需要对人民币提出了适当升值的要求

汇改前人民币升值压力的升温，是内外因素共同作用的结果。就内部压力来看，主要是由于中国长期的"双顺差"汇率效应和高速增长的巴萨效应的累积；就外部压力来看，有中美贸易失衡和全球经济失衡持续扩大的贸易摩擦效应，以及弱势美元政策的牵连效应，也有西方一些不良用心的团体和个人将汇率问题政治化的推动。因此，在内外因素共同的作用下，对人民币提出了适当升值的要求，但是必须把握好升值的速度和节奏。

总之，提出适时对人民币盯住汇率制进行弹性化改革和适当升值的要求，是内外因素共同作用的结果，是中国经济内外均衡实现的需要。但是，必须把握好弹性化改革的进程和人民币升值的速度，避免掉进美国等西方国家一些不良用心的团体和个人的圈套：利用汇率打压中国经济！

（二）关于新汇制在汇率弹性方面的绩效

1. 新汇制的积极表现：缓慢盘升，汇率弹性略现

从新汇制五年的实效来看，前三年基本呈现出"大涨小跌"的缓慢盘升的走势，基本实现了双向浮动，汇率弹性已有所显现。

2. 新汇制的表现不足：盯住制色彩仍浓，BBC 汇率制度似乎尚未形成

在我们统计的人民币汇制改革以后的 2005 年 7 月至 2010 年 6 月的 20 个

季度里，17 个季度都具有浓郁的"其他传统的固定盯住美元汇率制"或"爬行水平盯住美元汇率制"特征，尤其是人民币汇制改革后的第一年、第四年及以后。从第四年开始，受国际金融危机的影响，浮动区间收缩，汇率弹性缩小，回归"硬"盯住美元。可见，美元在货币篮子中的权重似乎过大，盯住美元制的色彩仍浓，BBC 汇率制度似乎尚未形成。

（三）关于新汇制的中国外部经济均衡绩效的总体评价

1. 游资冲击仍然难以有效抑制

人民币汇制改革之初，人民币对美元的日波幅仅仅限制在 0.3% 范围内，虽然 2007 年 5 月扩大到 0.5%，但仍然大大低于布雷顿森林体系下的 1% 的波幅，这也意味着央行必须每天都关注外汇市场供需缺口，并将缺口填平，以熨平汇率短期波动的轨迹。在较小的浮动空间和较强的升值预期下（如 2005.07—2008.06 期间），汇率可能会形成单边上升的态势，使国际游资进入中国套汇的成本（汇率风险）几乎为零，导致游资冲击仍然难以有效地抑制。

2. 货物贸易收支的顺差不降反而骤增的悖论

伴随人民币汇率体制的改革，人民币汇率，不管是人民币对美元名义汇率，还是人民币名义有效汇率和实际有效汇率，均出现了较大幅度的升值：2008 年年底与人民币汇制改革前相比，基本达到或者超过了 20%，但是，不管是中国的货物贸易总顺差，还是中美的货物贸易顺差，均出现不降反而大幅度骤增的悖论。

（四）关于新汇制的中国内部经济均衡绩效的总体评价

1. 汇率弹性仍较小，"米德冲突"仍然严峻，为货币政策的独立性释放的空间仍然不大

在中国国际收支"双顺差"和人民币汇率弹性仍然较小的局面下，央行的被动干预，导致外汇储备和被动性货币投放的增加，加剧了国内金融体系的流动性泛滥，进而导致通货膨胀的压力，中央银行货币政策的独立性和有效性仍然难以有效提高。另外，从新汇制运行以来我国对利率工具使用的独立性和有效性来看，新汇制给我国货币政策的独立性释放的空间和货币政策有效性的改善效应仍然较小。

2. 人民币升值的中国产业结构升级的现实效应远小于理论效应

汇率是比价，更是杠杆和政策工具。理论上人民币升值具备中国产业升级和经济增长方式改善效应，然而现实中却受制于中国国情、人民币升值的

成本、产业结构与增长方式的刚性等，形成现实绩效远小于理论效应。

（五）关于人民币汇制进一步改革的理由和依据

1. 为了更好地抑制游资和为货币政策独立性释放更大空间的需要

在一个较大的浮动空间内，汇率的双向走势，使投机进出资金的风险成本加大，这会给投机资金带来一定压力和风险，从而抑制其投机操作。这将会对抑制游资冲击和释放更多的货币政策独立性的空间带来积极的效应。

2. 外汇市场的建设已小有成就，避险工具和途径逐步增加

人民币汇制改革以来，我国外汇市场在交易主体的增加和多元化、交易方式的多样化和做市商制度的不断完善、交易品种尤其是避险工具和避险途径的增加、监管和干预方式向市场化演变等方面做了不少有益的改革，为汇制的进一步改革创造了一定的条件。

3. 微观经济主体的外汇风险意识和避险的能力有所增强

央行货币政策司 2006 年的《企业规避汇率风险情况调查》和中国人民银行《2007 年中国货币政策执行报告》中"关于'微观经济主体对汇率变动承受能力'的调查与分析"显示：汇制改革后，我国企业在普遍使用贸易融资和金融衍生产品进行汇率避险的同时，想方设法通过各种方式积极应对汇率波动，包括提高品牌意识、产品结构升级、价格策略和改变计价货币等，汇率避险意识不断提高，避险方法更加多样化，对汇率波动的适应性增强。

4. 人民币资本账户可兑换进程稳步推进的要求

汇制改革以来，我国虽然仍然保持对资本账户中关键项目的管制，但资本账户对外开放的步伐明显加快。然而，如果实行较为灵活汇率的步伐如果大大落后于资本项目的开放，就很可能诱发金融风暴。

（六）关于人民币汇制进一步改革的建议：构建和完善汇率目标区管理机制

从理论上讲，规定日波幅既不符合管理浮动汇率制也不符合汇率目标区制的基本思想；从操纵上说，0.3%（或 0.5%）的日波幅看似很小，但 10 天就有可能达 3%（或 5%），中央银行干预市场的压力很大。高居世界第一的外汇储备和对资本项目中关键项目的管制为我国实行汇率目标区制提供了强有力的支撑。因此，建议尽快建立起汇率目标区管理式的有管理的浮动汇率机制，并建议采用目标区不透明（或者是先透明，后逐步向不透明过度）、有一定宽度（采取先窄后宽，并逐步扩大）、可以修正的汇率目标区制，在

区间内让汇率根据市场力量波动，如果汇率超出目标区间，货币当局才进行"逆风干预"。

1. 目标区间的大小

建议在近期方案中设定为 +/−2.25%，并根据我国资本账户的进一步开放和国内金融市场的不断完善而逐步扩大目标区间，以增加汇率弹性，减少政策成本。因此，关于中期方案的区间，建议扩大到 +/−5% 左右。而且，在危机时期，根据国际经验，也可以将浮动区间暂时扩大到 +/−10%—15%，等危机过后再将区间缩小到原来的区间。

2. 关于货币篮子的选择与中心汇率的确定及其调整

拟选择中国主要贸易伙伴的货币作为篮子货币的构成，并且进行多方案的比较分析。欧元、日元、韩元、新台币的权重分别按其在我国对外贸易中的比重来确定。在确定美元的权重时要考虑到东盟主要国家货币和港元仍是事实上的盯住美元，以及目前美元仍占我国对外贸易计价结算的 80% 以上和外汇交易的 98% 左右，保持美元汇率的稳定，对我国对外贸易和经济的稳定与发展至关重要等因素。因此，提出在近期的人民币货币篮子中，美元的权重设定在 50%—60%，并逐步降低美元的权重的思路，到中期美元的权重设定在 40%—50%，以逐步增加人民币汇率的灵活性。在货币篮子确定后，央行再根据所测定的均衡汇率作为中心平价，并且每半年或三个月对篮子和中心平价进行一次微调，以确保汇率与我国经济基本面长期保持基本一致。

四　主要创新点

（一）较全面地评价了新汇制的实际效果

本成果利用规范研究和实证研究，较全面地评价了新汇制的实际绩效，包括汇率弹性本身和新汇制对中国经济内外均衡的改善效应，尤其是对国际收支、中国经济增长和就业、中国货币政策独立性、国内商业银行和金融市场等内外部均衡的影响。

（二）析解人民币升值的多项中国经济效应之谜

1. 析解人民币升值与中国贸易顺差骤升共舞之悖论

针对新时期我国国际收支出现的新情况，建立对汇制改革后伪装成贸易资金流入的投机性资本进行估算的方程式。估算的结果表明，汇制改革后我国贸易顺差的大幅度飙升，很大程度上是由于大量的国际游资伪装成贸易资金流入所至。对于贸易顺差中是否存在游资，游资到底有多少的问题，国内外学者争议颇多。在析解中国巨额贸易顺差中是否隐藏游资之谜的论证过程中，我们首先对王志浩、管涛、张明、李东平四大名家之观点及估算方法进行了评析，提出其疑点，然后根据汇制改革后在我国的外商投资企业的贸易顺差的突变情况，通过从新的视角建立方程式对贸易中的游资进行估算，得出与现实更相符合的结果：汇制改革后的巨额贸易顺差中大约38%—48%是由于国际游资伪装成贸易资金流入所至。

2. 析解人民币升值与中国经济升温共舞之悖论

众所周知，从2005年人民币汇制改革至2008年6月，中国经济出现了人民币升值的同时，经济增长速度不但没有下降，反而出现较大幅度的增加，这是人民币升值经济效应的又一"中国之谜"。其核心"谜团"是人民币升值与中国净出口及其对经济增长的贡献骤增共舞之谜。我们的进一步研究发现，经典理论和传统思维均无法破解其核心"谜团"，即净出口及其对经济增长的贡献剧增之谜。最后，通过我们建立的方程式对汇制改革后是否存在巨额游资伪装成贸易资金流入导致净出口骤增进行估算，其结果表明，净出口增加额中很大部分是由于国际游资伪装成贸易资金流入所至，导致2005—2008年净出口对经济增长的"假贡献度"和经济"假增长"（区间）分别为1.7—1.7、0.7—0.9、0.9—1.1、0.2—0.7个百分点。

3. 析解在资本项目基本管制条件下人民币升值与中国通货膨胀加剧共舞之谜

人民币升值经济效应的又一"中国之谜"就是人民币升值与中国通货膨胀加剧共舞之谜。众所周知，从2005年人民币汇制改革至2008年8月，中国经济出现了在人民币加快升值的同时，通货膨胀的热浪也在不断升级。在人民币资本项目不可兑换的框架下，经典理论和传统思维难以破解人民币升值与中国通货膨胀较大幅度升温共存之谜。最后，根据我国加工贸易特征显著的货物贸易结构特征，以及我们建立的对汇制改革后贸易资金中的游资估算的新方程式，对汇制改革后中国贸易资金中的游资进行估算的结果表明：净出口增额中很大部分是由于国际游资伪装成贸易资金流入所至，在汇率弹性仍然较小的情形下，中央银行的稳定汇率的干预进而导致外汇储备和货币供应量飙升，形成超常的通胀压力。

4. 析解人民币升值的中国产业升级效应：理论与现实的悖论

汇率是比价，更是杠杆和政策工具。通过对汇率的杠杆属性、人民币升值的中国产业升级效应及其约束条件等进行了分析和研究，得出：理论上人民币升值具备中国产业升级和经济增长方式改善效应,然而现实中却受制于中国国情、人民币升值的成本、产业结构与增长方式的刚性等,形成现实绩效远小于理论效应。人民币汇率政策的选择与调整必须坚持统筹兼顾、量变到质变的科学发展观。

（三）对新时期游资的估算方法进行了修正

我们首先对新形势下传统的和已有的国际游资估算方法的适用性进行了分析和研究,认为传统的国际收支平衡表"错误与遗漏"额估算法,以及21世纪初发展的韩剑等（2006）的"非FDI资本流入量"（等于国际储备增量减去贸易顺差额,再减去FDI实际利用额）和韩继云等（2007）的"非正常外资流入量"（等于国际储备增量减去贸易差额、FDI货币投资额和外债增量）等三种游资估算方法,均不适应汇制改革后我国国际收支出现的新情况。然后,根据2005年以来我国贸易收支顺差骤增,尤其是外商投资企业的贸易收支顺差的猛增等新情况,建立新方程式对新时期游资的估算方法进行了修正,提出用"实际非FDI资本流入量"（在"非FDI资本流入量"的基础上,再加上伪装成贸易资本的投机性资本流入额和FDI实际利用额中的非货币投资部分）对汇制改革后进出我国的国际游资加以测算。其结果表明,人民币汇制改革的国际游资抑制效应并不理想。

（四）提出汇率目标区制为人民币汇制进一步改革的方案,并对人民币汇率目标区的设计进行多方案比较分析

提出汇率目标区制为人民币汇制进一步改革的方案,将西方的汇率经典理论与我国国情相结合,并对人民币汇率目标区的设计进行多方案比较分析。在此基础上,设计近中期的汇率目标区间和货币篮子及其调整,以及如何运用中心平价的微调来逐步释放人民币的升值压力,确保汇率与我国经济基本面长期保持基本一致,并如何运用美元在货币篮子中权重的调整来逐步增加人民币汇率的弹性等的进一步改革思路和方案。

（五）根据均衡汇率杠杆论和中国的国情,提出中国近中期的人民币汇率政策的基本思路

汇率具有杠杆属性,均衡汇率区间受制于均衡经济增长区间。通过反思汇制改革后人民币汇率的升值速度,权衡中国的基本国情、国内外经济金融形势的变化、人民币汇率调整的收益与成本等,认为:今后较长时期内人民币仍宜采取适当低估,当前可适当贬值,然后再缓慢升值的方略,以满足就业和稳定的大局的同时,又兼顾改善外部均衡和产业升级的需要。

第三节   本研究的基本框架

本书内容共分为九大部分十六章:

第一部分为绪论篇。主要对选题的意义、研究的基本思路与主要方法、研究的主要内容和基本框架、主要观点和主要的创新点等作简单的介绍和阐述。

第二部分为汇改之前奏篇。主要包括:第二章2005年以前人民币汇率制度的历史演进的回顾;第三章2005年汇改原因与汇改前夜的风风雨雨。

第三部分为汇改内容与配套改革篇。主要包括:第四章2005年人民币汇制改革的基本内容;第五章汇改后汇制的深化改革与相关金融配套改革。

第四部分为新汇制运行的实际绩效篇:基于汇率弹性的视角篇。包括:第六章新汇制运行的实际绩效:基于汇率弹性的视角,主要从汇率弹性,即汇率的灵活性的视角考察和分析2005年7月以来人民币汇制弹性化改革的实际绩效,分析新汇制的积极表现和不足。

第五部分为汇改后中国外部经济均衡改善绩效篇。主要包括:第七章汇改后中国贸易收支失衡改善效应分析(理论与实证分析);第八章人民币汇制改革后中国跨境资本流动效应(理论与实证分析)。

第六部分为汇改后中国内部经济均衡绩效篇。主要包括:第九章"均衡汇率杠杆论"与汇率的杠杆属性;第十章人民币汇率改革的中国金融市场效应;第十一章新汇制的中国货币政策独立性与有效性效应——析解人民币升值与中国通货膨胀加剧的悖论;第十二章人民币汇率改革的中国经济增长效应——析解人民币升值与中国经济升温的悖论。

第七部分为人民币升值的中国产业升级与产业转移效应篇。主要包括:第十三章人民币升值的中国产业升级效应:理论与现实;第十四章货币升值的产业升级与产业空心化双效应的博弈。

第八部分为人民币汇制进一步改革方案的设计与论证篇。主要包括:第十五章人民币汇率制度进一步改革方案的设计与论证;第十六章近中期人民币汇率政策的思考与建议——基于后金融危机视角并反思汇改后人民币汇率升值速度。

第九部分为主要参考资料和网站网址。

第二部分

汇改之前奏篇

第二章 2005 年以前人民币汇率制度的历史演进回顾

自 1949 年 1 月人民币汇率产生至 2005 年 6 月，人民币汇率制度的演进共经历了六个阶段。

第一节 1949—1952 年的人民币汇率制度

1949—1952 年，人民币对西方主要国家货币汇率的确定是以购买力平价作为基础的，具体来讲就是根据国内外物价的对比情况，计算出口商品理论比价、进口商品理论比价和侨汇购买力平价（华侨日用品生活费比价），并根据不同的经济政策目标确定三个平价的权重，通过三个比价的综合加权平均数来确定人民币汇率，同时参照国际市场相对价格水平的变化加以调整。根据汇率调整的主要方向不同又可以分为两个次阶段。

一 两个次阶段及其汇率的调整

（一）1949—1950 年 3 月期间

在 1949—1950 年 3 月期间，人民币汇率经常调整（达 52 次），且大幅度调低，1 美元兑人民币汇率由 1949 年 1 月 18 日的 80 元（旧币）下调到 1950 年 3 月 10 日的 42000 元（旧币），人民币贬值 99.8%。

（二）1950 年 3 月—1952 年底

在 1950 年 3 月—1952 年期间，人民币汇率仍然是经常调整，但却是不断回调，到 1952 年 12 月底已上调到 26170 元（旧币），人民币升值 60.5%。

二 汇率调整的原因

此时的国际货币体系是布雷顿森林体系，各国货币的金平价是双方货币汇率的决定基础。由于人民币从发行之日起就没有规定含金量，其汇价不可能建立在金平价基础之上；又由于人民币不是可自由兑换货币，也不可能在国际外汇市场上自发形成汇价。根据马克思关于价格与货币购买力的关系，物价可以间接表现出纸币所代表的价值量（实际代表的金量），因此用物价对比法来确定人民币汇率，理论上可行，实践中也是适合人民币的现实情况的。新中国成立初期至 1952 年为我国国民经济恢复时期，此时国内外的基本情况是：国内工农业生产亟待恢复，外汇极度短缺；西方国家又纷纷对新中国实行"封锁禁运"；国内物价波动又较大。1949 年至 1950 年 3 月期间，国内物价猛涨而国外物价基本稳定，且我国当时实行"奖出限入，照顾侨汇"的人民币汇率政策（杨胜刚等，2005），致使不断调高人民币汇价；而1950 年 3 月至 1952 年期间，则出现国内物价基本稳定而国外物价却上升，而且西方主要国家货币大幅度贬值，我国当时实行"奖励出口，兼顾进口，照顾侨汇"的人民币汇率政策（杨胜刚等，2005），致使人民币汇率频繁调高。不过，汇率的过多波动，会加大进出口贸易的汇率风险，并且与当时的国际固定汇率制极不相符。

所以，这一时期人民币汇率制度是：以购买力平价为基础，并频繁调整。

第二节　1953—1973 年 2 月的人民币汇率制度

"稳定"是 1953—1973 年 2 月期间人民币汇率的一个显著特点：自 1955 年我国实行币制改革（新旧币按 1：10000 的比例兑换）至 1971 年 12 月，人民币汇率牌价一直维持为 2.4618（人民币元/1 美元，下同），人民币对西方其他主要国家货币的汇率一般也保持不变，只有在个别国家调整其货币的金平价时才作相应的调整。

这一时期人民币汇率稳定原因主要有：（1）国民经济实行高度集中的计划管理体制，金融、物价高度稳定；（2）国营外贸公司基本主导了我国的进出口贸易，人民币也不作为对外计价的货币，人民币汇率对我国的进出口贸易基本不起调整作用，只是作为内部核算和编制报表时使用；（3）与西方国家的借贷也基本没有发生，涉外经济活动在我国国民经济中比重很低，人民币汇率对国民经济的影响较小；（4）国际上实行的是布雷顿森林体系下的固定汇率体制，货币之间的汇率比较稳定，波动较小。可见，保持人民币汇率的稳定是与当时的国内外经济形势相适应的。不过，1973 年的美元危机导致了布雷顿森林体系的瓦解，人民币汇率稳定的外部基石也随之消失。

也就是说，这一时期人民币汇率制度是：实行固定汇率制，汇率基本稳定。

第三节　1973—1980 年的人民币汇率制度

1973—1980 年 12 月间，人民币实行盯住一篮子货币汇率制度，主要特点就是人民币汇率频繁调整，如：仅 1978 年人民币对美元汇率的调整次数就达 61 次之多。篮子货币的种类及其权重由我国货币当局确定，并且根据不同时期国内外经济条件的变化加以调整，不过在篮子货币的选择及权重的确定时，主要考虑与我国对外贸易关系密切的国家和地区的货币，如美元、日元、英镑、德国马克、瑞士法郎等始终占有重要的地位。在调整人民币汇率时，也体现出独立自主，并兼顾外方利益的平等互利原则：人民币汇率的调整虽然是以外币的升（贬）值为依据，但是下调（上调）的幅度却又不完全等同于外币的升（贬）值的幅度，还得根据我国的经济目标和经济政策的需要，并兼顾外方利益加以确定。

此次人民币汇制改革的理由主要是：

（1）1973 年 2 月的美元危机导致了西方主要国家纷纷脱离布雷顿森林体系，并普遍实行浮动汇率制。由于发达国家的金融经济实力较强，在布雷顿森林体系崩溃后，较快、较好地实现了汇率的转轨。而广大发展中国家的市场经济基础薄弱，金融监管的机制难以适应完全浮动汇率制的运行，因此大多数发展中国家在布雷顿森林体系瓦解后，选择了带有依附属性的盯住汇率制，包括盯住单一货币或盯住一篮子货币。选择盯住一篮子货币从理论上说，可以使人民币的有效汇率更稳定，因为在篮子中的各货币，其汇率的升降具有一定的抵消作用，从而确保人民币有效汇率的相对稳定和我国出口商品的国际竞争力。

（2）国内价格结构与国际市场严重脱节，难以通过购买力平价（国内外物价对比法）来确定人民币汇率，因而选择盯住一篮子货币则是当时的较优选择。

（3）随着中美、中日的建交，我国对外经济活动逐步增多，人民币汇率对国民经济的影响也逐步增强，尤其是从 1968 年开始，人民币实行对外计价，人民币汇率对进出口的调控作用也显得越来越重要。在西方主要国家货币实行浮动汇率制后，人民币根据西方主要国家货币汇率的变动作相应的调整，是经济规律的要求。

不过，随着中国对外经济活动的增加，尤其是在改革开放后，这种汇率制度安排的缺陷也在逐步显现：

（1）理论上选择盯住一篮子货币可以确保人民币有效汇率的相对稳定，但是现实中，我国对外计价的美元使用比率不断提高，人民币对美元的汇率却不断过多地调整，致使以美元计价的各种交易的风险增加的矛盾愈加突出。

（2）篮子货币的种类选择及其权重确定缺乏客观的依据，导致汇率水平的确定和调整的科学性难以保证。

（3）由于汇率水平的确定和调整缺乏科学性，进而导致国内外价格的进一步背离，汇率机制逐步失效，而蜕化为对外贸易会计核算的工具。

（4）不合理的价格体系进而使贸易部门与非贸易部门的矛盾加剧。根据1979年的有关调查资料，如按国内外非贸易部门的价格对比法和贸易部门的价格对比法，所计算出的人民币汇率分别为0.8和2.53，而当时的牌价是1.55，造成贸易部门要求人民币进一步贬值，而非贸易部门则抱怨人民币汇率太低的尴尬局面。

所以，这一时期人民币汇率是实行盯住一篮子汇率制度，对汇率进行频繁调整。

第四节   1981—1984 年的人民币汇率制度

为解决非贸易部门和贸易部门之间的矛盾，从 1981 年 1 月 1 日开始，我国当局决定同时实行人民币汇率牌价（1981 年 1 月为 1.55）与进出口贸易内部结算价（2.8）的新体制：非贸易部门的收支按牌价结算，而进出口贸易则先按牌价结算，然后出口从财政领取结算价与牌价的差价，进口则上交差价，可见进出口贸易实际上执行的是内部结算价，出现人民币牌价与内部结算价共存的格局。自 1981 年以后，根据国内外形势的需要，人民币牌价也作了相应的下调，如人民币平均汇率：1981 年为 1.71，1982 年为 1.92，1983 年为 1.98。

这样的汇率安排，其优点主要表现为：

（1）对于缓解非贸易部门担心人民币汇率继续下调与贸易部门要求人民币汇率贬值间的矛盾起到了一定的效果，并为我国当时的价格体系的改革创造了一定的条件。

（2）又时值美元坚挺，且进出口贸易内部结算价的实施对进出口的调整作用又类似于人民币对外贬值的效果，国际收支得到改善，国际储备增加，到 1984 年我国的外汇储备已达 170 亿特别提款权。

不过，随着时间的推移，这种汇率安排的缺陷也在逐步暴露：

（1）不利于外汇管理，因为有些贸易业务与非贸易业务的界限难以划分，致使银行结算时界限不清，进而导致外汇管理的混乱。

（2）牌价与内部结算价共存实际上是实行双重汇率，容易招致贸易伙伴国的报复。

（3）由于进出口贸易是顺差，内部结算价导致财政支出增加，进而对通货膨胀形成一定的压力。

（4）进出口贸易按内部结算价结算，人民币牌价的调整实际上对我国进出口贸易不起调整作用，而我国国际收支主要是贸易收支，内部结算价的实施实际上使汇率机制失效。另外，由于物价和工资水平的变化，以及为了我国扩大对外开放和引进外资的需要，产生了牌价与内部结算价趋于一致的压力。

可见，"内部结算价"并不能作为一种长久的汇率安排，随着形势的变化取消内部结算价已势在必行。

第五节　1985—1993 年的人民币汇率制度

1985 年 1 月 1 日起，我国决定废除内部结算价，贸易与非贸易实行同一价格（2.8）。1984 年后我国物价上涨出现加快的趋势，如 1985—1988 年年均通货膨胀率，中国是 10.5%，而美国为 3.5%，中国是美国 3 倍，致使出口创汇成本不断增加，人民币汇率下调的压力屡屡出现。为适应形式的变化，国家多次下调人民币外汇牌价（详见表 2—1），其中 1986 年至 1990 年的 3 次下调均是一次性的大幅度贬值，其余的是逐步微调所至。另外，我国从 1986 年开始允许企业之间进行外汇调剂，之后逐步建立起了外汇调剂市场，并且形成了外汇调剂价。到 1992 年全国 80% 以上的外汇交易是在外汇调剂市场达成的，从而形成了人民币外汇牌价与调剂价共存的格局。

这一时段的汇率安排，突出的特点有两个：

（1）人民币外汇牌价调整的力度加大，一方面是为了消除人民币币值的历史性高估，另一方面也是为了反映经济发展中对人民币汇率水平的要求；

（2）外汇牌价与调剂价共存，体现了计划与市场共同发挥作用的深层次变革。外汇调剂价在一定程度上反映了外汇市场的供求关系，是我国人民币汇率制度由单一计划管理向市场化管理过渡的有益尝试，为之后的人民币汇制的进一步市场化改革积累经验。这种汇率安排，一方面配合和促进了当时我国的经济体制改革（如外汇管理体制改革、外贸体制改革等），另一方面对促进对外经济贸易的发展和对外开放的扩大，也发挥了积极作用。

不过随着形势的发展，这种"双轨制"的汇率安排的不足也渐渐显露：

（1）这种实质上的复汇率，容易招致国际上的不满，甚至已成为西方国家阻止我国"复关"的一个重要把柄，也不利于我国进一步参与国际经济贸易合作和引进外资；

（2）对进出口的调整仍然主要是外汇调剂价而非外汇牌价，当局对人民币外汇牌价调整的意义大大降低，尤其是 1992 年以后，两种汇率的差价拉大（如 1993 年上半年曾经达到人民币 5 元），汇率机制的作用难以发挥，不利于外贸企业成本的核算和国际收支的调节。可见，消除汇率双轨制，形成单一汇率已是我国对外开放的进一步扩大和市场经济建设的进一步推进的需要。

表 2—1　　　　　　　1985—1993 年人民币汇率牌价下调情况

时间	1985—01	1985—08	1985—10	1986—07	1989—12	1990—11	1993—12
牌价（人民币元/1 美元）	2.80	2.9	3.20	3.72	4.72	5.22	5.80

资料来源：根据 1985—1993 年相关日期《国际商报》公布的汇率数据并整理成表。

第六节　1994—2005 年 6 月的人民币汇率制度

1994 年 1 月 1 日，我国在对外汇管理体制进行改革的同时，对人民币汇制也进行了重大改革。主要内容有：

（1）汇率并轨，形成单一汇率。从 1994 年 1 月 1 日起，人民币实行汇率并轨，将 1993 年 12 月 31 日的人民币外汇牌价与外汇调剂价合二为一，初始值定为 8.7。

（2）实行以市场供求为基础的、单一的、有管理的浮动汇制，建立全国统一的银行间外汇交易市场，改进汇率形成机制。由国际收支决定的外汇市场供求关系将是汇率决定的主要依据，中国人民银行根据前一交易日银行间外汇市场形成的价格，公布人民币对美元交易基准价，并参照国际汇价公布人民币对其他西方主要国家货币的交易基准价。各外汇银行以此为基准汇率，在央行规定的浮动幅度内自行挂牌，对客户买卖外汇。中国人民银行通过入市干预以影响外汇市场供求关系，达到稳定汇率的目的。

（3）废除外汇留成制，实行银行结售汇制，实现人民币经常项目下的有条件自由兑换。1996 年 12 月又实现了人民币经常项目下的完全自由兑换。可见，此次汇制改革在我国外汇市场的培养、汇率形成机制的改进和市场化管理、人民币自由兑换等方面取得一定的突破，为以后人民币汇率的进一步弹性化、市场化改革和人民币的完全自由兑换打下了一定的基础。

不过，从实际绩效来看，此次汇制改革也存在不足：

（1）关于管理浮动和汇率的弹性问题。允许浮动的区间太小，如：银行间外汇买卖允许在基准汇率上下浮动的幅度，1994 年 1 月至 1996 年 6 月底，所有货币均为 0.3%；1996 年 7 月起美元仍然为 0.3%，其他货币调整为 1%；对客户的外汇买卖价只允许在交易基准价上下 0.25% 的范围内浮动，买卖价之间的差价不能超过 0.5%。而实际浮动的幅度则更小，如：根据笔者的计算，1994 年的 266 个交易日的人民币对美元的交易基准价日均波幅只有 15 个基点（小于 0.02%），其中有 40 个交易日的交易基准价与上一个交易日持平；到 1997 年 12 月人民币牌价为 8.2780，4 年只升值了 5.1%，这其中还有很大成分是由于 1994 年汇制改革时人民币汇率超调后的价值回归；从 1997 年 12 月一直到 2005 年 7 月 21 日人民币对美元基准价就基本维持在 8.2770 的水平上。可见，名义上是管理浮动，实际上已经演变为盯住单一美元，1999 年 IMF 也把中国当时的汇率制度纳入其他传统的固定盯住汇率制（杨胜刚等，2005）。

（2）关于强制结售汇与汇率形成机制问题。经常账户强制结售汇和对资本账户的严格管制，实质上极大地扭曲了外汇市场的供求关系，对价格的发现和汇率的合理性是极为不利的，加上中央银行为稳定汇率对外汇市场的过多干预，往往导致市场汇率长期与真实均衡汇率形成较大的背离，如：1998—2002 年期间人民币汇率的低估和 2003 年后的高估。不少学者认为

2005 年上半年人民币汇率高估达 20% 左右，从而形成 2003 年以来强劲的人民币升值预期，国际贸易摩擦加剧。

（3）市场建设与其他配套改革问题。这次汇制改革的初衷是要建立有管理的浮动汇率制，前两年也确实让人民币实现了一定的"浮动"。但是浮动汇率制的有效运行，必须有较完善的外汇市场和资本市场（尤其是一个发达的债券市场）相配套。当时我国的外汇市场和资本市场都非常落后，而汇制改革启动以后，当局在市场建设与其他配套改革方面却进展不大，没有想方设法减少"惧浮"的"原罪"。

（4）"米德冲突"问题。在这期间，实行事实盯住制的我国也同样存在内外平衡的两难问题，即"米德冲突"。1997—2001 年期间，由于东南亚金融危机以及东南亚各国货币贬值的影响，人民币出现贬值的预期，资本大量外逃。根据有关估算，五年资本外逃额近 3000 亿美元，大大影响了我国当时正推行的积极的财政和货币政策的效率，从而加速了我国的通货紧缩。有资料显示这 5 年间，我国的 GDP 平缩指数平均为—1.4%。进入 2002 年以后，受美联储连续降息和执行弱势美元的影响，人民币转为升值的预期，国际投机性资本大量流入中国。央行的干预又致使外汇储备和外汇占款比率大幅攀升，形成通胀的压力，严重影响我国货币政策的独立性和效率：外汇储备从 2001 年末的 2122 亿美元增至 2005 年 6 月的 7110 亿美元；2002 年以来外汇占款比率通常达 80% 左右。尽管央行采取了大量的"冲销"措施回笼货币，但我国货币供应量的增幅仍过大，如 2003 年 M2、M1 分别增长 19.6% 和 18.7%，粮油、肉类等副食品价格出现攀升的压力（曹垂龙，2006a）。

第三章 2005 年汇改原因与汇改前夜的风风雨雨

在 2005 年人民币汇制改革之前的 3—5 年的时间里，国内外理论界和政界对人民币汇制是否要进行弹性化改革，以及人民币是否低估（或者说低估的程度）、人民币是否要升值、升值的方式等方面问题，进行了长期的研究和争论。在汇制改革的"前夜"，由于国外某些人将人民币问题政治化、夸大化，甚至出现了一些不愉快的事件。本章本着科学的态度，对人民币汇制弹性化改革的原因进行分析和研究，对汇制改革"前夜"的风风雨雨进行回顾和评价。

第一节 中国开放进程中旧汇制的优劣势分析

为了与 2005 年 7 月 22 日以后的新汇制区别，本书将 1994 年 1 月 1 日至 2005 年 7 月 21 日汇制改革前的汇率制度称为"旧汇制"。这期间我国的汇率制度名义上是以市场为基础的管理浮动，但按 1999 年国际货币基金组织（IMF，下同）以实际绩效为依据的分类方法，则属于典型的"传统的固定盯住汇率制"。本节主要从中国开放度不断扩大的视角下，论述盯住汇率制的利弊与适宜性，进而判断汇率制度改革的必要性。

一 较完全市场和开放条件下盯住制的优劣分析

（一）盯住制的优势

1. 汇率的稳定和外汇风险的减少，有利于一国对外贸易的发展

世人皆知，汇率的易变性、多变性是现行牙买加体制下国际浮动汇率制的主要特征，给国际贸易带来收益和风险的非常不确定性；外汇风险的加大，使进出口商不得不加大防范外汇风险的力度，使国际贸易成本增加。收

益的不确定性，贸易成本的增加，不利于一国对外贸易的发展。然而，实行盯住制，使汇率相对固定，有利于进出口贸易收益和风险的确定，从而有效地促进一国对外贸易的发展，并通过对外贸易"发动机效应"带动整个国民经济的发展。东南亚金融危机以前的亚洲"四小龙"都有着较为成功的经验。

2. 汇率的稳定和外汇风险的锁定，有利于一国引进外资和技术，提升产业结构

一国汇率的频繁变动也增加了国际投资者收益的不确定性，不利于引进外资；汇率的多变性亦增加利用外资的外汇风险，不利于利用外资引进项目，促进产业的升级换代和提升产业结构。在盯住制下，汇率的相对固定，有效地规避了汇率风险，这对于发展中国家利用外资引进项目和技术，加速其产业结构的调整和升级换代是难能可贵的。韩国、泰国等国家在20世纪八九十年代都取得了利用盯住制作为平台，促进产业升级换代的较成功的例证（曹垂龙，1998a）。

此外，盯住制，还有诸如有利于本国外债的动态管理，避免因汇率突变而爆发债务危机等好处。

（二）盯住制的"先天不足"

1. 货币政策自主权的伤害和货币政策效率的下降

根据蒙代尔—弗来明模型（M－F模型）和克鲁格曼的"三元悖论"（详见图3—1），一国不可能兼得固定汇率、资本自由流动和货币政策完全独立性：图3—1显示，一国有A、B、C三种选择和组合，选择A组合则为

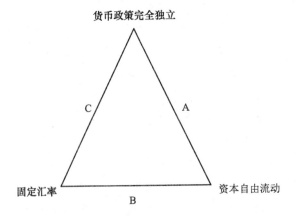

图3—1　克鲁格曼"不可能三角"

保持其货币政策的独立性和资本的自由流动，但是必须放弃汇率的稳定，即选择浮动汇率制；选择 B 组合则为保持其资本的自由流动与汇率的稳定性，但是必须放弃货币政策的独立性；选择 C 组合则为保持其货币政策的独立性和汇率的稳定性，但是必须放弃资本的自由流动（对资本项目管制）。

在盯住制下，如果国内外资产较充分替代和资本较完全流动，依附国对国内利率的调整就会导致国内外资产和资本的替代，以及套汇、套利活动的产生，直到内外利率趋于一致。央行对本国货币量的调整，也会因国内外资本和资产的相互替代或通胀的内外不协调，形成汇率错位的压力，当局为维持固定汇率要么不得不忍痛割爱，放弃自主的货币政策；要么对市场中和干预，因相互抵消使货币政策的效用下降。当内外经济周期和通货膨胀不相一致时，汇率与国内经济目标便成了鱼与熊掌，为维持盯住汇率往往使内部目标变成了牺牲品。国内外政策的"外溢效应"和"回响效应"，以及盯住制下货币政策的依附性，致使对实现灵活、及时、有效的货币政策自主权的国内目标有伤害，也导致了货币政策工具使用的低效率。例如韩国在 20 世纪 90 年代中期，由于美元的坚挺，为维持固定汇率而不得不提高利息，造成国内投资效益的低下，如 1996 年其前 20 家上市公司股本收益仅 0.8%（曹垂龙，1998a）。

2. 难以克服的"米德冲突"和汇率机制的失灵

在盯住制下，维持国际收支均衡和汇率稳定，与实现国内充分就业和物价稳定的内外目标之间有着深刻的矛盾。由于汇率僵化、失去弹性，国际收支的自动趋衡的汇率机制失效。当发生收支失衡时，当局只好通过市场干预或借助国内财政货币政策的变更来调节，造成对国内经济的伤害；反过来，一国对财政货币政策的调整又会造成对国际收支和汇率的均衡产生冲击。这就是通常所说的"米德冲突"。然而，在盯住制下，内部目标必须服从外部目标，最终往往以牺牲内部目标为代价。如 1997 年金秋，香港特区政府为捍卫港元联汇制，而不得不将银行间隔夜折、借利率一度提高到 300 厘的罕见水平，造成股市狂跌。据统计，从 8 月 7 日至 10 月 28 恒生指数共下窜了约 8000 点，股市总值损失超过 2 万亿港元。

3. 缺乏应付外来冲击的"缓冲器"，造成货币危机的易发性

维持汇率是盯住制下所有宏观政策的共同目标。然而，当一国宏观经济态势出现漏洞，如发生国际收支恶化，或者出现市场预期对本币不利时，国际游资就会大量从该国转移，对原有汇率形成压力；官方为维护汇率对外汇

市场的干预又会造成黄金外汇储备的日益枯竭，又进一步加速资金外流和货币的不稳定性。20 世纪末东南亚各国和地区的金融危机都有这样的共同特点，使它们经济遭受了严重摧残，直接威胁了经济的可持续发展。又如当一国发生国际收支持续顺差，或者出现本币上浮的市场预期时，国际游资就会大量向该国转移，对原有汇率进一步形成压力；而官方为维护汇率对外汇市场的干预，又会造成本国货币供应量的急剧增加，进而加大通货膨胀的压力；官方为确保物价的稳定，只好对该国货币市场进行中和性干预，将该国货币政策推向非常尴尬的境地，严重破坏该国的金融秩序。

二   汇改前我国金融市场运行和开放态势的特点

如果仅从对国际经贸和汇率的影响角度来考虑，我国当时的金融市场运行和开放态势的特征主要表现为如下几个方面。

（一）金融自由化和对外开放的进程稳步推进

关于外汇管制，我国早在 1996 年已实现人民币的经常账户自由兑换，对资本与金融账户的管理也已逐步放松，不过对对外借债（包括对外发行债券）和短期投机性资本的流动等少数关键项目仍实行较严格的限制，人民币自由兑换的步伐正稳步推进。根据 IMF 确定的 43 个资本交易项目，汇改前我国已经实现可兑换的项目有 11 项，较少限制的有 11 项，较多限制的有 15 项，严格管制的只有 6 项，严格管制项目数量已不到总数的 13.9%。2005 年，国家外汇管理局还重点在支持国内机构和企业境外投资、进一步简化境外合格机构投资者外汇管理手续、引进国际开发机构在境内发行人民币债券等方面，推出了新举措放松对资本项目的管制。可见，汇改前我国对资本与金融账户的管理已逐步放松，人民币的自由兑换的步伐正稳步推进，但是对少数关键项目仍实行较严格的限制。

（二）金融市场发育不全、发育程度低

汇率改革前我国利率市场化的进程虽然已取得一定的进展，央行于 2004 年 10 月取消了对存款利率下限和贷款利率上限的限制，但基准利率、利率市场化定价、市场化利率结构和传导机制、利率风险防范机制等核心问题的解决，仍需时日。严格来说，我国尚未真正实行利率市场化，绝大多数利率还是由央行决定（杨如彦，2005）；更没有一个有固定利息的债券市场，其原因，有政府对企业发行债券的严格限制，也有因我国企业普遍规模较小，没有健全的会计制度，信息不透明，信用等级和公信度不高，无法以自己的

名义发行债券等有关；尤其是缺少一个可用于防范外汇风险的金融市场：既没有一个行之有效的、有活力的远期外汇市场，更没有可用于套期保值、防范外汇风险的外币期货或外币期权市场；此外，外汇市场和汇率的生成机制也还欠完善，等等。

三 中国开放度不断扩大的条件下人民币盯住制利弊的实证剖析

（一）优势仍能发挥作用，但已弱化

面对牙买加体制下汇率易变性的"潘多拉魔盒"，中国是一个金融滞后的发展中国家，尚无法提供一个健全的国内债券市场和远期外汇市场，以提供给出口商和国际借贷者通过套期保值来规避汇率风险。如果人民币选择浮动汇率制，就会使以外币计价的市场暴露于外汇风险的风头浪尖之上。又由于我国对资本账户仍实行一定的外汇管制，人民币尚未完全实现自由兑换，也远未成为国际上广泛接受的国际货币。因此，那些有着外汇风险的市商也难以通过国外的远期外汇市场达到套期保值、规避风险的目的（就算能，交易成本也很高）。

在我国这样的特定条件下，人民币选择盯住制，正是弥补了诸如远期外汇市场等可用于规避风险的金融市场的缺陷，确实为涉外经济体提供了一个规避风险的非正式屏障。为此，东南亚金融危机以来我国对外经贸取得了飞速的发展，进出口额已从 1997 年的 2648 亿美元，增至 2004 年的 11546 亿美元，跃居世界第三贸易大国。然而，也正是由于我国的快速的发展和巨额的国际贸易顺差，已招致贸易伙伴国的严重妒忌，贸易摩擦年年不断，日、美、欧等国家已多次联合向我国施加压力，要求人民币升值和实行更灵活的汇率制度。

此外，从吸引外资引进技术的角度来看，因人民币长期存在升值的预期，那些长期投资者也会因担心人民币升值后不利于出口而频增顾虑。我国 2005 年 4 月份实际外商直接投资（FDI）同比下降 27%，仅为 40.8 亿美元。

（二）资本与金融账户的"避风港效应"逐步减弱，盯住制的副作用日渐显露

1. 关于货币危机的易发性与约束机制

其实，盯住制的货币危机的易发性，是与资本的自由流动密切相关联的，从某种意义上讲，索罗斯之流的国际游资才是罪魁祸首。我国对资本与金融账户的管理也已逐步放松，只是对对外举债（包括对外发行债券）和短

期投机性资本的流动等大约20%的项目仍实行较严格的限制，人民币自由兑换的步伐正稳步推进，使国际游资逐步具备了进入我国阻击人民币汇率的可能性，资本账户对货币危机的"防火墙"、"缓冲板"的作用正日渐削弱。自2002年以来，国际"热钱"不断进入中国冲击人民币汇率和金融市场。据不完全统计，到2005年6月进入中国境内的国际游资已达1450亿美元；IMF也估计中国2003年至2005年上半年的外汇储备约一半的年增幅都是由投机性资金流入中国境内造成的，这不就是最好的佐证吗！

2. 关于"米德冲突"和货币政策的自主权及效率问题

内外经济目标的冲突是任何实行固定汇率制国家的痼疾，只不过程度不同而已，我国也同样存在内外平衡的两难问题，即"米德冲突"。如1997—2000年期间，由于东南亚金融危机以及东南亚各国货币贬值的影响，人民币出现贬值的预期，资本大量外逃，据不完全统计：1997—2000年4年间，资本外逃额分别为474亿美元、627亿美元、922亿美元和1060亿美元（杨海珍，2005），大大影响了我国当时正推行的积极的财政和货币政策的效率，从而加速了我国的通货紧缩。有资料显示在1997—2001年的5年间，我国的GDP平缩指数平均为-1.4%（钟伟等，2003）。进入2001年以后，受美联储连续降息的影响，联邦基金利率由2001年年初的6.5%降到2002年下半年的1.25%，低于人民币1.98%的利率。加上人民币由贬值的预期转为升值的预期，在套汇和套利的双重利益的驱动下，国际投机性资本大量流入中国，由于国际收支双顺差，中国外汇储备大幅猛增（已从2000年年末的1650亿美元增至2005年6月的7110亿美元）。一方面造成外汇占款的比率攀升（1993年只为7%，汇改前的几年均高达80%以上，而2002年竟然超过100%），严重影响货币政策的效率；另一方面尽管央行采取了大量的"冲销"措施回笼货币，我国货币供应量的增幅仍过大，如2003年M2、M1分别增长19.6%和18.7%，形成通胀的压力，2003年下半年后粮油、肉类等副食品价格已大幅度攀升。这就是我国所遭遇的"米德冲突"和人民币盯住制对货币政策效用的伤害。

四　结论与评析：关于人民币盯住制的适宜性分析

事物都是一分为二的，任何一种汇率制度都有其利弊，一国所选择的汇率制度，只有在其当时的国情下，利大于弊，才是较优的选择。综观上述，我们得出：

（一）汇改前人民币选择盯住制，是特殊时期短期避害的选择

综观上述，尽管盯住制有着种种缺陷，但其具有的稳定汇率、降低外汇风险、增强外部经济对本币的信心等，是对外贸易和引进外资的较有力支撑。因此，从短期看，可以说盯住制利大于弊，可作为特殊时期短期避害的选择，如国际汇率异常波动时期、发展中国家实施出口导向型经济战略的初期等。众所周知，人民币正是在举世瞩目的亚洲金融风暴的特殊时期，改为事实上的盯住美元制作为避害的选择（当时众所周知，人民币经受着极大的贬值预期）。应该肯定，汇率的稳定对于我国能在东南亚金融危机中的安全着陆和促进我国经济的稳步发展，功德无量。

（二）在金融开放不断扩大的条件下，盯住制的劣势日渐显露，应该逐步退出

按 IMF 分类法，中国大概已有 45% 的资本项目实际上已经可兑换，仍实行严格管制只有数项而已，以及部分管制的项目也不过十几个（钟伟，2003）。我国资本与金融账户对外开放的进程不可逆转，并朝着放松的基本趋势。伴随我国逐步加大的对外开放的步伐，人民币盯住制下的"米德冲突"、对货币政策工具效率的伤害和货币危机的易发性等劣势正日渐显露。根据世界各国的经验教训，实践证明较封闭的资本项目是盯住制良性运行的前提，一国金融自由化的进程应与其汇率灵活度的改革相协调，否则，就容易爆发货币危机。20 世纪末的东南亚金融危机，不就是很好的例证吗？可见，随着我国资本项目的逐步开放，从可持续发展出发，选择时机抛弃人民币盯住制是明智的。

第二节　人民币汇率制度选择的影响因素

一　关于汇率制度选择决定理论的简述

理论界对汇率制度选择的争论和研究主要集中在两个方面：

（一）各国所具备的基本条件

IMF1997 年 5 月的《世界经济发展》认为，影响汇率制度选择的要素主要有：（1）经济规模和对外开放度；（2）通货膨胀率；（3）资本流动性；（4）金融市场发育程度；（5）劳动力市场自由度；（6）决策者的权威大小等（贾玉贺、王静涛，2004）。

根据美国著名的罗伯特·赫勒（Robert Heller）的汇率制度选择"经济

论"，一国汇率政策的选择主要受经济方面的因素制约：（1）经济规模；
（2）经济对外开放度；（3）对外贸易的商品和地区多样化程度；（4）国内
金融市场发育程度和金融自由化程度；（5）相对的通货膨胀率等。Robert
Heller 认为，经济开放度高、国内金融市场发育程度低、对外贸易的商品和
地区集中度高的经济小国，多倾向于选择固定汇率制（含盯住汇率制）；反
之，则倾向于选择浮动汇率制（钱荣、陈平，1994）。表 3—1 显示了 2001
年世界主要汇率制度的格局及其主要宏观经济指标的比较。

表 3—1　　　　2001 年世界主要汇率制度格局及主要宏观经济指标比较

汇率制度		国家（地区）数	GDP 平均规模（亿美元）	人均 GDP 平均水平（美元）	对外开放度平均水平
单独自由浮动		40	4979	13889	28%
管理浮动		42	373	741	64%
固定汇率（不含中国）		39	168	1647	63%
世界平均水平		185	2165	5330	40%
中国	2001 年		11590	911	44%
	2004 年		17200	1190	67%

资料来源：根据 IMF：《. International Financial Statistics Yearbook 2002》；THE World Bank：《World
Development Report 2003》；国家统计局：《2004 中国统计年鉴》，《关于发布 2004 年主要统计指标年
报数据的公告》（2005 年 9 月 23 日国家统计局网站）等数据计算。

（二）汇率制度对国内经济政策执行效果的影响

如著名的蒙代尔—弗来明模型（M－F 模型）和克鲁格曼的"三元悖
论"等都表明，汇率制度的选择对我国国内经济政策执行的效果具有重要
影响。

二　影响人民币汇率政策选择的因素剖析

（一）宏观经济指标：决定性因素

1. 经济规模：GDP

一国的经济规模可用其国内生产总值（GDP）来表示，是一国经济总的
实力和抵抗外来冲击的绝对能力的象征。人民币汇制改革前中国的 GDP 排
名世界第六，2004 年我国 GDP 约为 1.72 万亿美元（见表 3—1）。研究成果

显示：各国选择汇率制度的弹性通常与其 GDP 的大小成正相关关系，即经济大国倾向于选择灵活性较强的浮动汇率制。经济大国之所以倾向于选择弹性较大的汇率制度，除了其应对突发事件的绝对能力较强外，还有就是其对国内经济目标的珍惜，以至于不愿意放弃对国内经济目标具有灵活、及时、有效的货币政策的自主权及效率（开放经济条件下固定汇率制的致命缺陷就是对货币政策的自主权及效率的伤害）。根据表 3—1 及相关研究成果，在 2001 年 IMF 的 185 个成员体中，选择自由浮动汇率的只有 52 个成员体（包括单独自由浮动的 40 个成员体和欧元区 12 个国家），占成员体总数的 28%，其 GDP 之和却占全球的 85%，平均 GDP 为 5003.42 亿美元，是 39 个实行固定汇率制成员体（不含中国）的 168 亿美元的 30 倍。当前世界经济前 10 强中，选择自由浮动汇率的国家有 9 个（含欧元区 4 个国家），占 90%（朱耀春，2003 年）。

2. 对外开放度与对外贸易多样性程度

对外开放度是衡量一国与外部经济联系的密切程度的重要指标。各国选择汇率制度的弹性通常与其对外开放度的大小成反相关关系。根据表 3—1，2001 年全球实行不同汇率制度类型国家的平均开放度分别为：单独浮动的为 28%；固定汇率的为 63%（不含中国）；管理浮动的为 64%。可见实行单独浮动的最低，比全球平均水平 40% 低 12 个百分点，固定汇率和管理浮动均高于全球平均水平 23 个百分点以上，其中管理浮动最高。中国 2004 年的对外开放度为 67%（2001 年为 44%），高于全球平均水平（2001 年为 40%）。

实践表明，各国选择汇率制度的弹性与其对外贸易商品和地区多样性程度成正相关关系。一国出口商品和地区的多样性，显然增加了其应变汇率波动的能力，或者说其出口能力不会因某一国际货币汇率的变动而大起大落。中国经过了近 30 年的改革开放，2004 年对外贸易额达 11546 亿美元（见表 3—1），跃居世界第三贸易大国，出口商品中机电产品已占 50% 以上（2003 年为 52%，2004 年为 54%，而 1985 年只有 6%），初级产品的比重不断下降，出口产品的价格需求弹性不断上升，汇率机制的作用日渐增强；出口地区也已遍布世界五大洲，对外贸易商品和地区多样性程度不断提高。

3. 经济发展水平：人均 GDP

实践表明，一国金融和经济发展水平是衡量一国应对外来冲击的相对水平，人均 GDP 是反映一国经济发展水平较理想的指标。我国 2004 年的人均 GDP 只有 1190 美元（见表 3—1）。国际汇率制度安排的比较证明，各国选择汇率制度的弹性通常与其经济发展水平成正相关关系，即经济发展水平高的国家倾向于选择浮动汇率制；反之则倾向于选择弹性较小的汇率制度。从表 3—1 看，2001 年全球主要汇率制度的平均人均 GDP 分别为：自由浮动为 15161 美元（含欧元区 12 国）；固定汇率为 1647 美元（不含中国）；管理浮动为 741 美元 。当前世界前 10 个发达国家中，选择自由浮动的有 9 个国家（含欧元区 4 个国家），占 90%（朱耀春，2003 年）。

4. 外汇储备水平

外汇储备水平是一国应对外来冲击的现实力量。各国对外汇储备水平的需求与其汇率制度弹性的大小成反相关关系，即自由浮动对储备水平的要求较低；反之，固定汇率制或管理浮动对储备水平的要求较高。到 2005 年 6 月，我国的外汇储备已达 7110 亿美元，高居世界第二，充足的外汇储备是管理汇率或干预外汇市场的根本保证。

（二）市场环境：浮动汇率制有效运行的基础

1. 外汇管制程度和资本自由化程度

一国对资本与金融账户的管制，意味着其国内外资本的相互替代程度较低；严格的外汇管制更意味着外汇市场很难反映外汇的真实供求，名义汇率（或官方汇率）很难体现均衡汇率，汇率也难以真正浮动起来。各国选择汇率制度弹性的大小通常与其外汇管制程度成反相关关系，与其资本自由化程度成正相关关系。目前，世界上主要实行自由浮动的国家，基本上已经实行较自由的外汇管理制度，实现了资本账户的可自由兑换。

我国早在 1996 年已实现人民币的经常账户可兑换，汇改前对资本与金融账户的管理也已正逐步放松，只是对对外借债（包括对外发行债券）和短期投机性资本的流动等少数项目仍实行较严格的限制。据 2005 年 4 月 8 日《人民日报》刊登的国家外汇管理局局长的谈话内容，我国超过一半的资本项目交易已经可兑换：按 IMF 确定和分类的 43 个资本交易项目，到 2004 年年底，我国实现可兑换的项目有 11 项，有较少限制的 11 项，有较多限制的 15 项，严格管制的只有 6 项，严格管制项目数量只占总数的 13.9% 。汇制改革以来，我国虽然仍然保持对资本账户关键项目的管制，但资本与金融账户对外开放的步伐更是明显加快，如：允许部分资本项目办理远期结售汇业务；允许境内机构和居民个人委托境内商业银行在境外进行金融产品投资；允许符合条件的银行、保险、基金以其各自的方式运用外汇从事境外投资；鼓励到境外投资，放宽境外投资的用汇管理等等。

2. 资本市场完善度

一国资本市场越完善就越容易实行浮动汇率制。我国的资本市场还极不完善，尤其缺乏一个健全的债券市场，这有政府培育层面的原因，也有企业层面公信度不高、难以用自己的名义发行债券等的深层次原因。根据《2005中国统计年鉴》，2004年我国共发行国内有价证券12314.5亿元，而企业债券只有327亿元，仅占2.66%。根据"原罪（Original Sin）"理论，一个健全的、行之有效的债券市场的缺位，使得企业无法做到在债务期限和币种上的有效匹配，以规避风险。或者说一国债券市场越完善、越发达，本国的企业就越容易通过发行本币债券获得本币融资，可尽量避免使用外币债务，以减少其外汇风险。

3. 外汇风险规避市场完善度

实行浮动汇率制意味着汇价将随行就市，而汇率的易动将会给本国从事国际经贸的市商带来外汇风险的极大的不确定性，规避外汇风险的金融市场的完善就显得难能可贵。完善的外汇市场是一国实行浮动汇率制的重要基础，综观世界，凡是能较成功地实行外汇汇率自由浮动的国家，通常有较完善的远期外汇市场。汇改前，我国既没有一个行之有效的、有活力的远期外汇市场，更没有可用于套期保值、防范外汇风险的外币期货或外币期权市场，以提供给涉外市商通过套期保值来规避汇率风险。我国的远期外汇市场可提供的避险途径和效率是有限的：从银行间远期外汇市场来看，不但市场主体少、交易量少，而且品种稀缺，只有人民币/外币远期交易和掉期交易；从零售市场（远期结售汇市场）来看，缺乏市场竞争因素，买卖差价过大（市场缺乏宽度），避险成本较高，更没有其他的诸如外汇期货、期权市场等以供涉外市商避险选择。

4. 利率市场化程度

利率具备弹性是浮动汇率制有效运行的基本条件。只有在利率实现市场化后，利率才是资金供求的真实反映，两种货币的利率差异才能作为计算其远期升（贴）水的依据（利率平价理论）。目前世界上主要实行浮动汇率制的国家，基本上都已实现了利率市场化。我国利率市场化的进程正稳步推进，而且已取得一些成绩（对外币利率初步实现了市场化，并且央行于2004

年 10 月取消了对人民币存款利率下限和贷款利率上限的限制），但是严格来说，我国尚未真正实现利率市场化，汇改前绝大多数利率仍是由中央银行决定（杨如彦，2005 年）。要真正实现利率的市场化，还必须解决诸如基准利率、利率市场化定价、市场化利率结构和传导机制、利率风险的规避机制等核心问题。

5. 劳动力市场自由度

工资刚性的大小是决定商品价格变动的重要因素。价格的平稳是汇率稳定的前提，一国的劳动力市场自由度越高，工资越趋于平稳。正常情况下，工资刚性越大，越容易实行弹性较大的汇率制度。随着我国国有企业改革的深化和其他所有制经济成分的增加，汇改前我国劳动力市场的流动性和自由度已较高，再加上我国劳动力资源丰富，决定了我国具备较大的工资刚性。

（三）其他因素

1. 经济管理体制与政策制定者的权威

经济管理体制也会影响一国汇率政策的选择。通常，市场经济国家倾向于选择弹性较大的汇率制度；而计划经济国家则倾向于选择固定汇率制度（含盯住制）。我国正处在由计划经济向市场经济转轨的特殊时期，这也是我们在汇率政策安排时必须考虑的因素。

此外，我国央行的可信度和绝对权威，可增加外部对人民币稳定的信心，有利于浮动汇率制的实施。

2. 通货膨胀率的差异性

通货膨胀是货币贬值，即购买力下降的结果。根据相当购买力评价理论，从长期来看，国内外通胀率的差异是汇率变化的主因。越高的相对通胀率，意味着汇率波动的压力越大，越不宜实行灵活的汇率制度。纵观中国汇改前多年来较低的通胀水平，说明我国已经具备了较强的宏观调控，即控制通胀的能力，为我国实行较灵活的汇率制度提供了较有力的支撑。

3. 货币信誉度与当局的监管水平

本币的国际币信高低，决定了本国市商能否经常用本币作为国际经贸活动的计价货币，也决定了本国金融资产的国际接受程度，以及危机时的国际融资能力，是影响一国潜在的国际清偿力的重要因素。因此，本币的国际地位越高，就越容易实行灵活的汇率制度。人民币的国际地位还不高，影响了人民币在国际经贸活动中的计价地位（我国的市商涉外经济活动中只好使用外币计价），从而使我国的涉外市商不得不面对更多的外汇风险，这迫使我国货币当局必须慎重考虑人民币汇率制度的弹性问题。

一国的金融监管水平，决定了其杜绝和应变危机的反应能力。各国选择汇率制度的弹性通常与其金融监管水平成正相关关系，目前世界上能较成功地实行汇率完全自由浮动的主要国家，其宏观金融监管水平通常都是较高的。汇改前我国整体的金融监管水平还较低，缺乏应对汇率过度波动的能力和经验，影响着我国对汇率制度弹性的选择。

4. 企业尤其金融机构对汇率变动的承受能力

一国在考虑选择汇率制度的弹性大小时，还应顾及企业尤其是金融机构的承受能力。我国的企业普遍存在外汇风险意识较差，特别是我国银行系统的不良资产居高不下（20%以上），加上我国还缺乏应对汇率风险的金融工具和金融市场。可见，汇改前我国企业对汇率波动的承受能力是可想而知的。这些都决定了我国必须谨慎对待人民币汇率制度的弹性问题。

三 总结性评析：管理浮动汇率是人民币较长时期的较优选择

表3—2　　　　我国诸因素对汇率制度选择的影响汇总综合分析表

因素		特征	选择汇率制度的弹性与其关系	较优汇率制度建议	综合结果
宏观经济指标	经济规模：GDP	排名世界第六，2004年约为1.72万亿美元	正相关关系	浮动汇率制	管理浮动
	对外开放度	已相当高（2004年约为67%）	反相关关系	管理浮动或固定汇率制	
	对外贸易多样性度	较高（机电产品已占出口50%以上；出口地区也已遍布世界五大洲）	正相关关系	浮动汇率制	
	经济发展水平：人均GDP	较低（2004年1190美元）	正相关关系	管理浮动或固定汇率制	
	外汇储备水平	高居世界第二（2005年6月为7110亿美元）	反相关关系	固定汇率制或管理浮动	

因素		特征	选择汇率制度的弹性与其关系	较优汇率制度建议	综合结果
市场环境	外汇管制程度	经常账户已可自由兑换，资本账户管理中严格管制项目数量已不到总数的20%，并将逐步放松	反相关关系	管理浮动	管理浮动
	资本自由化度		正相关关系	管理浮动	
	资本市场完善度	极不完善	正相关关系	固定汇率制或管理浮动	
	外汇风险规避市场完善度	极不完善	正相关关系	固定汇率制或管理浮动	
	利率市场化程度	已取得一定的进展	正相关关系	管理浮动	
	劳动力市场自由度	已较高	正相关关系	浮动汇率制	
其他因素	经济管理体制特征（市场化程度）	正由计划经济向市场经济转轨	正相关关系	管理浮动	管理浮动
	政策制定者的权威	较大	正相关关系	管理浮动	
	通胀率的差异性	较小	反相关关系	浮动汇率制	
	货币信誉度与当局的监管水平	较低	正相关关系	固定汇率制或管理浮动	
	企业尤其金融机构的承受能力	较低	正相关关系	固定汇率制或管理浮动	

资料来源：笔者根据自行的研究成果制表。

综合分析影响人民币汇率政策选择的诸因素（见表3—2）和汇率安排的国际比较（见表3—1），我们可以得出：管理浮动汇率是人民币今后较长时期的较优选择，也说明2005年秋的人民币汇制改革是明智的、适时的，其方案是符合我国国情的。提出此结论，主要基于以下理由。

（一）放弃固定汇率制是大势所趋

世界第二经济大国的经济规模、不断扩大开放的资本账户和利率市场化的逐步推进等，均呼唤较灵活的汇率制度。到2010年，中国已是世界第二经济大国，国内经济目标和货币政策自主权及效率是难能可贵的。固定汇率制下的"米德冲突"、对国内经济目标及货币政策自主权的伤害等，对一个经济大国来说其代价过于昂贵。经典 M－F 模型和克鲁格曼的"三元悖论"等研究成果均表明，不断扩大开放的资本与金融账户，也应该与较灵活的汇率制度相匹配。

（二）管理浮动汇率应该是人民币较长期汇率政策的较优选择

1. 浮动汇率制的优势

优势之一：货币政策自主性和效率的改善

在浮动汇率制下，因为一国无须维持固定汇率，从而摆脱了盯住制下货币政策的依附性，使本国货币政策的自主性大大增加，不至于当国内外经济周期或通胀不相一致时，为维持汇率而不得不执行与国外同步、却令内部平衡雪上加霜的货币政策；也避免了国内财政货币政策的变更与汇率的冲突。同时，由于具有国际收支自动趋衡的市场调节机制，财政货币政策就可更专注于国内经济目标的实现，政策工具的使用效益将大大提高。

优势之二：汇率机制和"米德冲突"的解决

由于国际间要素的不完全流动性，国内工资和价格的刚性，汇率的灵活性就更加可贵。它可以利用汇率这只"看不见的手"调节国际收支，引导资源配置，应付外来冲击。当发生国际收支逆差时，本币汇率就会下降，并通过国内外相对价格及本国贸易品与非贸易品部门之间相对价格的变动，使国内外需求发生转换，出口增加，进口减少，只要能满足马歇尔—勒纳条件就能起到改善国际收支的作用，并引导资源配置的有效变化，以满足市场经济的灵活性的需要，避免了在固定汇率制下，因汇率机制的失灵，一国必须牺牲内部目标的巨大代价。反之亦然。

优势之三：具备外来冲击的"缓冲器"、货币危机的减少

对唯利是图的索罗斯们的"败德"行为的限制，市场机制远比"政治劝说"更为有效，汇率浮动的灵活性，在一定程度上可阻挡国际间游资的冲击，因而可避免巨大的国际金融恐慌。由于国际收支的自动调节机制的作用，而不至于出现累积性的长期国际收支赤字或盈余；也不至于因维持汇率干预外汇市场，造成国际储备的急剧减少。

综观上述，在金融开放不断扩大的条件下，浮动汇率制的优势显而易见。然而，浮动汇率制的汇率易变性，也给国际贸易和国际投资带来极大的风险不确定性。过度的汇率波动，无法有效地保证贸易和实际经济的有效运行。因此，这就面临着自动浮动与管理浮动之间的抉择。如何才能扬长避短，让浮动汇率的优势在我国发挥得淋漓尽致呢？

2. 自由浮动不是人民币近期的理想选择

在现行不公正、不合理、不稳定的牙买加体制下，汇率的频动、易动是其主要特征。当今世界能较成功实行汇率完全自由浮动的国家，几乎全是经济和金融发达（人均 GDP 高）、国内金融市场和制度完善、本币的国际信誉高、具有较高的金融监管水平的国家。而我国仍是一个发展中国家，2004 年人均 GDP 只有 1190 美元；金融监管水平仍不高，金融体系脆弱，国内金融市场和制度也极不完善，尤其缺乏可提供给市商规避外汇风险的金融工具和金融市场；利率的真正市场化，也尚有许多核心问题需要解决；资本账户虽然不断扩大开放，但对关键项目仍实行较严格的管制，人民币尚未成为完全可自由兑换货币，且人民币的国际币信不高，等等。如果实行完全自由浮动，要么是汇率难以真正浮动起来，要么是汇率的过度波动所带来的风险，不管是对宏观层面还是对微观层面，都是难以承受的。

3. 管理浮动兼融浮动汇率与固定汇率的优势，是近期人民币的较优选择

如上所述，我国缺乏浮动汇率运行的市场基础和风险防范机制，实行自由浮动的代价将是昂贵的。管理浮动是政府力量和市场力量共同作用的结果，它能实现浮动汇率制灵活性和固定汇率制稳定性的统一。我国充足的外汇储备和对资本项目中的关键项目仍实行较严格的管理，以及我国近年来对宏观政策的运用和对通胀的控制能力，还有央行的权威性等，均为管理汇率提供了较有力的支撑。

4. 制度和金融市场不完善性的刚性，决定了管理浮动的持久性

一国的金融创新和监管水平必然同其经济发展水平相适应，我们可以预见要在短期内大幅度提高我国金融和经济的发展水平以及金融监管水平是不可能的（社会主义初级阶段的持久性）；也可以想象短期内既要实现利率完全市场化，又要建立一个有活力的、行之有效的资本市场和远期外汇市场的成本及难度，至于金融期货和期权市场则更需有待时日。总而言之，由于制度和金融市场不完善性的刚性等因素，在今后较长一段时期内，管理浮动汇率将仍是人民币的较优选择。

第三节　人民币的升值压力持续升级

一　人民币升值的内部压力不断累积
（一）长期的"双顺差"的汇率效应

　　表 3—3 的数据显示，我国的国际收支长期保持经常项目和资本项目
"双顺差"，致使我国国际收支总差额年年出现较大的顺差。根据国际收支与
汇率的关系，一国外汇顺差，其外汇市场上外汇供大于求，进而引起外汇价
格下降和本币汇率上浮的压力。但在中国长期实行盯住美元的汇率制度和稳
定汇率的政策框架下，中央银行通过对外汇市场的干预，人为地遏制了汇率
的变化和调整。表 3—3 的数据进一步显示，2002 年以来，我国的"双顺
差"的规模不断扩大，而且自 2002 年后"错误与遗漏"项目也由负转为正，
出现名副其实的"三顺差"，致使人民币名义汇率升值压力进一步升级。

表 3—3　　　　　　　　　　　1994—2004 年中国国际收支情况简表

单位：亿美元

年份	1994	1995	1996	1997	1998	1999	2000	2001	2002	2003	2004	2005.6
经常项目差额	77	16	74	370	315	211	205	174	354	459	687	673
资本项目差额	326	387	400	210	−63	52	19	348	323	527	1107	383
综合差额	305	224	316	357	64	85	105	473	755	1170	2064	1005
错误与遗漏	−98	−178	−156	−233	−187	−178	−199	−49	78	184	270	−51

　　资料来源：中国国家外汇管理局官方网站；作者根据历年中国国际收支平衡表整理制表。

（二）"巴萨效应"的累积

1. "巴萨效应"简介

　　"巴萨效应"又称"巴萨假说"，是"巴拉萨—萨缪尔森效应（假说）"
的简称，它是有关一国经济增长速度与本币实际汇率变动关系的最重要的理
论成果和理论框架。"巴萨假说"认为，如果一国在较长时期内其经济增长
速度高于其对比国（贸易伙伴国），本国可贸易品部门相对不可贸易品部门
（也称非贸易品部门）的生产率提高速度（幅度），往往也高于经济发展速
度较慢的对比国，进而往往导致本国货币实际汇率升值的趋势。

　　"巴萨假说"把"实际汇率"定义为可贸易品价格与不可贸易品价格之
比，是以可贸易品衡量的非贸易品价格。"巴萨假说"基于三大假设：首先，
贸易品部门与非贸易品部门间的生产效率的差异及其变化可通过相对价格的
变动表现出来；其次，可贸易商品遵循国际一价定律；再次，经济增长速度
较快的国家，非贸易品价格比贸易品的价格上升得更快。

　　按照"巴萨假说"，经济增长较快的国家导致其货币实际汇率升值的传导

路径是：（1）经济增长较快的国家生产效率上升亦较快，由于可贸易品部门的竞争压力大于不可贸易品部门，可贸易品部门的生产效率提高幅度大于不可贸易品部门，使可贸易品的价格相对于不可贸易品的价格相差下降了（或者说在一定的通货膨胀率的情形下，不可贸易品上涨的幅度更大），那么可贸易品价格与非贸易品价格之比小于1，且逐步缩小，即实际汇率的升值趋势。（2）由于经济增长较快的国家贸易品部门的生产效率上升速度，比经济增长较慢的国家贸易品部门生产效率上升速度相对较快，使前者的价格相对后者下降了，在国际一价定律的作用下，造成经济增长较快的国家的实际汇率上升的压力。（3）相对落后的国家可贸易品部门与不可贸易品部门之间劳动生产率及价格的相对差异，大于相对发达的国家，相对落后的国家可贸易品部门的生产率提高的相对速度较大（相对于本国不可贸易部门），与不可贸易品部门的相对价格下降的幅度亦大于较发达国家，导致经济增长较快的较落后国家（如中国）的货币相对较发达国家（如美国）的货币的实际汇率形成升值压力。

实证研究也表明，绝大多数发达国家和发展中国家的实际汇率与经济增长的关系基本符合上述"巴萨效应"［卢锋，2006（7）］。

2. "巴萨效应"的国际实践：以日本为例

众所周知，日本自20世纪50年代至80年代末，其经济增长速度一直高于欧、美，导致日本实际汇率升值，而在70年代以前的布雷顿森林体系下，日元对美元的名义汇率长期固定在360:1的水平，自1973年布雷顿森林体系瓦解后，国际汇率体系进入浮动汇率时代，不断累积的日元升值压力持续释放，到1995年突破80:1，25年升值2倍。日元升值过程正是对"巴萨假设"的验证：日本经济高速增长时期，出现结构性物价上涨，可贸易品劳动生产率的提高，引发工资水平的上升，并带动全国工资水平提高，使不可贸易品部门的工资水平上涨幅度超过其生产率的提高幅度，诱发不可贸易品价格的上升。资料显示，日本不可贸易品与其贸易品的相对价格比美国上升得更快，而可贸易品价格却比美国下降得更猛，导致日本的可贸易品与不可贸易品的价格之比下降，即日元对美元实际汇率上升，最终导致日元升值。

根据理查德·马斯顿的研究成果，在1973—1983年间，日本可贸易品生产率的提高比不可贸易品生产率高73%，比美国的13%多出60个百分点，是美国的近6倍；同时，日本非贸易品的相对价格（相对于其贸易品）

上涨 57%，比美国的 12.4% 高 45%（或者说是美国的 4.5 倍），最终诱发日元在 20 世纪 80 年代后的快速升值。

3. "巴萨效应"在中国

（1）中国与美国、世界平均水平的经济增长速度比较

表 3—4 显示，长期以来中国的经济增长速度比美国高 5% 以上，比世界平均增长速度高 4% 以上。

表 3—4　　　　　　　汇改前中国与美国、世界经济增长速度的比较

单位:%

年份	2000	2001	2002	2003	2004	2005
中国（A）	8.4	8.3	9.1	10	10.1	10.4
美国（B）	3.7	0.8	1.6	2.7	4.2	3.5
世界（C）	4.6	2.5	3.0	4.0	5.1	4.5
A－B	4.7	7.5	7.5	7.3	5.9	6.9
A－C	3.8	5.8	6.1	6.0	5.0	4.9

资料来源：中国国家统计局网站（http：//www.stats.gov.cn）：《关于我国国内生产总值历史数据修正结果的公告》；商务部网站：国别数据网数据。

（2）"巴萨效应"对人民币升值压力的影响

根据杨帆的研究成果显示（杨帆，2005），首先，中国可贸易品部门相对非贸易品部门劳动生产率提高幅度大于美国：1978—2000 年，可贸易品部门相对非贸易品部门劳动生产率指数，从 1978 年的 100，中国升至 2000 年的 347，而美国只升至 171，中国升值幅度是美国的两倍。其次，中美可贸易品部门相对非贸易品部门价格变化也存在差异：1990—2000 年，中美两国非贸易品价格指数均高于贸易品，但中国的差距大大高于美国。1990—2000 年间，中国可贸易品价格指数为 178，非贸易品价格指数为 311，非贸易品价格（相对于贸易品，下同）上涨 78%（311/178×100%）；而此期间，美国可贸易品价格指数为 124，不可贸易品价格指数为 143，得出非贸易品相对价格上涨仅为 11.5%，即中国的非贸易品相对价格上涨幅度相对于美国而言，高出 66.5 个百分点，符合"巴萨假设"（杨帆，2005）。

卢锋等（2007）的研究成果也显示，我国可贸易品部门相对生产率增长与人民币实际汇率的变动符合"巴萨假设"。卢锋等（2007）把我国从改革

开放到 2005 年分为两个阶段：1978 年至 20 世纪 90 年代中期、20 世纪 90 年代中期至 2005 年。

第一阶段我国可贸易品部门的相对劳动生产率不仅没有增长，反而是下降的：1978—1990 年我国可贸易品部门（以制造业代替）的劳动生产率均增速为 1.85%，而不可贸易品部门（以服务业代替）的劳动生产率年均增速为 4.4%。高于可贸易品部门劳动生产率的增长速度使我国可贸易品部门相对不可贸易品部门的相对劳动生产率指数（下称"相对增长指数"）由 1978 年的 100，下降到 1990 年 84，共下降了 16 个百分点。进入 20 世纪 90 年代后止跌回升，此后的 2—3 年变化较小；这一时期，OECD 国家和美国的可贸易品部门的生产率增速分别是 3.2%、4.2%，我国可贸易部门相对 OECD 国家及美国可贸易品的相对劳动生产率均成负增长，"相对增长指数"均从 1978 年的 100 下降到 1990 年的 88，到 1992 年、1993 年指数回升到 100。而这一时期我国服务业即不可贸易品部门的相对 OECD 国家和美国的相对劳动生产率，年增速却始终稳定，年均增速分别为 3.2% 和 3.3%。其结果是导致这一时期的中国可贸易品相对劳动生产率增长与 OECD 和美国的可贸易品相对劳动生产率增长比较的相对增长指数（下称"相对相对增长指数"）从 1978 年的 100，分别下降到 1991 年的 67 和 62，此后几年变动较小。依据"巴萨假说"，这一时期人民币实际汇率显著贬值，与这一时期人民币实际汇率大幅度贬值的走势在方向上具有一致性（卢锋等，2007）。

第二阶段 20 世纪 90 年代中期至 2005 年。中国的可贸易品的劳动生产率增长速度大幅提升。1995—2005 年间年均增长率高达 15.8%，大大高于我国可贸易品部门的年均 4.4% 的劳动生产率增速，以及 OECD 国家和美国的可贸易品部门年均 3.2% 和 4.2% 的劳动生产率增速（这一时期其不可贸易品的年均劳动生产率增速反而均下降为 1% 左右），其结果导致中国的可贸易品劳动生产率"相对相对增长指数"由 1995 年的 98 上升到 2005 年的 236；而 OECD 和美国的"相对相对增长指数"则分别由 1995 年的 69 和 61 上升到 2005 年的 133 和 101。依据"巴萨假说"简单推断，自 20 世纪中期以来人民币实际汇率总体是上升的。但由于自 1996 年以来，人民币长期盯住美元，稳定在 8.3∶1 的水平，致使人民币汇率该升未升，升值压力不断累积（卢锋等，2007）。

可见，从上述杨帆和卢锋等研究的实证数据证明：由于改革开放后，中国的经济增长速度长期高于美国等西方国家，最终导致人民币实际汇率上升，并形成汇制改革前人民币名义汇率升值的压力。

（三）外汇储备持续快速增长的汇率效应

表 3—5 显示，进入 2001 年后，中国的外汇储备增长速度明显加快：从 1999—2000 年的年增外汇储备 100 亿美元左右，而到 2001—2004 年突然年增 466 亿美元、742 亿美元、1168 亿美元、2066 亿美元，尤其是 2004 年竟然年增突破 2000 亿美元大关。肖宏伟等通过选用 1985—2008 年中国外汇储备和人民币对主要货币汇率的数据进行实证分析，其结果显示，外汇储备是人民币对国外主要货币汇率的 Granger 原因，外汇储备的增长会引起人民币对国外主要货币汇率上升。可见，汇制改革前在人民币长期实行盯住美元的超稳定的汇制下，中国外汇储备的快速增长，对人民币名义汇率形成了升值压力（肖宏伟等，2009）。

表 3—5　　　　　　　　　1994—2005.06 中国外汇储备情况表

单位：亿美元

年份	1994	1995	1996	1997	1998	1999	2000	2001	2002	2003	2004	2005.6
外汇储备额	516	736	1050	1399	1450	1547	1656	2122	2864	4033	6099	7110
增量		220	314	349	51	97	109	466	742	1168	2066	1011

资料来源：中国外汇局官方网站；《历年中国国际收支平衡表》，经作者整理制表。

（四）名义汇率向实际均衡汇率靠近的规律

汇改前，国内外不少专家、学者通过各种方法和模型来计算人民币的实际均衡汇率，其结果是绝大多数专家和学者均认为人民币名义汇率存在较大程度的低估。如：张志柏（2005）的研究成果显示，根据相对购买力评价理论，若以 1995 年易纲估算的 1995 年可贸易品绝对购买力汇率（7.5）为基期估算，汇制改革前人民币实际均衡汇率为 6.97，若以 1997 年官方汇率为基期汇率估算则为 7.3；鲁志勇等（2005）认为，汇制改革前人民币实际被低估 15%—20%；美国官方和绝大多数学者普遍认为人民币实际被低估 15%—25%。

据雷达等（2006）的不完全统计，汇制改革前，包括国内外 20 名知名学者认为人民币低估加权水平为 17.5%；而包括 15 名投资家和政治家认为人民币低估加权水平为 22.3%。按此计算，汇制改革前的人民币均衡汇率应该在 7.04—6.85 之间，从而对人民币名义汇率提出了升值的客观要求。

二　人民币升值的外部压力持续升级

（一）美国的弱势美元政策引发人民币的升级预期持续升温

众所周知，20 世纪 90 年代，美国出现了前所未有的经济增长盛况，即所谓的"新经济"：实现了经济在低通货膨胀、低失业率水平上的较高速度的增长。与之相应的就是美国的强势美元政策和升息周期：到 2001 年，美元对欧元汇率一度升到 1 欧元兑 0.8 美元；美国国内短期利率也从 1992 年的 3% 升至 2000 年的 6.5%。但是，进入 2002 年后，随着美国"新经济"泡沫的破灭，美国的利率升息周期和强势美元时代也就宣告结束，随之而来的是降息周期和弱势美元政策：到 2004 年 8 月的 1.5%，低于当时的中国国内 2.25% 的人民币一年期存款利率；美元对欧元、日元汇率贬值幅度达到 40% 和 20% 以上（到 2004 年 12 月底欧元对美元汇率突破 1 比 1.36 大关），美元汇率指数从 2002 年至 2004 年下降了 20% 以上。在美元汇率下降的作用下，导致盯住美元的人民币有效汇率也出现明显的下降，引发人民币的升值预期。在套利和套汇机制的作用下，又诱发了大量的国际游资进入中国，从而进一步强化了人民币的升值预期，导致人民币的升值预期持续升温。

（二）全球经济失衡与中美贸易失衡不断扩大导致来自美国的压力不断升级

自 2002 年 IMF 在其《世界经济展望》中首先报告世界经济存在失衡现象，到 2005 年 IMF 总裁拉脱首次正式使用"全球失衡"的概念，当前不断扩大的全球经济失衡已成为人们关注世界经济的一个焦点。所谓"全球失衡"主要是指，美国经常项目（尤其是贸易收支）存在巨大的逆差，而中国、日本及东亚新兴市场经济体等却存在巨大的顺差，或者说美国的贸易收支逆差主要来自东亚各国。从绝对值来看，全球经济失衡持续扩大：美国的经常项目逆差从 2001 年的 3890 亿美元增至 2004 年的 6000 亿美元，占其 GDP 的比重也由 3.8% 增至 5.7%，；处于另一极端的中国，其贸易顺差由 2001 年的 226 亿美元增至 2004 年的 321 美元，外汇储备也由 2001 年末的 2122 亿美元增至 2004 年的 6099 亿美元。按美方的统计，中国多年以来为美贸易逆差的第一大来源地，占其贸易逆差总额的 1/4 以上，贸易差额由 2001 年 831 亿美元增至 2004 年的 1620 亿美元，占美 2004 年贸易逆差总额的 1/5

以上（李扬，2006）。

表3—6　　　　　　　　1993以来部分年份中美贸易失衡情况

单位：亿美元

年份	中方统计				美方统计				中美分歧
	出口	进口	差额	变化%	出口	进口	差额	变化%	
1993	169.6	106.9	62.7		87.7	315.3	−227		165
1996	266.8	161.5	105.3	68	119.7	514.9	−395.2	74	290
2001	542.8	262	280.8	11	192.3	1022.8	−830.5	21	550
2002	699.5	272.3	427.2	52	221.3	1252.8	−1031	24	604
2003	924.7	338.6	586.1	37	284	1524.8	−1240	20	654
2004	1249.4	446.6	802.4	37	347.2	1967	−1619.8	31	817
2005	1629	487	1142	42	418.4	2434.6	−2016.3	25	874

资料来源：中方数据来自中国商务部网站（www.mofcom.gov.cn），美方数据来自美国商务部网站（www.census.gov），并整理计算。

从表3—6显示的1993以来部分年份中美贸易失衡情况及数据变化来看，中美贸易失衡具有两个显著的特点：（1）失衡的程度较大，如2002年以来贸易差额占双方贸易额的比重通常达到50%左右（按美方数据甚至接近70%）；（2）贸易差额年年上升，规模越来越大，从1993年的63亿美元增至2004年的802亿美元（按美方数据为从1993年227亿美元增至2004年的约1620亿美元）。

美国的一些激进派认为人民币汇率严重低估，是美国贸易逆差不断扩大和失业率居高不下的主要原因，有的甚至把人民币汇率问题政治化。2005年4月6日，纽约民主党参议员舒默（Charles Schumer）和南卡罗来纳州共和党参议员格雷汉姆（LindseyGraham）提交了一份议案：若中国政府在180天内仍不重估人民币币值，就将对从中国进口产品征收27.5%的关税，而且获得参议院的表决通过。2005年5月10日，美国参议员斯洛韦（Olympia J. Snowe）与众议员曼祖洛（Don Manznllo）又分别在参众两院提出了2005年公平货币法案（S.984和H.R.2208）。"公平货币法案"含有以下3项主要条款：（1）修改要求美国财政部与操纵货币的外国政府进行谈判的标准，将原条款规定的启动谈判的必要条件，即一个国家既存在大量对美双边贸易顺差也存在全球经常项目顺差改为如果符合其中一项即可；（2）进一步阐明《1988 年汇率与国际经济政策协调法》下的操纵定义，即如果某国汇率市场上存在长期大规模的朝一个方向的干预，则可界定该国操纵了本币与美元的汇率；（3）指示美国财政部对中国贸易顺差进行广泛的审查，尤其是关注中国令人怀疑的贸易数字及其数据结果报告，分析中国公布的贸易数字与美国及其贸易伙伴公布的贸易数字的差异，财政部向国会提交调查结果报告。

可见，在中美贸易失衡不断扩大的导火线作用下，导致来自美国要求人民币升值的压力不断升级，尤其是进入 2005 年以后。

（三）境外人民币 NDF 价格对人民币升值形成的倒逼机制

人民币 NDF（Non—Deliverable—Fonward，无本金交割远期外汇交易）贴水，是国际投资者对人民币升值的预期的市场化表现。香港一年期人民币 NDF 贴水，从 2003 年上半年的 1000 点左右，扩大到 2005 年 1 月上旬的 3900 点左右，2005 年 4 月下旬进一步扩大到 4800 点的高位。也就是说，在 2005 年 4 月下旬时，市场预期一年后人民币兑美元汇率将由 8.2765：1 升至 7.7965：1，按此贴水点数计算，人民币对美元升值 6.2%。人民币 NDF 贴水幅度的不断扩大，对人民币升值具有倒逼机制的效应。

第四节　本章小结

本章实际上自始至终是围绕：为什么要进行人民币汇制改革；面对不断开放的中国经济，人民币应该选择什么样的汇率制度；人民币升值压力的内外因素等方面展开论述和分析。综观上述，可以得出：

第一，没有论据能够证明哪种汇率制度具有绝对的优势，也没有论据能够证明固定汇率制就比浮动汇率制好，或者说浮动汇率制比固定汇率制更好。只有能够与一国经济的内外均衡和经济基本面相适应的汇率制度才是较优的选择。

第二，根据"不可能三角"定律，传统的盯住汇率制最好与较封闭的资本与金融账户相对应，以保证其货币政策的独立性和有效性。尤其是对于中国这样的大国而言，确保货币政策的独立性和有效性至关重要，只有对资本账户实行较严格的管制，盯住汇率制的优势才能较好的发挥。随着资本账户开放度的扩大，盯住汇率制的优势将逐步削减，而其劣势（弊端）却将逐步显现。

第三，中国对外开放的进程一直有序地进行着：1996 年 12 月 1 日提前实现了经常项目的自由兑换；此后资本账户开放，即人民币资本账户可兑换的进程加快，到 2004 年已有一半以上的资本账户实行了自由兑换。尤其是由于中国进出口贸易结构具有显著的加工贸易型特征，国际游资近年来已经大量取道贸易资金往来途径进出中国（关于此点将在第七章进一步详述），致使中国对外开放的实际程度可能大于名义开放程度，进一步导致旧汇制（1994—2005 年 6 月实行的传统盯住汇制）的风险将逐步扩大。因此，随着对外开放度的扩大，适时选择放弃这种缺乏弹性的汇率制度，即进行汇率制度的弹性化改革是明智的，是中国经济内外均衡实现的需要。

第四，就不断开放的中国经济的内外均衡而言，对人民币汇制提出了弹性化改革的要求，而就中国的经济实力和金融市场的完善程度等因素来看，在现行不公正、不合理、不稳定的牙买加体制下实行完全的自由浮动也不是明智之举。管理浮动兼顾固定汇率与浮动汇率的稳定性和灵活性，是政府力量和市场力量的融合，应该是中国现阶段及今后较长期内的较优选择。

第五，汇改前人民币升值压力的升温，是内外因素共同作用的结果。就内部压力来看，主要是由于中国长期的"双顺差"汇率效应和高速增长的"巴萨效应"的累积；就外部压力来看，有中美贸易失衡和全球经济失衡持续扩大的贸易摩擦效应，以及弱势美元政策的牵连效应，也有西方一些持不良用心的团体和个人将人民币汇率问题政治化的推动。因此，在内外因素共同的作用下，对人民币汇率也提出了适当升值的要求。

总之，提出适时对人民币盯住汇率制进行弹性化改革和适当升值的要求，是内外因素共同作用的结果，是中国经济实现内外均衡的需要。但是，必须把握好弹性化改革的进程和人民币升值的速度，避免掉进美国等西方国家一些持不良用心的团体和个人的圈套：利用人民币汇率打压中国经济！

第三部分

汇改内容与配套改革篇

第四章　2005年人民币汇制改革的基本内容

第一节　央行关于完善人民币汇率形成机制改革的公告

经过较长时期的酝酿，中国人民银行于2005年7月21日发布了《关于完善人民币汇率形成机制改革的公告》（中国人民银行公告［2005］第16号，下称"汇改公告"）。中国人民银行称：为建立和完善我国社会主义市场经济体制，充分发挥市场在资源配置中的基础性作用，建立健全以市场供求为基础的、有管理的浮动汇率制度，经国务院批准，现就完善人民币汇率形成机制改革有关事宜公告如下：

一、自2005年7月21日起，我国开始实行以市场供求为基础、参考一篮子货币进行调节、有管理的浮动汇率制度。人民币汇率不再盯住单一美元，形成更富弹性的人民币汇率机制。

二、中国人民银行于每个工作日闭市后公布当日银行间外汇市场美元等交易货币对人民币汇率的收盘价，作为下一个工作日该货币对人民币交易的中间价格。

三、2005年7月21日19时，美元对人民币交易价格调整为1美元兑8.11元人民币，作为次日银行间外汇市场上外汇指定银行之间交易的中间价，外汇指定银行可自此时起调整对客户的挂牌汇价。

四、现阶段，每日银行间外汇市场美元对人民币的交易价仍在中国人民银行公布的美元交易中间价上下千分之三的幅度内浮动，非美元货币对人民币的交易价在中国人民银行公布的该货币交易中间价上下一定幅度内浮动。

中国人民银行将根据市场发育状况和经济金融形势，适时调整汇率浮动区间。同时，中国人民银行负责根据国内外经济金融形势，以市场供求为基础，参考篮子货币汇率变动，对人民币汇率进行管理和调节，维护人民币汇率的正常浮动，保持人民币汇率在合理、均衡水平上的基本稳定，促进国际收支基本平衡，维护宏观经济和金融市场的稳定。

第二节　人民币汇制改革的核心内容

通过对上述"汇改公告"进行解读，2005 年 7 月 21 日中国人民银行关于人民币汇制的改革主要涉及下面四方面的内容。

一　改革人民币汇率制度

改变人民币汇率制度，即人民币汇率生成机制的改革，是此次人民币汇制改革的重点。

此次央行公告中一大亮点就是人民币汇率放弃盯住单一美元，改为实行有管理的浮动汇率制度。"汇改公告"第一点指出，自 2005 年 7 月 21 日起，人民币不再盯住单一美元，开始实行更富弹性的、以市场供求为基础、参考一篮子货币进行调节、有管理的浮动汇率制度。1994 年汇率并轨以后，我国也曾提出实行以市场供求为基础的、有管理的浮动汇率制度。在 1997 年以前，人民币汇率确实稳中有升，也有少许"管理浮动"的味道，但由于亚洲金融危机的爆发，为防止亚洲周边国家和地区货币轮番贬值使危机深化，中国主动收窄了人民币汇率浮动区间，采取盯住美元的汇率政策，而且长期超稳定在 8.27—8.30 的水平，实际上演变成了名副其实的固定汇率制。由于固定汇率不能准确反映经济运行的变化和货币的实际价值，如果一个国家长时间固定其汇率，汇率这一市场价格信号将发生误导，导致资源错配，在资本金融不断开放的情形下还会导致严重的"米德冲突"。此次采取以市场供求为基础的、有管理的浮动汇率制的人民币汇率改革，是中国经济内外均衡实现的客观要求。此次人民币汇制改革仍然强调新汇制是"有管理的浮动汇率"，央行公告中明确"中国人民银行将根据市场发育状况和经济金融形势，适时调整汇率浮动区间。同时，中国人民银行负责根据国内外经济金融形势，以市场供求为基础，参考一篮子货币汇率变动，对人民币汇率进行管理和调节，维护人民币汇率的正常浮动，保持人民币汇率在合理、均衡水平上的基本稳定，促进国际收支基本平衡，维护宏观经济和金融市场的稳定"。

强调中国人民银行必须不断地根据中国经济的基本面和国外经济金融形势的变化，对人民币的参考一篮子货币、汇率浮动区间和汇率水平等进行调整和管理，并且维护人民币汇率的正常浮动，保持人民币汇率在合理、均衡水平上的基本稳定，使人民币汇率能够基本满足中国经济稳定和内外均衡实现的需要。

此次人民币汇制改革的另外一个亮点就是人民币汇率不再盯住一篮子货币，而是改为参考一篮子货币。央行新闻发言人在答记者问时表示，一篮子货币就是选择若干种主要货币，赋予相应的权重，组成一个货币篮子。同时，根据国内外经济金融形势，以市场供求为基础，参考一篮子货币计算人民币多边汇率指数的变化，对人民币汇率进行管理和调节，维护人民币汇率在合理均衡水平上的基本稳定。参考一篮子货币表明外币之间的汇率变化会影响人民币汇率，但参考一篮子货币不等于盯住一篮子货币，它还需要将市场供求关系作为另一重要依据，据此形成有管理的浮动汇率。

二 适当释放人民币升值的压力：对人民币币值作小幅的升值调整

"汇改公告"第三点指出，2005 年 7 月 22 日银行间外汇市场上外汇指定银行之间美元对人民币的交易中间价调整为 1 美元兑 8.11 元人民币，人民币对美元汇率比长期以来的 8.2765 升值 2% 左右。央行新闻发言人在答记者问时表示，之所以选择升值 2% 是根据汇率合理均衡水平测算出来的，主要是根据我国贸易顺差程度和结构调整的需要来确定的，同时也考虑了国内企业进行结构调整的适应能力，即考虑到一次性采取升值 2% 的小额幅度，短时期内不会对行业和企业产生大的冲击，影响较小，从而避免人民币汇制改革给宏观经济造成震荡，充分体现了中国人民银行坚持人民币汇率改革的主动性、可控性和渐进性的原则。强调人民币汇率制度改革重在人民币汇率形成机制的改革，而非人民币汇率水平在数量上的增减。

三 关于人民币汇率形成机制的改革：强化市场化机制

"汇改公告"第二点明确了每个工作日美元等交易货币对人民币交易的中间价格，为中国人民银行于上一个工作日闭市后公布当日银行间外汇市场该货币对人民币汇率的收盘价。由于上一个工作日的收盘价是在市场供求基础上形成的，从而大大提高了人民币汇率形成机制的市场化程度。

四 强调可控性，仍然维持较小的人民币汇率浮动区间

"汇改公告"第四点指出，仍然只允许人民币兑换美元汇率日波幅为上下浮动0.3%；非美元货币对人民币的交易价在中国人民银行公布的该货币交易中间价上下一定幅度内浮动。

第三节 2005年人民币汇率制度改革的简单评析

一 重在机制，充分体现了主动性、可控性和渐进性的原则

2005年7月21日，中国人民银行发布了关于完善人民币汇率形成机制改革的公告：自2005年7月21日起，我国开始实行以市场供求为基础、参考一篮子货币进行调节、有管理的浮动汇率制度；人民币汇率不再盯住单一美元，形成更富弹性的人民币汇率机制。此次汇率改革，重在机制，人民币对美元只微升2%，充分体现了主动性、可控性和渐进性的原则。

二 审时度势，出其不意，为国际汇率史写下了绝妙的一笔

关于汇率机制调整的时机：一方面，选择2005年7月这一时间，是因为当时国内外经济运行平稳：美元走强、进入中国的国际"热钱"下降、国内经济保持强劲增长、国内通胀回落、利率市场化取得一定进展等，是一个难得的时机；另一方面，比国际普遍预期的要早，真乃出其不意而制胜，有效地回避了国际"热钱"的炒作和冲击。

三 功过之争：利大于弊

从经济角度看，又由于我国利率市场化虽已取得重大进展，但尚有许多核心问题有待解决；尤其是尚无健全的远期外汇市场和债券市场等，即浮动汇率运行的市场机制尚不够成熟，此时调整汇率机制，有些超前。但是，此项改革应该会大大促进我国的金融深化和创新，推动人民币国际化的进程，从长远来看，适当超前，也不无裨益。

此次汇率改革和人民币升值对出口和就业会有些伤害，也会增加从事国际经贸活动的市商的汇率风险；但会减少国际贸易摩擦、拉动国内消费、实现从"粗放型"向"效益型"出口转变、增加货币政策的自主权与效率等，功过相抵后，大多数经济学家认为还是利大于弊。

四 注重宏观政策的配套和金融创新，是汇率改革成功与否之关键

（一）加强浮动汇率运行的市场基础的建设是重中之重

根据"原罪"（Original Sin）理论，发展中国家对浮动汇率的恐惧，均因缺少浮动汇率运行的市场基础。如上所述，我国金融市场的不完善性，既没有一个有活力的远期外汇市场；同时又因为没有一个有固定利息的债券市场，我们根本就无法用国内外利率的比较来确定远期外币的升（贴）水，以提供给市商通过套期保值来规避汇率风险。可见，我国浮动汇率运行的市场基础还很差，必须尽快加速我国的金融创新和改革，包括利率市场化的全面推进、健全的债券市场和远期外汇市场的建设等。

（二）如何实现汇率的相对稳定与汇率制度的相对灵活性的统一，是关系此次汇率改革成功的又一关键

一国的金融创新必然要与该国的金融和经济的发展水平，以及其金融的监管水平相适应。我们可以预见要在短期内培育一个较完善的、行之有效的债券市场和有活力的长期的远期外汇市场的成本和难度，至于外币期权和外币期货市场的建设，则更需有待时日。显然，短期内，很难降低市商规避汇率风险的成本和难度，保持名义汇率相对的稳定是难能可贵的。在近期，我们可以通过参照爬行软盯住（只是"参照"，而不是"盯住"）进行干预，以兼得汇率制度的灵活性与名义汇率相对稳定之好处。

确定合理的浮动范围（即合理的浮动区间）是管理浮动的先决条件。在确定浮动区间时，应该首先着眼于保持经常账户的健康，并确保进出口贸易的基本平衡。当一国的经常账户，尤其是贸易收支长期失衡时，应及时对浮动区间加以调整：盈余就让本币升值，以促进本国产业结构的升级换代，充分发挥汇率对产业结构调整的功能；赤字就让本币贬值，促进出口，以防止国际收支的进一步恶化。区间的大小，即波幅的设定要科学，过大或过小都会失去"管理浮动"的意义，按我国的国情，1%—2%左右应该是目前较理想的波幅，以后再逐步扩大。另外，在确定汇率区间时，还要密切注意国外的"回响效应"和"感应效应"，严防贸易伙伴国的报复和对本国竞争力的伤害。

（三）金融自由化和对外开放要稳健，外债的规模与结构要合理

应该承认我国尚缺乏应对短期因素超常干扰的有效的市场机制和宏观监控能力；也可以预见，要在短期内大幅度提高我国的金融综合实力和金融监

管水平，完善我国金融市场，是难以想象的。国际上的游资数以万亿计，如果过早、过度地开放资本账户，特别是在短期资本对外开放时，数量庞大的投机性资本的流入，其后果不堪设想。

引进外资仍是我国促进国民经济发展的重要手段，但应该将重点放在吸引能引进技术的 FDI 上面，举借外债要量力而行，外债结构要合理，按照国际惯例，外债一般不要超过 GDP 的 8%，短期债务比重要小于 25%，以避免外债危机的出现而成为索罗斯们的"下口"菜。

（四）建立危机的早期预警机制是汇率管理的较高形式

人们一般理解的管理是应急式干预，即央行在外汇市场作出与市场大势相反的操作以熨平汇率波动轨迹，使汇率维持在合理水平。这种干预方式被称为"蛮力干预"，它对熨平汇率的短期波动是很有效的。然而，对于汇率的超常波动，较好的干预方式是影响市场预期的干预。因此，建立危机的早期预警机制就非常可贵。有研究表明，一国货币汇率在危机发生以前 24 个月中会有多方面的先兆：国际外汇储备下降，信贷失控，通货膨胀率居高不下，货币持续高估，外债负担过重等。因此，选择一些宏观经济变量（如：GNP、物价、贸易收支、外债、国际储备等），并制订指标边界值，加强监控，及时发现问题，尽早干预，影响市场预期以防止汇率的严重错位和大幅度波动，对稳定国内金融市场和国际货币制度意义重大。

（五）稳健的财政货币等宏观经济政策，是汇率管理成功的保证

根据购买力平价和一价定律，通胀的内外不协调，是汇率波动的主要内生因素。东南亚金融危机也充分证明，欠稳健的财政货币政策是泡沫经济的诱因，而索罗斯们的投机行为已成为惩罚政府决策错误的重要力量。稳健的财政货币政策是一国国内平衡的保证，而一国的良好经济态势，是该国货币内外稳定的前提。

（六）加强国际政治经济合作，提高干预效果

如今已是一个相互依赖、相互制约的开放经济时代，一国孤立制定的"非合作性均衡政策"往往难以取得令人满意的效果；一国国内政策具有"外溢效应"，而国外政策的"回响效应"又反过来影响本国政策的执行效果，使其偏离预定的目标。国际游资阵营的庞大，往往使一国的干预能力备受怀疑。因此，加强国际政治经济合作，走向联合干预是大势所趋，也是提高干预效果和稳定整个国际货币体系强有力的手段。

第五章　汇改后汇制的深化改革
与相关金融配套改革

至 2010 年 7 月 20 日，新汇制已平稳实施五周年。按照党中央、国务院的部署，贯彻主动性、可控性、渐进性原则，五年来中国人民银行继续对人民币汇率形成机制进行完善与深化改革：着力完善有管理的浮动汇率制度体系，促进外汇市场发展，优化外汇管理政策环境，等等。

第一节　人民币汇制改革的配套金融改革与创新要求

伴随人民币汇制弹性的凸显，随之而来的是外汇风险问题。国外的实践证明，在当今汇率易变、频变的牙买加体制和金融自由化、国际化趋势以及国际游资数以万亿计的大背景下，浮动汇率制的良性运行，必须要有健全的、行之有效的外汇市场、资本市场和良好的宏观金融监管体系等与之相匹配。滞后的中国金融尚存在不少影响新汇率机制有效运行的因素，汇率机制改革推出后，对我国一系列金融相关领域提出了配套改革和金融创新的迫切要求。

一　加快即期外汇市场发展和金融创新的要求

国内外的实践证明，具备完善的外汇市场是实行浮动汇率制的重要基础。人民币新汇制——管理浮动汇率制，其最终目标是要实现汇率的短期相对稳定和长期的趋向于均衡汇率，这就需要通过一个有弹性、有深度、有广度、有效率、市场化程度高的外汇市场作为平台来发现均衡汇率。即期外汇市场是一个国家外汇市场的基础市场，是远期外汇市场发展的基础。人民币汇率改革之初，我国的即期外汇市场还非常落后：仍没有完全改变强制结售汇制，外汇市场交易量小（见表 5—1）；交易主体少而种类严重不全；交易品种稀少且畸形集中（美元交易通常占外汇交易量的98%左右）；市场缺乏深度和广度、市场流动性和交易效率低；等等。

表5—1　　亚洲部分国家和地区外汇交易量和对外贸易情况及对比表

单位：亿美元

2004 年 4 月传统外汇市场日均外汇交易量*			2004 年对外贸易额		
	金额	与人民币对比（%）		金额	与中国对比（%）*
人民币	18.12	100	*中国	11545	100
韩元	211.51	1167.27	韩国	4783	41.43
泰铢	34.92	192.72	泰国	1913	16.73
港元	331.81	1831.18	中国香港	9859	85.40
新台币	72.61	400.72	中国台湾	3419	29.61

备注：（1）外汇交易量包括即期、远期及互换交易；（2）中国的数据不包括香港、澳门和台湾地区。

资料来源：根据《2005 中国统计年鉴》数据和 BIS 数据（见参考文献：杨海珍：《资本外逃——国际趋势与中国问题》，中国金融出版社 2005 年版，第 154 页）整理计算制表。

可见，人民币汇率机制改革对我国即期外汇市场的发展和相应的金融创新提出了迫切要求。

（一）进一步改革结售汇率制，加快推进意愿结汇制进程的要求

强制结售汇，实际上扭曲了外汇市场的供求关系，人为放大了供应而抑制了需求。虽然国家外汇管理局已于 2005 年 8 月 2 日扩大了企业外汇留成比例（从原来的30%至50%扩大到50%至80%），但还必须进一步加大改革力度，包括进一步扩大企业外汇留成比例和放宽对银行结售汇周转头寸和自身结售汇的管理等，稳步推荐无实需背景金融交易，即意愿结汇制的进程。

（二）进一步扩大交易主体的数量和种类的要求

人民币汇率改革后不久，央行就已迈出了实质性的一步，2005 年 8 月决定扩大即期外汇市场主体，允许非银行金融机构和大型非金融企业入场。我们还可以探讨建立外汇经纪人制度、允许 QFII 参与和吸引更多的做市商入场等，以增加外汇市场的深度和广度，提高市场流动性和效率。

（三）交易方式进一步创新的要求

　　要积极发展无形市场，即场外交易（OTC）；积极推进做市商制度，进一步扩大做市商的数量；扩大市场主体自行定价权限，允许金融机构自由选择交易模式。逐步形成银行间市场与零售市场、报价机制与询价机制、交易所市场与场外市场并存的市场结构和交易方式，以提高市场流动性和效率。

二　加快远期外汇市场发展与金融创新的要求

　　汇改前人民币实质上是实行盯住汇率制，汇率变动的风险是通过央行的干预化解的。央行的这种被动的、被迫的干预，其代价非常昂贵，往往以牺牲其货币政策的效率和国内经济的目标为代价，一句话，等于汇率变动的风险全部由国家来承担。2002 年至人民币汇改前，央行要同时兼顾外汇市场和货币市场两大市场平衡的两难，就是很好的例证。

　　新汇制是管理浮动汇率制，其运行后表明了新汇制的弹性正逐步显现，如果没有健全的远期外汇市场等规避汇率风险的金融市场来保驾护航，我国从事国际经贸活动的市商随时都会处于汇率变动的风口浪尖之上。一个有活力的远期外汇市场，是实行浮动汇率制的"避风港"，而目前，我国的远期外汇市场还很不健全，可提供的避险途径和效率还非常有限：从银行间远期外汇市场来看，不但市场主体少、交易量少，而且品种稀缺，只有人民币/外币远期交易和掉期交易；从零售市场（远期结售汇市场）来看，缺乏市场竞争因素，买卖差价过大（市场缺乏宽度），避险成本较高，也没有其他的诸如外汇期货、期权市场以供涉外市商避险选择。可见，这与新汇制对外汇市场避险功能的高要求极不相符，要想使新汇制健康有效地运行，必须加快推进远期外汇市场建设的进程。

　　人民币汇率改革后不久，即 2005 年 8 月，央行已出台了一些加快发展远期外汇市场的有关决定和改革创新措施，如：扩大外汇银行对客户远期结售汇业务和开办人民币与外币掉期业务；开办银行间远期外汇交易，并引入询价交易方式等。然而，一个行之有效的、健全的远期外汇市场的建设，尚有许多关键问题有待解决：除了要解决诸如即期外汇市场所要解决的交易主体数量和种类的扩大、交易和监管方式的创新等问题外，重点还必须解决交易品种稀缺，即金融工具的创新问题（包括工具种类及其创新次序）。应采取先简单后复杂，先易后难，先风险小的、后风险大的原则，精心设计我国远期外汇交易品种的创新次序，如：先发展远期外汇和掉期交易，后发展外币期货、期权和择期交易；先人民币与外币，后外币与外币间业务；先掉期后互换；先常规的，后复杂的（如复合期权、后付期权、选择期权、混合期权）等，以确保我国远期外汇市场健康、快速、有序地发展。

三 全面推进利率市场化的要求

利率具备弹性是浮动汇率制有效运行的又一重要基础。具备弹性的利率机制，具有调节汇率、打击投机性资金对汇率冲击的作用：在利率实行市场化的情况下，当外汇市场出现超常供应，即供大于求时，可以调低利率，使资金从货币市场转到外汇市场，增加本币的供应，或者说当外资出现超常流入，资金供应的增加就会使利率下浮，进而使外资流入减少，从而消除外汇下降、本币上浮的压力；反之，则调高利率，使资金流向货币市场，或者说减少资金从货币市场的流出，减少对外汇的需求，从而消除外汇上浮、本币贬值的压力。同时，也只有在利率实现市场化以后，利率才是资金供求的真实反映，两种货币的利率差异才能作为计算其远期升（贴）水的依据。

我国利率市场化程度仍较低。我国利率市场化的进程虽已取得了一些进展，如：对外币利率初步实现了市场化，并且央行已于 2004 年 10 月取消了对人民币存款利率下限和贷款利率上限的限制，但是，严格来说，人民币汇率改革之初，我国尚未真正实行利率市场化，绝大多数利率还是由央行决定（杨如彦，2005）。只有解决了诸如基准利率、利率市场化定价、市场化利率结构和传导机制、利率风险防范机制等核心问题，利率机制才能真正发挥作用。可见，人民币汇制改革推出后，客观上提出了加快我国利率市场化的迫切要求，因此必须进一步加大改革和金融创新的步伐。

（一）建设合理的市场化利率体系的要求

1. 必须解决基准利率（即央行利率）问题

基准利率是整个利率体系的核心，只有解决了基准利率，中央银行才能实现间接调控利率。考虑到我国目前再贴现和再贷款的市场规模较小的实际情况，现阶段选择国债利率和银行间同业拆借利率作为基准利率较为合适。

2. 构建合理的市场利率体系

要培养商业银行的利率定价和利率风险的判断能力，构建合理的市场利率（商业银行利率）体系，要能充分体现出市场化的利率期限结构、信用风险结构等，形成合理的、高效的市场化利率传导机制。

（二）加大利率风险规避工具的创新力度的要求

2005 年 6 月央行推出了人民币第一个衍生工具——银行间债券远期交

易，对于利率风险的规避具有很强的现实意义。今后还要提高商业银行的创新能力和权限，进一步加大利率风险规避工具的创新力度，不断增加避险工具的种类（如远期利率协定、利率期货、利率期权、利率互换、货币互换等）和规模，以拓宽利率风险的避险途径，提高避险效率。

四　进一步完善与发展我国资本市场的要求

按照"原罪"（Original Sin）理论，一国资本市场越不完善就越不容易实行浮动汇率制。"原罪"论认为，一国资本市场越完善、越发达，本国的企业就越容易通过诸如发行本币债券获得本币融资，可尽量避免使用外币债务，以减少其外汇风险，或者说一个健全的、行之有效的资本市场的缺位，这就使得其企业难以做到债务在期限和币种上的有效匹配以规避汇率风险，是导致发展中国家"浮动恐惧"的主要原因之一。人民币汇率改革之初，我国的资本市场还极不完善，尤其缺乏一个健全的债券市场，表现为：一是直接融资市场发展缓慢，在整个融资结构中直接融资比重过低，如：我国 2003 年主要融资种类共融资 35276 亿元，而直接融资只占 15.1%（冯光华，2005）；二是在直接融资中，企业债券市场发展又特别严重滞后，根据《2005 中国统计年鉴》，2004 年我国共发行国内有价证券 12314.5 亿元，而企业债券只有 327 亿元，仅占当年国内有价证券发行量 2.66%。健全和完善我国债券市场对进一步完善和发展我国的资本市场意义重大。2004 年以来央行虽然在促进我国债券市场的健康发展方面做了许多艰苦的努力：首先，支持商业银行发行次级债券以补充资本金；其次，又于 2005 年 5 月成功地推出了企业短期融资券，并在银行间债券市场上市流通，使我国短期直接融资市场的建设迈出坚实的一步。然而，我国债券市场落后的局面仍没有改变，只有国债（含政策性金融债券）市场、短期融资券市场、企业债券市场三管齐下、并驾齐驱，才能确保我国债券市场的宽度和厚度。可见，人民币新汇制同样对我国资本市场尤其是企业债券市场的改革与发展也提出了迫切的要求。

（一）加大创新力度，提速发展企业债券市场的要求

要创新监管，完善企业债券市场的运行机制：推进企业债券市场的发行管理由"审批制"转向"核准制"，把企业债券谁能发行、发行多少等的决定权交给市场；改革和完善企业债担保机制，取消强制性担保；培育信用评级中介机构，完善企业债信用评级制度，建立债权人监控下的企业债信用评

级机制；规范企业债发行主体的信息披露制度，建立信息披露咨询机制；取消发行利率管制，建立健全企业债的市场化定价机制，促进企业债发行市场化运作；等等。

（二）继续按市场化运作，加快短期融资券的发行

2005 年 5 月推出的短期融资券市场，对于拓宽我国金融市场的宽度和厚度具有里程碑的意义，但只是刚刚起步，应加快发展速度。建议加快我国企业信用等级的评价，并允许企业运用信用增级进入发行市场，不断为短期融资券市场注入新的血液，并同时积极试点支持融资券的发行和交易。

（三）培育机构投资者，扩大投资者群体，积极推行做市商制度

要发展我国债券市场，必须大力培育机构投资者，诸如：保险公司、商业银行、养老基金。我们还可以探讨积极推行做市商制度和让更多的 QFII 入市；也可以设立更多的基金，通过基金吸引个人投资者间接入场等，以扩大市场规模，提高市场流动性和效率。

五　加快人民币国际化进程的要求

实践证明，凡是能够有效控制汇率浮动的国家，其进出口中本币的使用一般都占据较大的比率（见表 5—2）和在国际金融市场能借到以本币为面值的"外国贷款"（或"国际债券"）。"原罪"论还认为，发展中国家的"浮动恐惧"来源于本币的非国际化，因为它们的银行和企业根本无法做到在国际贸易中使用本币计价，更无法做到在国际金融市场上借到本国货币（丁剑平，2003）。可见，人民币汇制改革提出了加快人民币国际化的迫切要求，因此必须稳步推进人民币的国际化进程。

表 5—2　　　　1999 年以前主要发达国家在国际贸易中使用本币的比率

单位：%

国家	日本	美国	英国	德国	法国	意大利
出口	36	96	57	74.8	49.2	38
进口	21.8	85	40	51.5	46.6	38.1

资料来源：参见赵庆明《人民币资本项目可兑换及国际化研究》，中国金融出版社 2005 年版，第 48—55 页。

（一）要扩大人民币在周边国家及港澳地区的使用

近年来，人民币在周边国家及港澳地区使用的数量不断增加（见表5—3），央行已分别于2003年、2004年就中国香港和中国澳门的人民币回流做了安排，并于2005年11月1日扩大了为香港银行办理人民币业务提供平盘及清算安排的范围。但还要尽快解决滞留在周边国家的人民币回流问题，并推动在与周边国家及港澳地区的贸易中更广泛地使用人民币，使人民币尽快成为区域性国际货币；同时，要加大人民币在我国对外经济援助中的计价结算。

（二）逐步放松外汇管制，渐进式实现人民币资本与金融项目下的可兑换

一国货币的国际地位和国际化程度，必然要同该国的经济实力和金融的发展水平相适应，我国资本与金融项目的对外开放和可兑换只能采取渐进式模式：首先，实现长期资本的自由流动和可兑换；其次，实现短期资本的自由进入与可兑换；最后，实现短期资本自由流出和人民币资本与金融项目的完全可兑换。

表5—3　　　　　　　近年来人民币在周边国家和地区的使用数量

单位：亿元

国家（地区）	越南	泰国	中国香港	蒙古	缅甸	粤港间流量（一年）
金额	35	44	20	0.5	0.3	500—700

资料来源：参见杨如彦《中国金融制度创新报告（2005）》，社会科学文献出版社2005年版，第295页。

（三）加强境内外汇市场与人民币境外离岸市场（NDF、NDO等）的联系与沟通

通过离岸市场，逐步扩大人民币的国际影响和国际信誉。

六　提高微观市场主体的抗风险能力的要求

人民币新汇制对银行也提出了新的改革要求，要求商业银行正确处理好金融服务与防范风险的关系。商业银行要不断增强自身的汇率风险和利率风险的防范意识，并时刻关注由汇率机制改革所引发的我国整个金融市场的改革和深化，对商业银行业务、收益和风险的影响，不断提高对风险的判断和规避水平，进一步完善风险管理体系，以提高其整个经营水平。同时，还要

不断提高金融服务意识和服务质量，增强金融工具的设计、定价和创新能力，加大金融衍生工具的创新力度，不断推出适应市场需求的外汇避险产品，拓宽企业避险途径和渠道。

此次汇制改革的同时使人民币升值2%。相信人民币汇率从此仍会稳中有升，而且新汇制拉开了弹性化改革的序幕，交易日间也会有升有降，会对进出口带来外汇风险，这要求进出口企业不断提高风险意识，密切关注汇率波动，并充分利用金融市场和避险工具来规避汇率风险。同时还应该加强管理，降低成本，促进产品升级换代，实现从"粗放型"出口向"集约型"出口转变，以减少人民币升值的负面影响。

七 进一步提高金融监管水平、监管质量的要求

表5—4显示的20世纪末的大量资金外逃和进入21世纪以来的国际热钱的大量入境，均说明我国资本金融账户的监管质量有待提高。新汇制为管理浮动汇率制，大量的国际间短期资本的流动，将会直接影响汇率的稳定。因此，新汇制对我国资本金融账户的监管提出了更高的要求。

表5—4   我国部分年份资金外逃和入境热钱规模简表

单位：亿美元

资金外逃（1996—2001年）							入境热钱（2002—2004年）			
1996	1997	1998	1999	2000	2001	合计	2002	2003	2004	合计
400	474	627	922	1060	817	3671	40	264	1178	1482

资料来源：参见杨海珍《资本外逃——国际趋势与中国问题》，中国金融出版社2005年版，第154页；韩继云：《国际"热钱"：中国一个必须正视的博弈》，《对外经贸实务》2005年第5期。

此外，伴随人民币汇制改革和利率市场化的稳步推进，将会有力地促进我国经济的市场化进程，新汇制对我国的整个金融监管的水平、质量和方式也提出了更高、更新的要求，要改变过去过度的行政、高成本、低效率的监管方式，从以直接监管为主向以间接监管为主转变。各国监管实践证明，市场主体的自律监管是各金融市场监管的核心和基础。在监管当中，首要的是交易主体的自控约束，然后是行业自律、社会监管以及政府外部监管。政府监管要以合规经营和强化风险的控制为主要内容，以不影响金融企业的自主创新能力和向客户充分披露风险为限。例如在金融创新方面，现阶段我国外

汇市场、债券市场、货币市场等的监管部门主要应将重点放在制度建设（包括从国外移植）、健全法规和对市场的辅导性培育方面，至于金融产品的设计、创新、定价等应交给商业银行等市场主体。又如，央行对外汇市场的干预和对人民币汇率的监控也有待改进。有数据证明，近几年来，银行间外汇市场几乎只有央行一家造市，其交易额几乎占全部交易的70%以上，今后，除了要积极推行做市商制度外，还可建立外汇平准基金，由外汇平准基金入市对外汇市场的超额外汇供求进行吞吐，可较好地避免央行入市造成基础货币量的变化，对货币政策产生负面影响；过去对人民币汇率的监控，也过分强调汇率的短期稳定，而忽略了汇率的长期均衡，今后要兼顾短期的相对稳定与长期的趋向于均衡汇率，并同时加强预警系统和预警机制的建设，以防范风险与危机于未然。

八　本节小结

综观上述，人民币汇制改革对我国一系列金融相关领域，提出了加快配套改革和金融创新的迫切要求，伴随新汇制的实施，以及利率市场化的推进，我国将会迎来一个金融创新的春天，外汇市场、资本市场、货币市场等金融市场的金融创新将会出现空前的繁荣。随着金融改革和创新的不断深入，我国金融市场的厚度和宽度将会得以拓展，监管的质量和水平也会不断提升，进而为管理浮动汇率制的有效运行优化环境。与此同时，经济和金融的发展又将反过来为人民币汇制的进一步改革创造条件。

第二节　汇改后汇率制度的进一步完善与深化改革

建设有管理的浮动汇率制度体系是一项系统工程，既包括建设以市场供求为基础、参考一篮子货币进行调节、市场化的人民币汇率形成机制，也包括改革中央银行外汇公开市场操作方式。根据"三性"原则，五年来中国人民银行分步实施，进一步完善了有管理的浮动汇率制度体系。

一　增强人民币汇率的灵活性

2005年7月21日后，中国人民银行在增强人民币汇率的灵活性方面采取了一系列的改革措施。其中主要有：扩大银行间外汇市场汇率的浮动幅度和牌价的价差区间。

2005 年 9 月 23 日，中国人民银行发布实施《关于进一步改善银行间外汇市场交易汇价和外汇指定银行挂牌汇价管理的通知》（银发［2005］第 250 号）。根据该通知扩大了银行间即期外汇市场非美元货币对人民币交易价的浮动幅度，从原来的上下 1.5% 扩大到上下 3%。扩大了银行自行定价的权限，调整了银行对客户美元挂牌汇价的管理方式：取消银行非美元货币的挂牌汇价限制，银行可自行制定非美元对人民币价格；为美元挂牌汇价实行差幅限制，现汇和现钞买卖价在基准汇率上下 1% 和 4% 以内由银行自行决定，而且可以一日多价；另外，银行可与客户议定所有挂牌货币的现汇和现钞买卖价格。通过扩大银行间外汇市场汇率的浮动幅度和牌价的价差区间，使微观经济主体首先适应更具弹性的人民币汇率，为人民币汇率形成机制的平稳过渡创造条件。

2007 年 5 月 18 日，中国人民银行发布《中国人民银行关于扩大银行间即期外汇市场人民币兑美元交易价浮动幅度的公告》（中国人民银行公告［2007］第 9 号），宣布自 2007 年 5 月 21 日起将银行间即期外汇市场人民币兑美元交易价日浮动幅度由 0.3% 扩大至 0.5%，即每日银行间即期外汇市场人民币兑美元的交易价可在中国外汇交易中心对外公布的当日人民币兑美元中间价上下 5‰ 的幅度内浮动。扩大日波幅，标志着人民币汇制的弹性化改革又迈出了坚实而难能可贵的一步。

二 完善人民币即期汇率形成机制

（一）在银行间外汇市场引入做市商制度

2005 年 11 月 24 日，国家外汇管理局发布实施《银行间外汇市场做市商指引（暂行）》（汇发［2005］第 86 号），在银行间外汇市场引入做市商制度。做市商制度也称报价驱动交易制度，是目前国际上较为广泛采用的一种交易方式，对于提高市场流动性和价格发现均有着十分重要的作用。做市商制度可提高金融机构的自主定价能力，并通过做市商的连续报价为市场提供流动性，平滑市场价格波动，提高交易效率，为逐步形成以市场供求为基础、参考一篮子货币进行调节的即期汇率形成机制提供制度支持。

（二）引入国际通行的询价交易方式

2005 年 11 月 24 日，国家外汇管理局发布实施《关于在银行间外汇市场推出即期询价交易有关问题的通知》（汇发［2005］第 87 号）；2006 年 1 月 3 日，中国人民银行发布实施《关于进一步完善银行间即期外汇市场的公告》（中国人民银行公告〔2006〕第 1 号），决定在银行间外汇市场引入做市商制度的同时，并于 2006 年第一个交易日（1 月 4 日）在银行间即期外汇市场引入询价交易方式，并保留撮合方式，同时把询价交易的终止时间从每日 15 时 30 分延长至 17 时 30 分。鼓励金融机构在有效控制风险的前提下积极进行产品创新，满足企业和居民外汇避险和投资的多样化需求。

（三）改进了人民币汇率中间价的形成方式

在询价和撮合交易方式并存的新市场框架下，中国人民银行参照国际通行的基准利率、汇率确定方式，改进了人民币汇率中间价的形成方式，授权作为市场中介组织的中国外汇交易中心计算并公布每日人民币汇率中间价，其中人民币对美元汇率中间价以全部做市商的报价作为样本加权平均计算得出，人民币对欧元、日元和港币汇率中间价由中国外汇交易中心分别根据当日人民币对美元汇率中间价与上午 9 时国际外汇市场欧元、日元和港币对美元汇率套算确定，提高了新市场框架下人民币汇率中间价的代表性。

三　完善人民币远期汇率定价机制

2005 年 8 月 10 日，中国人民银行建立了银行间人民币远期市场，初步形成有代表性的国内人民币远期汇率。8 月 15 日，中国外汇交易中心正式推出银行间远期外汇交易品种，外汇交易系统同时自动升级。

2006 年年初，中国人民银行在引入做市商制度的同时，将做市商结售汇头寸管理由收付实现制改进为权责发生制，使做市商可以在即期外汇市场对冲远期头寸，从而使做市商能够按照国际通行的利率平价原理在远期市场报价。

2006 年 6 月 2 日，中国人民银行决定将对结售汇头寸实行权责发生制管理的范围进一步扩大到所有外汇指定银行，当日国家外汇管理局公布《关于调整银行结售汇综合头寸管理的通知》：自 2006 年 7 月 1 日起，国家外汇管理局对外汇指定银行（以下简称银行）的结售汇综合头寸按照权责发生制原则进行管理。结合 2006 年 4 月 24 日推出的银行间外汇掉期交易，进一步完善了人民币远期汇率定价机制，使国内市场掌握了人民币远期汇率定价的主导权。

四　改革中央银行外汇公开市场操作方式

根据新的外汇市场结构，参考发达国家中央银行的成熟做法，中国人民银行决定建立外汇一级交易商制度，并于 2006 年 6 月 2 日发布了《中国人民银行外汇一级交易商准入指引》。外汇一级交易商制度，有助于传导央行外汇公开市场操作的政策意图，通过影响市场预期，促使市场交易行为回归理性，从而以较低的操作成本迅速稳定外汇市场，实现较高的外汇公开市场操作效率，增强央行外汇公开市场操作的市场化程度，也为未来条件成熟时央行逐步淡出外汇市场做好了制度准备。

第三节　汇改后中国外汇市场的进一步完善与深化改革

外汇市场建设是人民币汇率形成机制改革的基础：有广度和深度的外汇市场，是形成合理、均衡汇率水平的前提，健全、高效的外汇市场是传递汇率信号、优化外汇资源配置的基础，产品丰富的外汇市场为微观主体提供避险工具，是人民币汇率形成机制改革顺利实施的保障。

一　新汇制需要一个有效率、有深度、有广度的外汇市场

（一）发现均衡汇率的需要

人民币汇率改革以前，人民币实际上是盯住单一美元，为稳定汇率，央行不得不大量在外汇市场上吞吐外汇，以扎平市场的超额供求，熨平汇率波动的轨迹。其结果：一方面造成政府的干预往往不是纠正市场失灵，而是使价格更加扭曲，形成名义汇率与实际均衡汇率的较大偏离；另一方面外汇储备和外汇占款的大量变动，对货币政策又造成冲击。如：20 世纪末，由于人民币该降未降，造成大量资金外逃（见表 5—4），对通货紧缩起到了推波助澜的作用；而进入 2002 年以后，人民币转向升值的预期，出现该升未升，造成国际"热钱"大量涌入（见表 5—4），形成外汇储备猛增，外汇占款比例居高不下（见表 5—5），造成货币供应量上升过快，出现通胀的压力。

新汇制是有管理的浮动汇率制，其最终目标是实现汇率短期的相对稳定和长期的趋向于均衡汇率。因此，新汇制迫切需要通过外汇市场来形成市场化的汇率和发现均衡汇率，使央行对汇率的管理不至于严重背离均衡汇率，这要求外汇市场是一个能充分反映信息的市场，是一个有深度、有广度、高效率的市场：一是交易量要达到一定的规模；二是交易的参与者，即市场交易主体种类齐全并有一定的规模（一个有效的外汇市场，其市场主体除了央

行外，还应包括足够的交易商、做市商、经纪人、投机者、套期保值者、实际外汇供求者等，并且能做到在央行不入市的情况下基本出清）；三是交易品种丰富多样，以满足不同交易主体的各种交易动机和风险偏好等。只有这样，市场这只"看不见的手"才能充分发挥作用，均衡汇率才会在市场竞争中不断显现。

表5—5   汇改前的部分年份我国外汇占款与基础货币供给间的关系简表

单位：亿元

外汇占款存量与基础货币存量间的关系					外汇占款增量与基础货币增量间的关系				
	2001 年	2002 年	2003 年	2004 年		2001 年	2002 年	2003 年	2004 年
外汇占款（A）	18850.2	22107.4	29841.8	45940.0	外汇占款年增量（C）	4035.7	3257.2	7734.4	16098.2
基础货币（B）	39851.7	45138.2	52841.4	58856.1	基础货币年增量（D）	3360.3	5286.5	7703.2	6014.7
A/B（%）	47.30	48.98	56.47	78.05	C/D（%）	120.1	61.61	100.40	267.65

资料来源：根据中国人民银行网站《统计数据——货币当局资产负债表》的数据整理计算。

（二）规避汇率风险的需要

汇改前人民币实行盯住汇率制，汇率变动的风险是通过央行的干预化解的。央行的这种被动的、被迫的干预，其代价非常昂贵，往往以其货币政策的效率和国内经济目标的牺牲为代价，一句话，等于汇率变动的风险全部由国家来承担。2002 年以来，央行要同时兼顾外汇市场和货币市场两大市场的平衡的两难，就是很好的例证。

新汇制实行以市场供求为基础、参考一篮子货币调节、有管理的浮动汇率制，意味着新汇制的汇率弹性将加大。新汇制运行五个多月以来的表现，也说明了新汇制的弹性正逐步显现，但随之而来的将是把我国的涉外市商，包括银行和其他微观涉外市场主体推到了汇率风险的风口浪尖之上。随着人民币汇率改革的进一步深入，人民币汇率的浮动区间逐步加大将是一个不争的事实，2005 年 9 月 23 日央行已将非美元货币的浮动区间由 1.5% 扩大到 3%。因此，这要求要有一个行之有效的、健全的外汇市场提供给我国涉外市商来规避汇率风险，包括健全的远期外汇市场、外币期货和期权市场等，以提供丰富多样的避险工具和避险途径。

二　人民币汇制改革之初的中国外汇市场：缺乏深度、宽度及有效性

人民币汇制改革之初，我国外汇市场缺乏价格发现和避险功能，存在的问题主要有：

（一）交易量小、市场流动性低

表5—6　　亚洲部分国家和地区外汇交易量和对外贸易情况及对比表

单位：亿美元

2004 年 4 月传统外汇市场日均外汇交易量 *			2004 年对外贸易额		
	金额	与人民币对比（%）		金额	与中国对比（%）
人民币	18.12	100	＊中国	11545	100
韩元	211.51	1167.27	韩国	4783	41.43
泰铢	34.92	192.72	泰国	1913	16.73
港元	331.81	1831.18	中国香港	9859	85.40
新台币	72.61	400.72	中国台湾	3419	29.61

备注：（1）外汇交易额包括即期、远期及互换交易；（2）中国的数据不包括中国香港、中国澳门和中国台湾地区。

资料来源：根据《2005 中国统计年鉴》数据和 BIS 数据整理计算。

从全球来看，外汇市场已是当今交易量最大的金融市场，全球日均交易量已从 2001 年的 1.2 万亿美元上升到 2004 年的 1.9 亿美元。而表 5—6 显示：我国外汇市场的日均成交量只有 18.12 亿美元，这与世界第三贸易大国身份是极不相称的。主要原因是因为我国外汇市场仍实行实需原则，较浓厚的强制结售汇色彩和封闭性是我国外汇市场的主要特征（如：银行间外汇市场在汇率改革之初仍仅作为银行间平补结售汇头寸的需要，是一个封闭市场），严重地限制了外汇市场功能的发挥。

（二）市场主体少而种类严重不全

截至 2005 年 8 月 31 日，我国银行间即期结售汇市场会员为 366 家，但其中非商业银行会员只有 24 家。在这些会员中，中行、建行、工行、农行、交行等几大银行通常占卖方交易量的 80% 以上，而央行则是最大

的买方。表 5—7 显示，近年来银行间外汇市场几乎由央行一家造市，其交易额几乎占全部交易的 70% 以上。而银行间外币买卖市场和远期市场的成员就更少，如：截至 2005 年 10 月 31 日，银行间远期市场的成员只有 54 家。这样的微观组织结构形成的外汇市场，是很难具备价格发现能力的。

表 5—7　　　　　　我国央行交易额占银行间外汇市场交易额的比重

单位：亿美元

时间	国际储备		银行间外汇市场交易额（B）	A／B（%）
	年末额	比上年增加额（A）		
2001 年	2121.65	465.91	750.32	62.09
2002 年	2864.07	742.41	971.90	76.39
2003 年	4032.51	1168.44	1511.32	77.31
2004 年	6099.32	2066.81	2090.40	98.87
2005 年 1—6 月	7109.73	1010.41	1461.46	69.13

资料来源：根据中国人民银行网站，2001 年至 2005 年有关统计数据整理计算。

（三）交易品种少且交易畸形集中

人民币汇率改革之初我国银行间即期外汇市场，只有 4 个外币，即美元、日元、欧元、港元，且市场交易过于集中于美元（通常占 98%），其他币种交易量极少，根本不具流动性；银行间外币买卖市场也只有 8 对货币可交易，而且 EUR/USD、USD/HKD、USD/JPY3 对外币的交易通常占整个市场交易量的 85% 左右，其他 5 对外币也难具流动性。

（四）避险工具稀缺、风险规避效率低

人民币汇率改革之初，我国的远期外汇市场可提供的避险途径和效率是有限的：从银行间远期外汇市场来看，不但市场主体少、交易量少，而且品种稀缺，只有人民币/外币远期交易和掉期交易；从零售市场，即远期结售汇市场来看，缺乏市场竞争因素，买卖差价过大（市场缺乏宽度），避险成本较高，也没有其他的诸如外汇期货、期权市场以供涉外市商避险选择。可见，这与新汇制对外汇市场避险功能的高要求极不相符。

三 汇制改革后我国外汇市场改革与创新的成就

人民币汇率形成机制改革将市场供求关系引入汇率形成过程，对我国外汇市场完善和发展提出了客观要求。应该承认人民币汇率改革后我国外汇市场的改革是空前的，然而与新汇制所要求的高效率的外汇市场还有较大的差距，必须进一步加大改革和创新力度，以促进其价格发现和避险等功能的完善，建设市场化和功能型外汇市场。为配合新汇制的运行，中国人民银行和国家外汇管理局根据人民币汇率改革的节奏与方案的设计，统筹外汇市场发展与外汇管理的有序放松，自 2005 年 8 月以来发布了一系列的促进我国外汇市场提速发展的重要文件和通知，稳步推进了我国外汇市场的建设和发展。

（一）扩大交易主体的创新

中国人民银行于 2005 年 8 月 2 日发布了《关于扩大外汇指定银行对客户远期结售汇业务和开办人民币与外币掉期业务有关问题的通知》（下称银发 ［2005］ 201 号文），扩大了远期外汇市场的主体，将此前仅有七家中资银行可办理的远期结售汇业务，扩大到所有具有结售汇业务和衍生产品交易业务的中、外资银行。中国人民银行又于 2005 年 8 月 8 日发布了《关于加快发展外汇市场有关问题的通知》（下称银发 ［2005］ 202 号文），扩大了即期市场的交易主体，允许符合条件的非金融企业和非银行金融机构按实需原则参加银行间外汇市场交易。实践证明：参与的市场主体越多、风险偏好越多元化、市场交易越活跃、市场流动性越好，最终越有利于市场的价格发现和风险规避（管涛，2005）。

（二）监管的创新：向市场化监管迈进和加强贸易资金的真实性的监管

1. 监管的创新主要体现在向市场化监管迈进

"银发 ［2005］ 201 号文" 对银行办理对客户的远期和掉期业务，由过去的审批制向备案制转变；"银发 ［2005］ 250 号文" 扩大了银行定价的自主权，如：扩大了银行间市场非美元货币与人民币交易的日波幅，取消银行对客户非美元货币挂牌汇率浮动区间限制，扩大美元现汇与现钞买卖差价，允许银行挂牌汇率一日多价等；"银发 ［2005］ 201 号文" 规定人民币对外币的远期和掉期业务的期限结构、合约展期次数和汇率都由外汇银行自行定夺，并允许部分资本与金融项目办理远期结售汇业务，向 "无实需" 原则迈出了关键的一步等；2005 年 9 月 22 日，国家外汇管理局发布实施《关于调整银行结售汇头寸管理办法的通知》（汇发［2005］第 69 号），将现行结售汇周转头寸涵盖范围扩展为外汇指定银行持有的因人民币与外币间交易而形成的外汇头寸，并实行结售汇综合头寸管理。

2. 加强贸易资金的真实性的监管

实施出口收结汇联网核查和贸易信贷债权债务登记管理制度，加强贸易外汇资金流与货物流的真实性一致性核查；初步建立服务贸易外汇业务非现场监管体系；推广直接投资外汇管理信息系统；实施银行执行外汇管理规定情况考核办法；进一步发挥异常外汇资金流动监管协调机制作用，打击地下钱庄违法犯罪活动。

（三）进一步推进做市商制度

做市商制度也称报价驱动交易制度，是目前国际上较为广泛采用的一种交易方式，对于提高市场流动性和价格发现均有着十分重要的作用。在 IMF 2001 年对发展中国家外汇市场调查中，约有 2/3 的国家有做市商制度（高扬，2005）。在做市商机制下，做市商必须不断根据市场预期和得到的信息调整报价，彼此间的竞争使买卖差价趋于缩小，同时因场外交易可使交易能够 24 小时连续进行，大大提高了市场的宽度和流动性。

为了提高港元、欧元交易的流动性，我国银行间即期人民币外汇市场从 2002 年 4 月开始，先后在港元、欧元交易中尝试做市商制度，使港元、欧元的交易量不断上升。2005 年 5 月 18 日开始运行的银行间外币买卖市场，在 8 对外币买卖中一开始就试行做市商制度——报价驱动竞价交易方式，运行以来，交易量也在不断上升，效果不错（6—9 月的日均交易额分别为 0.55 亿、2.38 亿、5.65 亿、4.04 亿美元）。实践证明，在银行间外汇市场实行做市商制度兼顾了市场的交易效率和流动性需求，吸取了指令驱动和报价驱动两种市场结构的长处，是银行间外汇市场交易制度改革的有益尝试。然而，占银行间结售汇市场交易额 98% 左右的美元对人民币的交易中仍然没有推行做市商制度。

为了进一步推进做市商制度，2005 年 11 月 24 日，国家外汇管理局发布实施《银行间外汇市场做市商指引（暂行）》（汇发［2005］第 86 号），在银行间外汇市场引入人民币兑美元做市商制度，将做市商制度推广到占银行间结售汇市场交易额 98% 左右的美元对人民币的交易中，只有这样，才能真正起到提高市场流动性的作用，从而提高整个外汇市场的交易效率和价格发现功能。到 2008 年年末，已有做市商 22 家，比 2006 年年初的 15 家增加了

7家。2008年，做市商银行交易量已占市场份额的88%。

（四）交易方式的创新：引入询价机制和场外交易市场

2006年1月3日，中国人民银行发布实施《关于进一步完善银行间即期外汇市场的公告》（中国人民银行公告［2006］第1号），旨在完善以市场供求为基础，参考一篮子货币进行调节，有管理的浮动汇率制度，促进外汇市场发展，丰富外汇交易方式，提高金融机构自主定价能力。《公告》宣布自2006年1月4日起，在银行间外汇市场正式引入做市商制度和询价交易方式（OTC），使我国银行间外汇市场的交易方式更加丰富，市场参与者既可选择"集中授信、集中竞价"的竞价交易方式，也可以选择"双边授信、双边清算"的询价交易方式，有利于无形市场的建设，即场外市场的发展，对于实现商业银行24小时连续交易和规避汇率风险具有十分重要的现实意义。

（五）交易产品和市场的创新：丰富规避汇率风险的工具和平台

"银发［2005］201号文"推出了人民币与外币的不涉及利率互换的掉期业务，对于涉外市商规避外汇风险有着十分深远的意义。"银发［2005］202号文"允许银行间开展远期和掉期业务，并允许银行间远期交易采取到期日本金全额或扎差交割方式，有利于改变银行对客户远期结售汇业务"单边市"的状况，促进远期交易的市场流动性和定价的合理性，即形成合理的价格发现机制，并有利于外汇银行的汇率风险管理。根据"银发［2005］202号文"，银行间远期和掉期业务分别于2005年8月和2006年4月正式上线交易。2007年8月17日，中国人民银行发布《中国人民银行关于在银行间外汇市场开办人民币外汇货币掉期业务有关问题的通知》（银发［2007］287号），在银行间外汇市场开办人民币兑美元、欧元、日元、港元、英镑五对货币的货币掉期交易，为企业和居民提供更全面灵活的汇率、利率风险管理工具。

（六）交易准入制度的进一步创新：积极推进无实需原则交易

推进无实需背景的外汇交易，是扩大外汇市场交易量和流动性的根本保证。只有实现了无实需背景外汇交易，才能使汇率更符合市场化原则，汇率也才能够较充分地反映合理的预期，从而促进外汇市场价格发现功能的完善。汇改后，应积极推进无实需原则交易的进程：

1. 进一步改革结售汇率制，加快了推进意愿结售汇制的进程

强制结售汇，实质上极大地扭曲了外汇市场的供求关系，对价格的发现

和汇率的合理性是极不利的。2005 年 8 月 2 日国家外汇管理局发布实施《关于放宽境内机构保留经常项目外汇收入有关问题的通知》（汇发［2005］第 58 号），根据境内机构经常项目外汇收支实际情况，提高了境内机构经常项目外汇账户的可保留现汇的比例，由原来的 30% 至 50% 提高到 50% 至 80%；2007 年 8 月 12 日，中国外汇管理局发布了《关于境内机构自行保留经常项目外汇收入的通知》（汇发［2007］第 49 号），取消对境内机构外汇账户的限额管理，境内机构可根据经营需要自行保留其经常项目外汇收入，从而扩大了境内机构经常项目的外汇资金使用自主权，进一步推动了我国结售汇制度的改革，最终实现经常项目意愿结汇制。

2. 进一步放宽居民个人经常项目下因私购汇限额及简化相关手续

2008 年 8 月 3 日，国家外汇管理局发布实施《关于调整境内居民个人经常项目下因私购汇限额及简化相关手续的通知》（汇发［2008］第 60 号），进一步调整居民个人经常项目购汇政策，提高了境内居民个人经常项目下因私购汇指导性限额，简化相关购汇手续。对于持因私护照的境内居民个人出境旅游、探亲、考察等有实际出境行为的购汇指导性限额，由原来的等值 3000 美元和 5000 美元提高至 5000 美元和 8000 美元。

3. 稳步推进人民币资本项目可兑换的进程

货币可兑换是确保外汇市场供求自由实现的重要条件，否则市场是不全面的，价格是扭曲的（景学成，2004）。人民币汇制改革后，我国稳步而有序地推进了人民币资本项目可兑换的进程：2006 年 12 月 25 日，中国人民银行发布"中国人民银行令（2006）第 3 号"，公布《个人外汇管理办法》，对个人结汇和境内个人购汇实行年度总额管理，对个人结售汇实行 5 万美元年度总额管理，进一步便利个人贸易外汇收支活动，明确和规范了资本项目个人外汇交易和相关外汇收支活动等。2007 年 2 月 1 日，《个人外汇管理办法》正式实施。

2007 年 8 月 20 日，国家外汇管理局发布《关于开展境内个人直接投资境外证券市场试点的批复》（汇复［2007］第 276 号），批复在风险可控前提下开展境内个人直接对外证券投资业务试点。支持商业银行代客境外理财业务投资品种从固定收益类放宽至股票类和结构性产品，允许信托公司开展 QDII 业务。截至 2009 年 6 月末，累计批准各类 QDII 额度 205 亿美元，对外投资额度累计使用 72.9 亿美元。

2008 年 8 月 5 日，国务院颁布新修订的《中华人民共和国外汇管理条例》，条例自公布之日起实施。

4. 稳步推进人民币国际化的进程

2009 年 4 月 8 日国务院决定在上海和广东的广州、深圳、珠海、东莞五城市进行跨境贸易人民币结算试点，以稳步推进跨境贸易人民币结算和人民币国际化的进程。2009 年 7 月 1 日中国人民银行、财政部、商务部、海关总署、国家税务总局、银监会共同制定了《跨境贸易人民币结算试点管理办法》（中国人民银行、财政部、商务部、海关总署、国家税务总局、中国银行业监督管理委员会公告〔2009〕第 10 号），从 2009 年 7 月 1 日开始，允许指定的、有条件的企业在自愿的基础上以人民币进行跨境贸易的结算，支持商业银行为企业提供跨境贸易人民币结算服务。跨境贸易人民币结算，使人民币的国际化进程迈出了具有里程碑意义的一步。

（七）外汇市场基础设施建设取得新进展

2006 年 4 月 5 日，中国外汇交易中心和芝加哥商业交易所（CME）达成协议，中国外汇交易中心可为我国金融机构和投资者交易芝加哥商业交易所不涉及的人民币的汇率和利率产品提供技术平台和清算服务。

四　本节小结

综上所述，可以得出以下结论：

（一）外汇市场建设与汇制改革是相辅相成、共促进的辩证关系

1. 外汇市场建设是人民币汇率形成机制改革的基础

有广度和深度的外汇市场是形成合理、均衡汇率水平，即具备价格发现的前提，健全高效的外汇市场是传递汇率信号、优化外汇资源配置的基础，产品丰富的外汇市场为微观主体提供避险工具，即功能型的外汇市场是人民币汇率形成机制改革顺利实施的保障。

2. 人民币汇率形成机制改革则是推动外汇市场发展的重要力量

人民币汇率改革将市场供求关系引入汇率形成过程，对中国外汇市场的改革与完善提出了迫切的客观要求，从而直接推动外汇市场发展，同时发挥政府主导型制度创新优势，根据人民币汇率改革的节奏与方案设计，统筹外汇市场发展与外汇管理的有序放松，确保了外汇市场建设的稳步有序推进。

（二）汇改以来中国外汇市场体系建设取得了可喜的成绩

人民币汇率改革五年来，我国加速推进外汇管理的改革和外汇市场的建设，初步构建了由柜台零售市场和银行间批发市场组成、多种交易方式并

存、覆盖即期、远期和掉期等各类基础外汇产品的外汇市场体系。

1. 即期外汇市场体系建设成效显著

通过引入国际通行的询价交易方式、做市商制度，改进人民币汇率中间价的形成方式，有力地促进了银行间即期外汇市场的发展，经过几年的努力，已初步形成以场外市场为主导，询价、撮合交易方式并存、价格联动、分层有序的即期外汇市场体系。目前，银行间外汇市场成交量与汇改前相比增长显著，OTC市场成交量占银行间即期外汇市场成交量的比例超过95%以上。询价、撮合市场联动密切：OTC市场人民币汇率以人民币汇率中间价为基准，随市场供求变化在人民币汇率中间价附近上下波动；撮合市场汇率与场外市场保持密切的联动。

2. 零售市场金融产品不断丰富

人民币汇率改革以来，充分发挥了政府主导型制度创新优势，根据人民币汇率改革的节奏与方案设计，结合微观主体规避汇率风险的需要，不断丰富银行柜台（零售市场）的金融产品：扩大远期结售汇业务范围，增加交易期限，相继推出人民币远期、掉期交易和利率互换，以及外币掉期交易等，为企业和居民提供更为全面、灵活的风险管理机制。

3. 银行间市场建设已见成效

人民币汇率改革以来，银行间远期、掉期市场成员不断增加，交易日趋活跃，银行间外汇市场建设已见成效。2010年6月末，银行间人民币远期市场成员数已增加到75家；银行间人民币掉期市场成员数增加到20家，比2006年4月份人民币掉期市场开办时增加2家。

第四部分

新汇制运行的实际绩效篇

第六章　新汇制运行的实际绩效：基于汇率弹性的视角

第一节　新汇制运行的实际绩效:汇率浮动弹性增强

图 6—1 显示了人民币汇制改革五年以来人民币汇率的基本走势，呈现出"大涨小跌"的盘升走势的特点。表 6—1 的相关数据，更是体现了市场供求对人民币汇率形成的基础性作用进一步发挥，人民币汇率弹性以及与国际主要货币之间汇率联动关系不断增强。

一　人民币对美元汇率：双向波动凸显，汇率弹性增强

新汇制强调人民币汇率放弃盯住单一美元，要形成更富弹性的人民币汇率机制。人民币与美元的汇率是人民币的基本汇率，因此人民币对美元汇率的波动是人民币汇率弹性最主要的体现，也是检验新汇制是否放弃盯住单一美元，进而是否形成管理浮动的最主要的指标。

表 6—1 和图 6—1 显示，汇改以来人民币对美元汇率呈现出"双向波动特征渐显、汇率弹性渐强"的基本特征：从 2005 年 7 月 21 日汇改至 2010 年 7 月 21 日，银行间外汇市场共有 1221 个交易日，其中人民币汇率有 647 个交易日升值、585 个交易日贬值，只有 9 个交易日持平；最大单日升（贬）值幅度和日均波幅均呈逐步扩大之势。

（一）2005 年：破盯住制之坚冰，汇率弹性略显

1. 年波幅突破零的坚冰

从 2005 年 7 月 21 日汇改至 12 月 31 日，人民币对美元汇率中间价最高达 8.0702 元人民币/美元，最低达 8.1128 元人民币/美元，波幅为 0.50%，折合年波幅大约为 1.40%，打破了长达 8 年之久的年波幅几乎为零的坚冰。

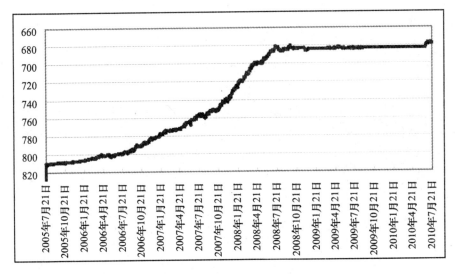

图6—1　汇改后人民币对美元汇率变动曲线图（2005 年 7 月—2010 年 7 月）

资料来源：根据中国人民银行网站，2005 年 7 月 1 日至 2010 年 7 月 21 日中国人民银行《人民币汇率交易中间价公告》数据整理绘制（单位：100 美元兑人民币元）。

2. 日波幅突破零的坚冰

从 2005 年 7 月 22 日至 12 月 31 日银行间外汇市场共有 113 个交易日，其中人民币汇率有 67 个交易日升值、46 个交易日贬值、0 个交易日持平。最大单日升值、贬值幅度均为万分之七，2005 年下半年日均波幅为 17 个基点，同样打破了长达 8 年之久的年波幅几乎为零的坚冰，双向波动特征略显。

表6—1　　　　　汇改后人民币对美元交易中间价变化情况统计表

时间		期末汇率 RMB ¥/1US $,%		当期汇率 RMB ¥/1US $,%			单日波幅 % ，（个基点）			升、贬值天数（天）		
	汇率											
年份	月份	汇率值	变化	最高	最低	波幅	最大升值	最大贬值	平均*	升值	持平	贬值
2005	7—12	8.0702	2.59 **	8.0702	8.1128	0.50	0.07	0.07	17	67	0	46
2006	1—6	7.9956	0.94	7.9956	8.0705	0.95	0.11	0.21	35	66	0	52
	1—12	7.8087	3.35	7.8087	8.0705	3.35	0.16	0.26	40	135	0	108

续表

时间		期末汇率 RMB ¥/1US $,%		当期汇率 RMB ¥/1US $,%			单日波幅 % , (个基点)			升、贬值天数 (天)		
年份	月份	汇率值	变化	最高	最低	波幅	最大升值	最大贬值	平均*	升值	持平	贬值
2007	1—6	7.6155	2.54	7.6155	7.8135	2.59	0.41	0.27	51	74	0	43
	1—12	7.3046	6.90	7.3046	7.8135	6.96	0.41	0.30	62	151	0	91
2008	1—6	6.8591	6.50	6.8591	7.2996	6.42	0.35	0.23	79	74	1	45
	1—12	6.8346	6.88	6.8009	7.2996	7.33	0.37	0.23	59	130	2	114
2009	1—6	6.8319	0.04	6.8201	6.8399	0.29	0.07	0.07	14	61	0	57
	1—12	6.8282	0.09	6.8201	6.8399	0.29	0.07	0.07	10	129	1	114
2010	1—6	6.7909	0.55	6.7890	6.8284	0.58	0.43	0.18	7	64	6	48
合计			21.88	6.8009	8.2765	21.69	0.41	0.30	44	676	9	521
备注		*平均单日波幅数据为多少个基点； **2005 年的人民币升值率包括 2005 年 7 月 21 日人民币汇改时的一次性升值 2.1%，如果将其扣除，汇改后 2005 年人民币对美元的升值为 0.49%。											

资料来源：根据中国人民银行网站，2005—2009 年、2010 年上半年各季度中国人民银行《中国货币政策执行报告》；2005 年 7 月 1 日—2010 年 6 月 30 日的中国人民银行《人民币汇率交易中间价公告》数据整理、计算并绘制。

（二）2006 年：双向波动特征和汇率弹性开始凸显

1. 年波幅扩大

2006 年，人民币对美元汇率中间价最高达 7.8087 元人民币/美元，最低达 8.0705 元人民币/美元，年波幅为 3.35%，是 2005 年下半年大约 1.40% 的年波幅的 2.3 倍。

2. 日波幅扩大，双向波动特征和汇率弹性开始凸显

2006 年，银行间外汇市场共有 243 个交易日，其中人民币汇率有 135 个交易日升值、108 个交易日贬值、0 个交易日持平。单日最大升值幅度为 0.16%（124 个基点），是 2005 年 0.07% 的 2.3 倍；单日最大贬值幅度为 0.26%（203 个基点），是 2005 年 0.07% 的 3.7 倍；2006 年全年日均波幅为 40 个基点，比 2005 年下半年人民币汇改期间的 17 个基点增加了 23 个基点。可见，2006 年人民币汇率的双向波动特征和汇率弹性明显增强。

（三）2007—2008 年 6 月：人民币汇率弹性进一步增强

1. 年波幅进一步扩大

2007 年，人民币对美元汇率中间价最高达 7.3046 元，最低为 7.8135 元，年波幅为 6.96%，是 2005 年下半年、2006 年年波幅的 7 倍和 2.1 倍。

2008 年 1—6 月，人民币对美元汇率中间价最高达 6.8591 元，最低为 7.2996 元，波幅为 6.42%，折合年波幅为 12.84%，是 2007 年的近 2 倍。

2. 日波幅扩大，双向波动特征和汇率弹性进一步凸现

2007 年，银行间外汇市场共有 242 个交易日，其中人民币汇率有 151 个交易日升值、91 个交易日贬值、0 个交易日持平。单日最大升值幅度为 0.41%（310 个基点），是 2006 年 0.17% 的 2.4 倍；单日最大贬值幅度为 0.30%（223 个基点），比 2006 年也有所提高；2007 年全年日均波幅为 62 个基点，分别比 2005 年下半年汇改期间的 17 个基点和 2006 年的 40 个基点增加了 45、22 个基点。

2008 年 1—6 月，银行间外汇市场共有 120 个交易日，其中人民币汇率有 74 个交易日升值、45 个交易日贬值、1 个交易日持平。单日最大升值幅度为 0.35%（246 个基点），单日最大贬值幅度为 0.23%（162 个基点）；2008 年 1—6 月日均波幅为 79 个基点，比 2007 年的 62 个基点还增加了 17 个基点。

可见，2007—2008 年 6 月人民币汇率的双向波动特征和汇率弹性进一步增强。

（四）2008 年 8 月—2010 年 6 月：金融危机时期人民币汇率弹性略有缩小

1. 波动区间收缩较大

2008 年 8—12 月，人民币对美元汇率中间价最高为 6.8009 元，最低为 7.2996 元，年波幅为 2.31%，仅是 2008 上半年年波幅 12.84% 的 1/6 左右。

2009 年 1—12 月，人民币对美元汇率中间价最高为 6.8201 元，最低为 6.8399 元，年波幅仅为 0.28%，大约只有 2005 年下半年的一半。

2010 年 1—6 月，人民币对美元汇率中间价最高为 6.7890 元，最低为 6.8284 元，波幅仅为 0.58%，折合波幅也仅为 1.16%，大约只有 2006 年的 1/3。

2. 双向波动特征仍在，但日波幅相对缩小

2008 年 8—12 月，银行间外汇市场共有 103 个交易日，其中人民币汇率

有 46 个交易日升值、56 个交易日贬值、1 个交易日持平。单日最大升值幅度为 255 个基点，单日最大贬值幅度 156 个基点；但是，2008 年 8 月—12 月的日均波幅 41 个基点，比 2008 年上半年的 79 个基点缩小了 38 个基点。

2009 年 1—6 月，银行间外汇市场共有 118 个交易日，其中人民币汇率有 61 个交易日升值、57 个交易日贬值、0 个交易日持平。单日最大升值幅度由 2008 年 1—6 月的 0.43%（246 个基点）缩小为 0.07%（50 个基点），单日最大贬值幅度也由 0.23%（162 个基点）缩小为 0.07%（50 个基点）；2009 年 1—6 月的日均波幅也由 2008 年上半年的 79 个基点缩小到 14 个基点。

2009 年 7—12 月，银行间外汇市场共有 126 个交易日，其中人民币汇率有 64 个交易日升值、57 个交易日贬值、1 个交易日持平。单日最大升值幅度由 2008 年 1—6 月的 0.35%（246 个基点）缩小为 0.04%（30 个基点），单日最大贬值幅度也由 0.23%（162 个基点）缩小为 0.03%（20 个基点）。2009 年 7—12 月的日均波幅也由 2008 年上半年的 79 个基点缩小到 5 个基点。

2010 年 1—6 月，银行间外汇市场共有 118 个交易日，其中人民币汇率有 64 个交易日升值、48 个交易日贬值、6 个交易日持平。单日最大升值幅度为 0.35%（295 个基点），单日最大贬值幅度为 0.17%（122 个基点）；但是，2010 年 1—6 月的日均波幅却由 2008 年上半年的 79 个基点缩小到不足 7 个基点，日波幅超过 3 个基点的只有 7 个交易日，也就是说 94% 以上的交易日的日波幅为 2 个基点或以下，只是到了 6 月 20 日后，在外部压力不断升级的情况下，日均波幅才突然扩大，并且使人民币汇率升值到破 6.8 的水平。

可见，2008 年 8 月以来，为应对金融危机，人民币汇率的弹性已大大缩小。

二　人民币对其他国际主要货币汇率的波幅大于人民币对美元的波幅

图 6—2 显示，人民币对欧元和英镑汇率的波幅明显大于人民币对美元的波幅。主要原因可能是由于在人民币的货币篮子中，美元的权重仍然最大（甚至仍然占大部分权重），从而导致人民币对其他国际主要货币汇率的波幅明显大于人民币对美元的波幅。

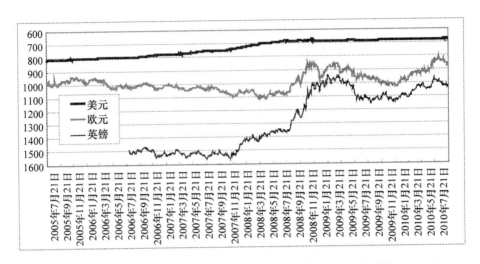

图6—2 汇改后人民币对美元、欧元、英镑汇率变化比较图

资料来源:根据中国人民银行网站,2005年7月1日至2010年7月21日的中国人民银行《人民币汇率交易中间价公告》数据整理绘制。

（一）汇改后人民币对日元汇率的波动情况

通过对比图6—1、图6—3汇改后人民币对美元和人民币对日元汇率的运动轨迹,两者有较大的区别:人民币对美元汇率在2008年7月以前基本维持"大涨小跌"的盘升走势;2008年7月后基本稳定在6.83左右,汇率的运动轨迹几乎是一条直线。而人民币对日元汇率的运动轨迹则是大波浪形,或者说四个大倒"V"字形,即尽管双向波动的特征也非常明显,但从汇改五年的整体来看,经历了"'盘升→盘跌'→'盘升→盘跌'→'盘升→盘跌'→'盘升→盘跌'→'盘升→盘跌'"五个大阶段。

1. 第一个倒"V"字阶段:2005年7月21日至2006年5月17日

这一阶段,人民币对日元汇率的运动轨迹经历了汇改后第一个"盘升→盘跌"的倒"V"字形:汇改后人民币对日元汇率,从2005年7月21日的7.3133（100日元兑换人民币元,下同）下降到8月17日的7.4297低点,尔后即进入盘升阶段,到2005年12月6日至6.6565的高点,比汇改前升值9.86%,比8月17日7.4297的低点升11.61%;接着折转进入贬值轨道,盘降到2006年5月17日的7.3034,比2005年12月6日6.6565的高点贬值8.85%。这一阶段人民币对日元汇率的波动,折合年波幅达13%以上,但是到2006年5月17日,人民币对日元汇率只比汇改前累计升值0.13%。

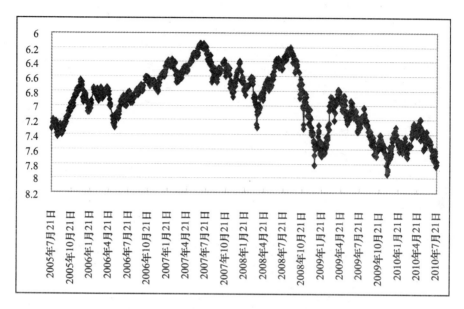

图6—3　汇改后人民币对日元汇率变化曲线图

资料来源：根据中国人民银行网站，2005年7月1日至2010年7月21日中国人民银行《人民币汇率交易中间价公告》数据整理绘制（单位：100日元兑人民币元）。

2. 第二个倒 "V" 字阶段：2006年5月17日至2008年3月18日

这一阶段，人民币对日元汇率的运动轨迹经历了汇改后第二个 "盘升→盘跌" 的倒 "V" 字形：人民币对日元汇率从2006年5月17日的7.3034开始又折转进入盘升轨道，一直盘升到2007年7月10的6.154的倒 "V" 字的顶点，比2006年5月17日的7.3034升值18.67%，比汇改前的7.3133升值18.83%，接着又折转进入贬值轨道，盘降到2008年3月18日的7.3066（倒 "V" 字的另一低点），比2006年7月10日下降15.77%，折合年波幅达12%以上。但是，到2008年3月18日的7.3066只比汇改前升值0.09%。

其中到汇改一周年的2006年7月21日时，人民币对日元汇率为6.8335，比汇改前升值7.02%，到汇改两周年的2007年7月21日时，人民币对日元汇率为6.1954，比汇改前累计升值了18.04%。

3. 第三个倒 "V" 字阶段：2008年3月18日至2008年12月18日

从2008年3月18日—2008年12月18日，人民币对日元汇率的运动轨迹经历了汇改后第三个 "盘升→盘跌" 的倒 "V" 字形：从2008年3月18

日开始，人民币对日元汇率又折转进入盘升轨道，一直盘升到 2008 年 8 月 25 的 6.2038 的另一个倒 "V" 字的顶点，比 2008 年 3 月 18 日的 7.3066 升 11.03%；接着又折转进入贬值轨道，盘降到 2008 年 12 月 18 日的 7.8145（倒 "V" 字的另一低点），比 2008 年 8 月 25 的 6.2038 贬值了 20.61%，比汇改前累计贬值了 6.41%。

其中，到 2008 年 7 月 21 日汇改三周年时，人民币对日元汇率为 6.3903，比汇改前累计升 14.43%。

4. 第四个倒 "V" 字阶段：2008 年 12 月 18 日至 2009 年 11 月 27 日

从 2008 年 12 月 18 日开始，人民币对日元汇率开始了汇改后的第四个 "盘升→盘跌" 的倒 "V" 字形运动轨迹：从 2008 年 12 月 18 日的 7.8145，一直盘升到 2009 年 4 月 10 日的 6.7929，升幅为 15.03%；紧接着折转进入贬值轨道，盘降到 2009 年 11 月 27 日的 7.9447，降幅为 14.50%，比汇改前贬值 7.95%。其中，到 2009 年 7 月 21 日的汇改四周年时，人民币对日元汇率为 7.2675，比汇改前累计升 0.63%。

5. 第五个倒 "V" 字阶段：2009 年 11 月 27 日至 2010 年 7 月 21 日

从 2009 年 11 月 28 日开始，人民币对日元汇率开始了汇改后的第五个 "盘升→盘跌" 的倒 "V" 字形运动轨迹：从 2009 年 11 月 27 日的 7.9447，一直盘升到 2010 年 5 月 4 日的 7.1922，升幅为 10.46%；紧接着折转进入贬值轨道，盘降到 2010 年 7 月 19 日的 7.8277，降幅为 8.12%。到 2010 年 7 月 21 日汇改五周年时为 7.7683，降幅为 7.42%，比汇改前的 7.3133 贬值 5.86%。

（二）汇改后人民币对欧元汇率的波动情况

从图 6—4 汇改后人民币对欧元汇率的波动图可以看出，汇改后人民币对欧元汇率的运动轨迹则大体经历了 "短暂的缓慢盘升" → "较长时期的缓慢盘降" → "急升急降又急升的剧烈波动" → "中速盘降" → "中速盘升" 五个大阶段。

1. 短暂的缓慢盘升期：2005 年 7 月 21 日至 2005 年 11 月 18 日

汇改初期，人民币对欧元汇率经历了短暂的缓慢盘升阶段：100 欧元兑换人民币从 2005 年 7 月 21 日汇改前的 1001.41，升至 2005 年 11 月 18 日的 944.06，升 6.07%。

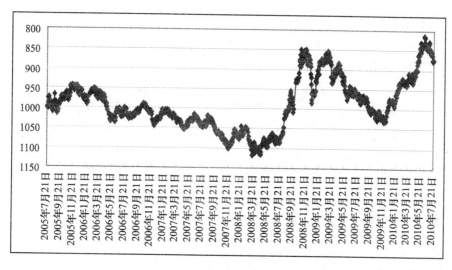

图6—4 汇改后人民币对欧元汇率变化曲线图

资料来源：根据中国人民银行网站，2005 年 7 月 1 日至 2010 年 7 月 21 日中国人民银行《人民币汇率交易中间价公告》数据整理绘制（单位：100 欧元兑人民币元）。

2. 较长时期的缓慢盘降期：2005 年 11 月 18 日至 2008 年 4 月 23 日

从 2005 年 11 月 18 日至 2008 年 4 月 23 日，人民币对欧元汇率经历了 30 个月"小涨大跌"的缓慢盘降阶段：从 2005 年 11 月 18 日的 944.06，一直盘降到 2008 年 4 月 23 日的 1115.86，人民币对欧元累计比 2005 年 11 月 18 日贬值 15.39%，比汇改前贬值 10.25%。

其中，到汇改一周年的 2006 年 7 月 21 日时，人民币对欧元汇率为 1009.57，比汇改前贬值 0.80%，到汇改两周年的 2007 年 7 月 21 日时，人民币对欧元汇率为 1044.67，比汇改前累计贬值了 4.14%。

3. "急升急降又急升"的剧烈波动期：2008 年 4 月 23 日至 2009 年 3 月 4 日

从 2008 年 4 月 24 日至 2009 年 3 月 4 日，人民币对欧元汇率经历了 6 个月"大涨大跌又大涨"的剧烈波动阶段：2008 年 4 月 24 日开始，人民币对欧元汇率折转进入盘升轨道，到 2008 年 7 月 22 日缓慢盘升至 1086.14 后，开始犹如脱缰的野马，急升至当年 10 月 28 日的 848.9，比 2008 年 4 月 23 日 1115.86 升 31.44%（折合年率达 60% 以上，比汇改初时升值 17.96%）；此后又急速贬值到当年 12 月 18 日的 985.61，仅仅 50 天就贬值 13.87%；此后又再次折转进入急升轨道，2009 年 3 月 4 日升至 853.09，比 2008 年 12 月 18

日急升15.53%（比汇改初时升值17.38%）。

其中，到 2008 年 7 月 21 日汇改三周年时，人民币对欧元汇率为 1082.54，比汇改前累计贬值7.49%。

4. 中速盘降期：2009 年 3 月 4 日至 2009 年 12 月 3 日

从 2009 年 3 月 4 日至 2009 年 11 月底，人民币对欧元汇率的运动轨迹可用"中速盘降"来形容：从 2009 年 3 月 4 日的 853.09 一直中速盘降至 2009 年 12 月 3 日的 1030.47，贬值 17.21%，比汇改初时贬值 2.82%。

其中，到 2009 年 7 月 21 日汇改四周年时（本研究成果完稿之日），人民币对欧元汇率为 971.07，比汇改前累计升值 3.14%。

5. 中速盘升期：2009 年 12 月 3 日至 2010 年 6 月 7 日

从 2010 年 12 月 3 日至 2010 年 6 月 7 日，人民币对欧元汇率的运动轨迹可用"中速盘升"来形容：从 2009 年 12 月 3 日的 1030.47 一直中速盘升至 2010 年 6 月 7 日的 813.01，升值 26.75%，比汇改初时的 1001.41 升值 23.17%。然后又开始进入"中速盘降"的轨道，到 2010 年 7 月 21 日汇改五周年时，人民币对欧元汇率为 874.27，比汇改前累计升值 14.52%。

（三）汇改后人民币对英镑汇率的波动情况

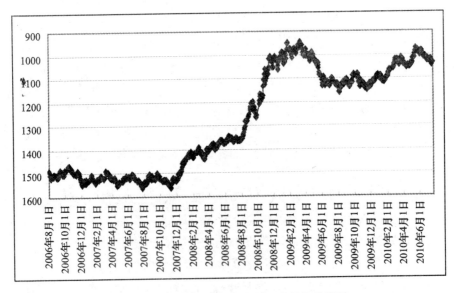

图 6—5　汇改后人民币对英镑汇率变化曲线图

资料来源：根据中国人民银行网站，2005 年 7 月 1 日至 2010 年 7 月 21 日中国人民银行《人民币汇率交易中间价公告》数据整理绘制（单位：100 英镑兑人民币元）。

中国人民银行从 2006 年 8 月 1 日开始公布人民币对英镑汇率的交易中间价,此后人民币对英镑汇率的运动轨迹大致可以分为"稳定→飙升→急降→稳定→盘升→盘降"六个基本阶段。

1. 基本稳定期:2006 年 8 月 1 日至 2007 年 11 月 9 日

在 2006 年 8 月 1 日至 2007 年 11 月 12 日期间,"稳定"人民币对英镑汇率的基本特征:长达 15 个月内,100 英镑兑换人民币元基本维持在 1470—1570 较小的之间波动,年波幅保持在 6.00% 以内,到 2007 年 11 月 9 日为 1563.89,人民币对英镑仅仅比 2006 年 8 月 1 日的 1488.33 贬值 4.83%。

2. 人民币对英镑的飙升期:2007 年 11 月 9 日至 2009 年 3 月 11 日

在 2007 年 11 月 9 日至 2009 年 3 月 11 期间,人民币元对英镑汇率经历了坐直升机式的飙升历程:从 2007 年 11 月 9 日为 1563.89 一直飙升到 2009 年 3 月 11 日的 942.27。在 16 个月时间里,人民币对英镑飙升了 65.97%,折合年升值率达 49% 之高。

3. 短期的急降期:2009 年 3 月 11 日至 2009 年 6 月 3 日

在 2009 年 3 月 11 日至 2009 年 6 月 3 日的大约 80 天的时间内,人民币元对英镑汇率经历了短期的急降历程:从 2009 年 3 月 11 日的 942.27 降至 2009 年 6 月 3 日的 1131.32,急降 16.71%,折合年率达 72% 之高。

4. 基本稳定期:2009 年 6 月 3 日至 2009 年 11 月 17 日

进入 2009 年 6 月之后,人民币对英镑汇率基本稳定在 1100—1140 之间狭小的区间内波动,波幅在 4.00% 左右。不过人民币仍然处于相对较高的位置,比 2006 年人民币对英镑汇率中间价刚出世时的 1488.33,大约高(升)30%—35%。

5. 中速盘升期:2009 年 11 月 17 日至 2010 年 5 月 19 日

在 2009 年 11 月 17 日至 2010 年 5 月 19 日期间,人民币对英镑汇率可称为中速盘升期,从 2009 年 11 月 17 日的 1149.14 一直盘升到 2010 年 5 月 19 日的 973.27,升幅为 18.07%。

6. 中速盘降期:2010 年 5 月 19 日至 2010 年 7 月 21 日

从 2010 年 5 月 19 日开始,人民币对英镑汇率进入中速盘降的轨道,从 2010 年 5 月 19 日的 973.27 盘降到 2010 年 7 月 21 日汇改五周年的 1035.20,降幅为 5.98%,不过,比 2006 年人民币对英镑汇率中间价刚出世时的 1488.33,仍然高(升)43.77%。

第二节 新汇制运行的实际绩效:人民币汇率的盘升走势

一 2005 年汇改以来人民币对美元汇率的升值情况

图 6—1 和表 6—1 显示了人民币汇制改革五年以来人民币汇率的基本走势，总体上呈现出"大涨小跌"的盘升走势的基本特点。自 2005 年人民币汇改以来，人民币对美元已由 8.2765 升至 6.8200，累计升值超过 21%，人民币汇率的升值轨迹大体上经历了"慢、较快、快、稳"四个阶段:

（一）2005 年 7 月至 2006 年 6 月:人民币进入缓慢盘升轨道

截止到 2006 年 6 月 30 日，人民币对美元汇率为 7.9956，只比汇改初始值 8.11 升值 1.43%，包括 2005 年 7 月 21 日 2% 的一次性升值，合计大约只升值 3.5%。

（二）2006 年 7 月至 2007 年 6 月:人民币进入中速升值轨道

这期间，人民币汇率由 7.9956 升值到 7.6155，年升值率上升到 4.99%。

（三）2007 年 7 月至 2008 年 7 月:人民币进入快速升值轨道

这期间，人民币汇率由 7.6155 升值到 6.8205，年升值率上升到 10.76%，比汇改前累计升值达 21.34%。

（四）2008 年 8 月至 2010 年 6 月:人民币进入平滑轨道

图 6—1 显示，自 2008 年 8 月以来，人民币汇率曲线图几乎是一条直线，人民币对美元汇率基本上在 6.81—6.86 狭小的区间内波动。为了应对国际金融危机的影响，人民币基本停止升值，2010 年 6 月 20 日后，才在外部压力不断升温的情况下，升至破 6.80。

二 人民币有效汇率的升值（变动）情况

（一）有效汇率的内涵

所谓有效汇率，是指某种加权平均汇率指数。以贸易比重为权数的有效汇率，所反映的是一国货币汇率在国际贸易中的总体竞争力和总体波动幅度。

众所周知，一国的产品出口到不同的国家可能会使用不同的汇率。另外，一国货币在对某种货币升值时也可能同时在对另一种货币贬值。即使该种货币同时对其他货币贬值（或升值），其幅度也不一定完全一致。因此，从 20 世纪 70 年代末起，人们开始使用有效汇率来观察某种货币的总体波动幅度及其在国际经贸和金融领域中的总体地位。在具体的实证过程中,人们通常将有效汇率区分为名义有效汇率和实际有效汇率。一国的名义有效汇率等于其货币与所有贸易伙伴方货币双边名义汇率的加权平均数,如果剔除通货膨胀对各国货币购买力的影响,就可以得到实际有效汇率。

有效汇率的计算公式:

A方货币的有效汇率指数 = ∑A方货币对 i 方货币的汇率指数(以基期为100) ×A国同 i 方的贸易值/A方的全部对外贸易值

这里所讲的人民币有效汇率就是根据中国主要贸易伙伴的贸易比重为权数计算出的人民币汇率值。人民币有效汇率的升值情况,就是指人民币对主要贸易伙伴货币的总体升值水平。

(二)2005年汇改以来人民币有效汇率的升值(变动)情况

根据国际清算银行(BIS)的数据测算,汇改后人民币有效汇率也总体上呈现出"大涨小跌"的盘升走势的特点:

1. 汇改后第一年:人民币有效汇率先升后降几乎又回归原点

根据 BIS 的数据,2005年7月至—2006年6月期间,人民币名义和实际有效汇率指数的运动轨迹几乎均是从2005年7月汇改前的低点,沿汇改后开始上升,到2005年12月比汇改前大约上升6%,从2006年初又开始下降,至2006年7月几乎又回到汇改前的水平。汇改前人民币名义和实际有效汇率指数大约分布为94和89(2000年为100,下同),汇改初期由于人民币对美元升值2%,人民币名义和实际有效汇率指数也分别上升到大约为96和90,到2005年12月比汇改初期又大约上升4%;从2006年初又开始下降,至2006年6月人民币名义和实际有效汇率指数分别为96.54和90.50,几乎又回到汇改初期的水平。

2. 汇改后第二年:人民币有效汇率"大涨小跌"缓慢盘升

如上所述,汇改第一年人民币有效汇率经历了先升后降,到2006年6月人民币名义和实际有效汇率指数几乎均又回到汇改初期的水平。此后开始进入"大涨小跌"缓慢盘升轨道,到2006年12月,人民币名义和实际有效汇率指数分别上升到97.71和93.86,均比汇改前大约上升4%。2007年开始后继续维持上升的态势,至2007年6月底,人民币名义有效汇率和实际有效汇率指数分别上升到99.50和94.90,分别比汇改前上升6.2%、6.3%,升幅高于对欧元、英镑、新加坡元等大多数货币,在表6—2的14种国际主要货币中有效汇率升值幅度靠前。

表6—2　　　主要货币有效汇率升值幅度（2005年6月—2007年6月）

单位:%

货币	名义有效汇率	实际有效汇率	货币	名义有效汇率	实际有效汇率
人民币	6.15	6.34	印度卢比	1.30	5.09
美元	-6.01	-3.96	泰铢	15.61	19.36
欧元	4.41	2.89	新加坡元	4.41	1.52
日元	-16.90	-21.13	台币	-8.27	-11.03
英镑	2.04	1.96	俄罗斯卢布	2.81	15.00
韩元	6.15	6.10	澳大利亚元	5.75	7.13
林吉特	6.81	7.28	加拿大元	14.57	12.95

数据来源：国际清算银行。

3. 汇改后第三年：人民币有效汇率继续维持"大涨小跌"的缓慢盘升走势

从表6—3的2007年7月至2008年6月人民币有效汇率指数变动统计情况来看，汇率改革第三年人民币有效汇率继续维持"大涨小跌"的缓慢盘升走势，但是从2007年7月开始，人民币名义有效汇率和实际有效汇率的变动轨迹出现较大的差异：

（1）人民币名义有效汇率的盘升走势

表6—3显示，2007年7—12月，人民币名义有效汇率指数略有回调，从6月的99.5回调到12月的98.8，下降幅度不到1%；但是进入2008年后，又归缓慢盘升的轨道，至2008年6月，人民币名义有效汇率指数上升到102.90，分别比2007年6月和汇改前上升3.4%、9.6%。

（2）人民币实际有效汇率上升加快

表6—3显示，与人民币名义有效汇率不同的是，2007年7—12月人民币实际有效汇率仍然维持缓慢盘升走势，到2007年12月人民币实际有效汇率指数上升到98.8，比6月的94.9上升了4.1%；进入2008年后，人民币实际有效汇率继续缓慢盘升，至2008年6月，人民币实际有效汇率指数上升到101.0，分别比2007年6月和汇改前上升6.4%、12.7%。造成2007年7月至2008年6月期间人民币实际有效汇率上升大约3个百分点，主要原因是2007年下半年以后中国的通货膨胀率的快速上升（比西方国家上升快），

从而造成实际汇率的上升。

表6—3　　2007年7月至2008年6月人民币有效汇率指数变动情况 *

时间	年份	2007						2008					
	月份	7	8	9	10	11	12	1	2	3	4	5	6
名义有效汇率		99.2	99.3	99.0	98.0	97.5	98.8	99.7	100.1	98.9	99.9	101.3	102.9
实际有效汇率		96.4	98.9	99.4	98.0	97.0	98.8	98.5	103.1	99.4	100.3	101.7	101.0
备注		* 以2000年为基期，名义和汇率实际有效指数为100；2005年6月和2007年6月的名义有效汇率指数分别为93.5、99.5，实际有效汇率指数分别为88.9、94.9。											

数据来源：国际清算银行。

4. 汇改后第四年：在国际金融危机深化背景下人民币有效汇率进入快速升值轨道

从表6—4的2008年6月至2009年9月人民币有效汇率指数变动统计情况来看，进入2008年8月后，在国际金融危机深化以及对中国的负面影响加重的背景下，人民币有效汇率进入快速升值轨道。

（1）人民币名义有效汇率快速飙升

表6—4显示，进入2008年8月后人民币名义有效汇率进入快速升值轨道：人民币名义有效汇率指数从2008年6月的108.1（以2005年为100，下同），升至8月的111.2，此后继续快速上升，到2008年11月，进一步升至121.1，比当年6月飙升了12%；从2008年11月至2009年4月，人民币名义有效汇率指数基本上维持在120左右的高位；从2009年5月开始，由于美元的下滑，人民币名义有效汇率指数也有较大幅度的下降，由3月的122.9的最高点下降到2009年6月的116.2，但仍然比2008年6月上升7.5%。根据国际清算银行2009年7月16日公布的世界27个主要经济体有效汇率涨跌数据，2008年7月至2009年6月期间，名义有效汇率升值幅度最大的是日元，其次是美元、人民币、南非兰特和港元，人民币高居第三位。

截至2009年6月，即经历人民币汇改后的第四年，人民币名义有效汇率指数已经累计比汇改前上升大约18%。

（2）人民币实际有效汇率亦快速攀升

根据表6—4的国际清算银行计算的人民币实际有效汇率的数据，进入2008年8月后人民币实际有效汇率进入快速升值轨道：人民币实际有效汇率

指数从 2008 年 6 月的 110.0（以 2005 年为 100，下同），升至 8 月的 114.6，
此后继续快速上升，到 2009 年 2 月，进一步升至 126.1，比 2008 年 6 月飙
升了 14.6%；从 2008 年 11 月至 2009 年 5 月，人民币实际有效汇率指数基
本上维持在 120 以上的高位；从 2009 年 2 月开始，由于美元的下滑，人民币
实际有效汇率指数也有较大幅度的下降，由 2 月的 126.1 的最高点下降到
2009 年 6 月的 116.2，但仍然比 2008 年 6 月上升 5.6%。根据国际清算银行
2009 年 7 月 16 日公布的世界 27 个主要经济体有效汇率涨跌数据，2008 年 7
月至 2009 年 6 月期间，实际有效汇率升值幅度最大也是日元，其次是南非
兰特、美元、港元和人民币，人民币仍然位居第五。

　　截至 2009 年 6 月底，人民币实际有效汇率指数已经累计比汇改前上升
大约 20.5%。

表 6—4　　　　2008 年 6 月至 2010 年 6 月人民币有效汇率指数变动情况 *

时间	年份	2008							2009			
	月份	6	7	8	9	10	11	12	1	2	3	4
名义有效汇率		108.1	108.4	111.2	113.9	118.6	121.1	118.1	119.0	122.0	122.9	120.8
实际有效汇率		110.0	110.1	114.6	118.5	123.0	124.2	121.2	120.9	126.1	124.7	122.5

时间	年份	2009							2010			
	月份	5	6	7	8	9	10	11	12	1	2	3
名义有效汇率		117.6	116.2	115.6	114.7	113.1	111.6	110.9	111.7	112.2	113.6	113.3
实际有效汇率		120.0	116.4	116.0	117.1	116.9	115.2	113.4	115.1	113.7	118.5	115.7

时间	年份	2010		
	月份	4	5	6
名义有效汇率		113.5	116.2	117.4
实际有效汇率		116.1	120.0	118.8

备注	* 以 2005 年为基期，名义和实际有效汇率指数均为 100；2008 年 6 月的名义有效汇率指数为 108.1（如以 2000 年为 100 则是 102.9），实际有效汇率指数为 110.0（如以 2000 年为 100 则是 101.0）。

　　数据来源：国际清算银行。

　　5. 汇改后第五年：在后国际金融危机背景下人民币有效汇率仍然长期在
高位运行

根据表6—4的国际清算银行计算的人民币名义和实际有效汇率的数据,进入2009年7月汇改后第五年的后国际金融危机背景下,人民币有效汇率仍然长期在高位运行:人民币名义有效汇率和实际有效汇率指数基本上维持在111—118和113—120的高位区间运行,截至2010年6月底,人民币名义和实际有效汇率指数已经累计分别比汇改前上升大约20%和24%。

三 1994年以后人民币有效汇率总的升值(变动)情况

众所周知,1994年1月人民币汇制也进行了重大改革,将1993年最后一个交易日收盘价的市场调剂价与牌价进行并轨,形成单一汇率。那么,1994年至今人民币有效汇率总的升值(变动)情况又如何呢?

央行行长助理易纲在2007年7月7日的"上市公司百强论坛"上指出,1994年后人民币有效汇率走势可以分三个阶段:1994—2002年,人民币名义和实际有效汇率跟随美元升值40%—53%;2002—2005年7月,人民币名义和实际有效汇率总体跟随美元贬值15%—19%;而2005年7月人民币汇制改革后,人民币脱离美元贬值的影响,到2007年上半年名义和实际有效汇率升值4%—5%。

根据BIS计算的人民币名义有效汇率和实际有效汇率及其变化,也表明自1994年人民币汇率并轨以来,在我国国际收支持续"双顺差"的背景下,人民币有效汇率保持了总体上升的态势,累计升幅较大:中国人民银行在《中国货币政策执行报告(2007年第二季度)》的"专栏2:人民币汇率形成机制改革平稳实施两周年"中指出:1994年年初至2007年6月末,国际清算银行计算的人民币名义有效汇率和实际有效汇率指数分别升值27.5%和37.8%。按照此升值数据,结合上述所计算的2007年7月至2010年6月人民币名义有效汇率和实际有效汇率指数升值数据,我们可以得出1994年年初至2010年6月末,国际清算银行计算的人民币名义有效汇率和实际有效汇率指数分别升值超过40%和50%以上。

可见,从较长期的视角来,自1994年以来人民币有效汇率保持了总体上升的态势,并且累计升幅较大。

第五部分

汇改后中国外部经济
均衡改善绩效篇

第七章 汇改后中国贸易收支失衡
改善效应分析

2005年7月21日，人民币汇制改革终于拉开了序幕，但令世人大跌眼镜的是，汇改后中国的贸易顺差和外汇储备均不减反增（而且是大幅增加），中美贸易的不平衡问题也并未因人民币的升值而得到有效改善。于是美方仍然认为人民币汇率"失真"，又再次掀起要求人民币更大幅度升值的风潮。因此，人民币汇改，尤其是由此引发的人民币升值的贸易效应，以及中国贸易顺差的深层次根源等，值得研究分析。

第一节 人民币升值对中国进出口贸易收支的影响:理论分析

传统贸易理论认为，人民币升值会导致出口减少和进口的增加，促使贸易收支向均衡方向发展。但从实际效应来看并非如此，表7—1显示2005—2008年随着人民币的不断升值，我国不仅进、出口均实现大幅度的增长，而且贸易顺差和外汇储备也均出现不减反而大幅度增加的情况。

2005年人民币对美元平均汇率比2004年升值1.03%，但是当年进出口总额却达14221亿美元，比上年增加23%；而且贸易顺差有增无减，全年贸易顺差达1019亿美元（几乎相当于2001—2004年4年的贸易顺差累计总和），同比增加217.4%；外汇储备也增加到8189亿美元，比2004年增加2090亿美元。

2006年人民币对美元平均汇率累计比汇改前升值3.82%；当年贸易顺差达1775亿美元，是2004年321亿美元的5.5倍，比2005年增加74%；外汇储备也达到10663亿美元，比2005年增加2474亿美元。

2007年人民币对美元平均汇率已升至7.6040，已累计比汇改前升值8.84%；当年贸易顺差上升到2622亿美元，是2004年321亿美元的8.2倍，比 2006 年增加 48%；外汇储备也达到 15282 亿美元，比 2006 年大幅增加 4619 亿美元。

2008 年人民币对美元平均汇率已升至 6.9479，已累计比汇改前升值 19.12%；尽管美国次贷危机的影响不断深入，但当年贸易顺差仍然上升到 2955 亿美元，是 2004 年 321 亿美元的 9.2 倍，比 2007 年仍然增加 333 亿美元；外汇储备也达到 19460 亿美元，比 2007 年仍然大幅增加 4178 亿美元。

2009 年人民币升值速度放慢，如果与人民币对美元汇率最高的 2008 年 9 月相比甚至有所贬值；2009 年以来中国贸易顺差出现较大的下滑，仅为 1961 亿美元，比 2008 年减少 33.6%。2010 年 1—6 月：人民币对美元汇率 基本稳定在 6.827 上下 10 个基点的水平；2010 年 1—6 月的中国贸易顺差为 553 亿美元，比 2009 年同期下降 43%。2009 年中国贸易顺差的下降，主要 原因应该是由于美国次贷危机的影响，导致出口需求减少，进而导致贸易顺 差的下滑。

表 7—1 2002 年以来中国汇率与贸易额、贸易顺差、外汇储备的变化情况

年份	人民币名义汇率年平均值			商品贸易额（亿美元）			商品贸易差额（亿美元）			外汇储备额（亿美元）		
	CNY/USD	升值（%）	累计升（%）	金额	同比增量	同比（%）	金额	同比增量	同比（%）	金额	增量	增比（%）
2002	8.2770	0	0	6208	1110	21.8	304	79	35	2864	742	35.0
2003	8.2770	0	0	8510	2302	37.1	255	−26	−8.6	4033	1169	40.8
2004	8.2768	0	0	11546	3036	35.7	321	66	25.6	6099	2066	51.2
2005	8.1917	1.03	1.03	14221	2675	23.2	1019	698	217.4	8189	2090	34.3
2006	7.9718	2.75	3.82	17607	3386	23.8	1775	756	74.0	10663	2474	30.2
2007	7.6040	4.83	8.84	21738	4131	23.5	2622	847	47.7	15282	4619	43.3
2008	6.9479	9.44	19.12	25616	3878	17.8	2955	333	12.7	19460	4178	27.3
2009	6.8311	1.71	21.16	22072	−3544	−13.8	1961	−994	−33.6	23992	1266	5.6
2010 1—6 月	6.8251	0.09	21.27	13549	4087	43.1	553	−417	−43.0	24543	551	2.3

资料来源：根据国家统计局，历年《统计年鉴》、《统计公报》；海关总署网站、商务部网站、中国人民银行网站等相关数据整理计算制表。

从上面的有关数据来看，随着人民币的升值中国贸易顺差不但不减少，反而在不断地扩大。另外，从中美的情况来看，汇改后中美贸易的不平衡也呈现扩大的趋势（详情将在本章第二节细述）。可见人民币升值的中国贸易收支改善效应是低微的，即汇率变动对中国贸易收支的解释力较低。那么，中国的进出口贸易高顺差是否有着更深层次的根源？下面我们将基于经典理论和中国商品进出口贸易结构特征，对人民币升值的中国贸易收支低改善效应和中国贸易高顺差的根源进行深入的剖析。

一　基于弹性理论的分析

根据弹性理论，一国货币汇率变动对贸易收支具备改善效应的条件是满足马歇尔—勒纳条件：其进、出口需求弹性之和大于 1，即当 EX + EM >1 时，其货币贬（升）值可使出口收入的增加（减少），进口支出的减少（增加），贸易收支逆差（顺差）减少，从而改善贸易收支。否则，当 EX + EM =1 或 EX + EM < 1 时，一国货币汇率的变动对贸易收支不具备改善效应（会分别导致其贸易收支差额不变和贸易差额进一步扩大）。

不少学者通过对我国进出口贸易弹性的计算和分析，认为我国的进出口弹性之和的绝对值小于或接近 1，基本不符合马歇尔—勒纳条件（厉以宁，1991；陈彪如，1992；张明，2001；谢建国、陈漓高，2002；殷德生，2004），如：殷德生（2004）的研究结果是，中国的中长期进、出口弹性也仅为 0.0112 和 - 0.5689。按照上升结论推断，人民币的升、贬值对我国进出口贸易收支不具备改善效应。

另外一些专家计算出的进出口弹性之和的绝对值大于 1（戴祖祥，1997；范金，2004 等）。但是，马歇尔—勒纳条件通常对贸易小国适用，而对开放经济大国却未必适用，因为对于开放经济大国而言，汇率变动的贸易效应和政策效率受多种因素的制约，或者说其进出口贸易收支受多种因素的影响，如：范金（2004）就认为马歇尔—勒纳条件不适用于中国。根据范金计算的我国中长期出口弹性为 - 0.8579，绝对值小于 1，说明人民币升值使出口价格的提高的幅度超过出口数量减少的幅度，出口额反而提高了，假设人民币升值 10%，将会使我国的出口额增加 1.421%；而我国中长期进口弹性为 - 1.0774，说明人民币升值造成我国进口额的增加幅度不大，假设人民币升值 10%，将会使我国的进口额仅增加 0.774%，小于出口额增加幅度，贸易顺差反而增加 0.647%，所以其结论是人民币汇率升值会促使我国贸易顺差的进一步增加。

二 基于我国加工贸易型特征显著的进出口贸易结构的分析

(一) 我国进出口贸易结构：加工贸易型特征显著

自 20 世纪 90 年代中期以来，加工贸易已占我国对外贸易的半壁江山（详见表 7—2），加工贸易出口近年来占我国商品出口的比重已接近 55%，加工贸易进口加上外商设备进口和一般贸易中的原料及资本品进口已占我国总进口的 60% 左右，表 7—2 还显示了加工贸易和外商投资企业对我国商品贸易顺差的巨大贡献：

表 7—2   加工贸易和外商投资企业占我国商品进出口贸易额及顺差的比重

单位：亿美元、%

年份	商品进出口贸易额	商品贸易顺差额	实际 FDI 使用额 *	外汇储备额	加工贸易占商品贸易总额的比重		加工贸易顺差对商品贸易顺差的贡献		外商投资企业对商品贸易顺差的贡献	
					贸易额	比重	顺差额	比重	顺差额	比重
2001	5097	226	469	2122	2414	47.4	536	237	74	32.7
2002	6208	304	527	2864	3021	48.7	577	190	97	31.9
2003	8510	255	535	4033	4047	47.6	789	309	84	32.9
2004	11546	321	606	6099	5496	47.6	1063	331	140	43.6
2005	14221	1019	603	8189	6905	48.5	1425	140	567	55.6
2006	17607	1775	695	10663	8310	47.2	1809	102	912	51.4
2007	21738	2622	826	15282	9861	45.4	2493	95	1361	62.2
2008	25616	2955	924	19460	10536	41.1	2968	100	1707	57.8
2009	22072	1961	900	23992	9093	41.2	2642	135	1270	64.8
2010 1—6	13549	553	514	24543	5278	39.0	1373	248	425	76.9

资料来源：根据国家统计局，历年《统计年鉴》、《统计公报》；海关总署网站、商务部网站相关数据整理计算制表。* 实际 FDI 使用额，包括金融企业的 FDI 使用额。

1. 加工贸易对我国对外贸易和贸易顺差的贡献

表 7—2 显示：自 2001 年以来，加工贸易占我国对外商品贸易的比重基本上在 45% 以上；加工贸易顺差对商品贸易顺差的贡献率基本上在 100% 以上，在 2004 年以前甚至达到 200% 以上。随着人民币的升值，我国加工贸易

顺差的规模也在直线飙升，从 2001 年的 536 亿美元分别升至 2005 年、2006 年、2007 年、2008 年的 1425 亿美元、1809 亿美元、2493 亿美元、2968 亿美元；2009 年由于受国际金融危机的影响，加工贸易顺差有所下降，但仍然高达 2642 亿美元；2010 年上半年为 1373 亿美元。

2. 外商投资企业对我国贸易顺差的贡献

长期以来外商投资企业是我国加工贸易的主要实施者，通常占我国加工贸易的 60% 以上，也是我国商品贸易顺差的主要缔造者。表 7—2 显示：自 2001 年以来，外商投资企业占我国对外商品贸易顺差比重基本上在 1/3 以上；有趣的是 2005 年人民币汇改以后，随着人民币的升值，不仅外商投资企业的顺差规模扶摇直上（2009 年后由于国际金融危机的影响顺差有所下降），从 2001—2004 年的年均 100 亿美元左右，飙升到 2005 年、2006 年、2007 年、2008 年、2009 年和 2010 年上半年的 567 亿美元、912 亿美元、1361 亿美元、1707 亿美元、1270 亿美元、425 亿美元，分别是 2004 年 140 亿美元的 4 倍、7 倍、10 倍、12 倍、9 倍和 3 倍，而且外商投资企业的顺差占我国对外商品贸易顺差的比重也在扶摇直上，从 2001—2004 年的年均 35% 左右，一直飙升到 2005 年、2006 年、2007 年、2008 年、2009 年、2010 年 1—6 月的 56%、51%、62%、58%、65%、77%。

综上所述，我国商品进出口贸易具有十分显著的加工贸易型特征。

（二）显著的加工贸易型特征导致我国密切的进出口关系

任永菊（2003）通过对我国进口和出口的关系检验，其研究成果显示，我国进口对出口的弹性为 0.818，即近 82% 的进口经过加工后复出口，即人民币升值有利于进口，进而有利于复出口。徐晖（2005）根据中国 1994—2003 年的季度统计数据，对我国进、出口之间的协整关系和 Granger 因果关系进行了分析，认为进口是出口的 Granger 原因，而且从长期来看，我国进口对出口具有显著的影响（正相关性），进口几乎可以完成解释出口。可见，人民币升值虽然使商品出口的外币价上升，但是在加工贸易中是"两头在外"，大部分原材料来自进口，人民币升值会使进口价格和企业成本下降，可抵消绝大部分因人民币升值给出口的消极影响。人民币汇改后，外商直接投资流入出现不减反增的趋势。表 7—2 显示：2006—2009 年我国吸收外商直接实际投资额为 695 亿、826 亿、924 亿、900 亿美元，分别比人民币汇改前的 2004 年 606 亿美元增加 14.7%、36.3%、52.5%、48.5%。2010 年 1—6 月我国实际利用外商直接投资额也已达 514 亿美元，同比增长 11.6%。可见，人民币升值对我国加工贸易的生产、出口和贸易收支的影响很小。

三　贸易收支与汇率间关系的进一步分析：基于实证文献的研究

近年来，不少学者通过实证来研究我国贸易收支与汇率变动的相关度，如：谢智勇（1999）通过对 1996—1997 年的相关数据进行分析，得出我国进、出口的汇率相关系数分别为 0.29 和 0.35；谢建国（2002）通过对 1978—2000 年的数据进行分析，认为汇率变动仅能解释贸易收支的 3%；任兆璋等（2004）利用 1978—2002 年的相关数据对我国贸易收支差额与人民币汇率之间的关系进行了研究，认为二者之间不仅判断系数低（仅 0.216），而且协整检验和 Granger 因果关系分析均显示不存在均衡关系，人民币升（贬）值对中国的贸易收支差额影响是十分有限的；欧元明（2005）的研究成果也显示，汇率不是中国出口的 Granger 原因，人民币汇率变动对中国的出口和贸易收支不具有显著影响。以上实证研究均说明我国贸易收支与汇率变动的相关性不高，人民币升值对我国贸易收支改善效应不大。

四　我国贸易高顺差的深层次根源的辨证剖析

我国的贸易顺差，究其根源是内外因素共同作用的结果：

（一）我国劳动力等要素的低价格形成的比较优势

我国在劳动力、土地等要素价格方面，尤其是劳动力的价格具有很强的比较优势。2001 年，中国制造业工人人均周工资为 22.35 元，仅仅是马来西亚和中国台湾地区的 1/5、中国香港和新加坡的 1/10、美国的 1/35，尽管近年来我国劳动力平均工资增长水平高于东南亚国家，但总的来说，我国劳动力价格的廉价优势仍然可以保持 20 年（杨帆等，2005）。可见，如果人民币仅是小幅的升值，难以完全抵消这种比较优势。尽管到 2009 年人民币对美元已升值 21% 以上，但根据商务部网站"2009 年 1—9 月美国货物贸易及中美双边贸易概况"的报道：中国的劳动密集型产品在美国市场上仍然占据优势，占美国家具玩具、鞋靴伞等轻工产品和皮革箱包制品进口市场的 67.1%、76.5% 和 68.9%。劳动密集型产品一直对我国贸易顺差贡献较大。就 2005 年而言，WTO 成员体间纺织品贸易配额的取消导致我国纺织品出口的增加，是该年贸易顺差增加的主要推动力之一（这里只是说"推动力之一"，对于 2005—2008 年中国对外商品贸易顺差的剧增，仅此"推动力"尚不能完全解释，我们将在本章第四节就人民币升值与中国贸易顺差剧增的悖论作出更详细的计算和析解）。

（二）国际产业布局转移形成的"迁移效应"

由于中国劳动力等要素价格的比较优势和巨大的国内市场，使中国成为跨国公司投资的热土。根据联合国贸发会《世界投资报告2004》，到2003年年底中国的FDI存量为5015亿美元，目前中国的FDI存量已超过8000亿美元。近年加工贸易已占我国进出口的50%左右，加工贸易和外商投资企业已成为我国商品贸易顺差贡献最大的一项因素（见表7—2）。华盛顿国际经济研究所的一项调查报告显示，中国对美国贸易顺差的75%来自FDI产生的"迁移效应"。而且，由于这种国际产业转移所形成的"亚洲加工，欧美消费"的全球贸易格局短期内很难调整，从而形成中国贸易顺差的刚性。

（三）内外储蓄率的巨大差异

经济学描述了储蓄与投资之差、出口与进口之差互为对偶关系（S－I＝X－M），即储蓄过多会产生贸易顺差；反之，储蓄过少则会产生贸易逆差。中、美的储蓄率已分别走向了两个极端，中国近年的储蓄率高达50%左右：2005年、2006年、2007年分别为48%、54%、50%；而美国的储蓄率通常在10%左右，有时其私人储蓄率甚至为负（如：2005年第三季度为－1.6%、2006年为－1.0%）。国家统计局局长马建堂2009年7月4日在全球智库峰会上透露，2008年中国的储蓄率为51.3%。而2008年美国的储蓄率仅为12%。麦金农教授（2005）认为，中国的高储蓄率和欧美的低储蓄率（而且差异很大），是导致中国对欧美高顺差的主要原因，他强调要重视从储蓄率角度来观察失衡问题。不过，内外储蓄率的差异，或者说中国的高储蓄率也仅能解释中国对外商品贸易高的顺差，尚难以解释2005年汇改后人民币升值与中国贸易顺差剧增的悖论（我们将在本章第四节创新思维以求解）。

五　本节小结与评析

综合上述分析，我们可以得出：

第一，由于我国对外贸易具有显著的加工贸易型特征，加工贸易和外商投资企业是我国对外贸易顺差的主要缔造者，人民币升值有利于进口，而进口又对出口有显著的促进作用，而且劳动力等要素价格的比较优势仍是影响我国出口商品比较优势的主导因素，人民币汇率对我国贸易收支相关性较低。因此，人民币升值对我国进出口贸易收支平衡的改善作用不大，那些过分指责中国"操纵汇率"，并要求人民币大幅升值以消除贸易收支不平衡的论周缺乏说服力。

第二，由于人民币升值对我国贸易收支的改善效应不大，从而我国国际收支顺差具备刚性（从汇改后的实际效应来看，中国贸易顺差和中美贸易的不平衡程度不减反增），从这个意义上讲，会不断形成人民币升值的外部压力，即顺差→外部压力→人民币升值→再顺差→外部再压力→人民币再升值……（就像麦金农教授所预测的，日元的昨天有可能是人民币的明天），因此从长期来看，如果屈服外部压力也可能会造成人民币的恶性盘升。汇率除了是政策工具外，还是价格，人民币适度升值是符合经济规律的，但是升值的方式和速度必须考虑我国经济的消化能力，更不能形成高估。国际经验告诉我们，人民币升值宜采取小幅度、慢性化、长期性升值的原则，切忌大幅度、快速式升值。因此，我国政府和理论界也应该对这方面给予关注，以避免"货币升值综合症"在中国上演。

第二节   人民币升值对中美贸易失衡的改善效应:理论视角

众所周知，美国是中国商品贸易顺差的最大来源国，同样中国也是美国的最大逆差国；美国也是人民币汇制改革和要求人民币汇率升值的最主要的推动力量。因此，人民币汇制改革尤其人民币汇率升值的中美贸易失衡改善效应，备受世人关注，是人民币汇制改革尤其是人民币汇率升值经济绩效的重要体现。然而，截至 2008 年 12 月底，人民币与汇改前相比已升值超过21%，但中美贸易失衡却仍在扩大。为什么会出现这种情况呢？下面将从弹性理论、加工贸易、迁移效应、美国高逆差的深层次根源等多个视角，对人民币升值的中美贸易收支效应进行分析和研究，以进一步析解人民币升值对中美贸易失衡改善的低微效应。

一   中美贸易失衡：人民币升值外部压力的主要导火线

（一）汇改前中美贸易失衡的特点

根据中方的统计，自 1993 年以来在中美贸易上，中国一直处于顺差地位（美方的统计是从 1983 年开始）。表7—3 显示了 1993 年至 2005 年部分年份中美贸易失衡情况，表现出的特点有：

1. 失衡的程度较大

表7—3 显示，2002 年以来中美贸易差额占双方贸易额的比重，按中方

统计通常可达到 50% 左右，按美方数据甚至接近 70%。如 2002 年中美贸易差额：中方统计为 427 亿美元，美方统计为 1031 亿美元，分别占各自统计的当年双方贸易额的 44%、70%；又如 2004 年中美贸易差额：中方统计为 802 亿美元，美方统计为 1620 亿美元，分别占各自统计的当年双方贸易额的 47%、70%。

2. 贸易差额年年上升，规模越来越大

表 7—3 显示，中美贸易差额年年上升，规模不断攀升。按中方统计，从 1993 年的 63 亿美元增至 2005 年的 1142 亿美元；按美方数据为 227 亿美元增至 2005 年的 2016 亿美元。

3. 对于失衡的规模，双方分歧的金额不断增加

表 7—3 显示，对于中美贸易差额中美双方统计的分歧金额不断增加：从 1993 年的 165 亿美元增至 2005 年的 874 亿美元；从表 7—3 的数据来看，美方统计的美中贸易逆差额几乎年年是中方统计中美贸易顺差额的两倍以上。

表 7—3　　　　　　　　1993 至汇改前部分年份中美贸易失衡情况

单位：亿美元

年份	中方统计				美方统计				中美分歧
	出口	进口	差额	变化（%）	出口	进口	差额	变化（%）	
1993	169.6	106.9	62.7		87.7	315.3	-227		165
1996	266.8	161.5	105.3	68	119.7	514.9	-395.2	74	290
2001	542.8	262	280.8	11	192.3	1022.8	-830.5	21	550
2002	699.5	272.3	427.2	52	221.3	1252.8	-1031	24	604
2003	924.7	338.6	586.1	37	284	1524.8	-1240	20	654
2004	1249.4	446.6	802.4	37	347.2	1967	-1619.8	31	817
2005	1629	487	1142	42	418.4	2434.6	-2016.3	25	874

资料来源：中方数据来自中国商务部网站（www.mofcom.gov.cn），美方数据来自美国商务部网站（www.census.gov），根据双方数据整理计算制表。

（二）中美贸易不平衡已成为人民币升值外部压力的主要导火线

由中美贸易失衡而引起的中美贸易摩擦由来已久，但 2003 年以来已集中体现在人民币汇率上，美国已成为人民币升值外部压力的主要来源。美国

的企业、政府及理论界普遍认为中美贸易失衡是人民币汇率严重低估的结果，普遍认为汇改前人民币实际被低估了15%—25%，为此频频向中国施加压力要求人民币大幅升值。如：据不完全统计，仅2005年上半年美国国会针对人民币汇率的议案就达4个，特别是2005年4月6日，美国参议院竟然通过了如果中国在半年内不调整汇率，将对中国征收27.5%关税的议案；小布什在《2006年总统经济报告》中也指出：中国操纵人民币汇率，一定程度上导致巨额美中贸易逆差，等等。然而，到2008年12月31日，人民币对美元已升至6.8246，与汇改前的8.2765相比已累计升值21.09%，但令世人大跌眼镜的是，中美贸易顺差不减反增：从表7—4的数据显示，汇改后的42个月（2005年7月至2008年12月）与汇改前的42个月（2002年1月至2005年6月）相比，中美贸易顺差增加了133%（见表7—4）。人民币升值与中美贸易顺差较大幅增加共存的悖论，是"J曲线效应"，还是另有原因？

表7—4　人民币汇改前、后42个月的中国贸易总顺差及中美贸易顺差情况的变化

时间	汇改前的42个月年（亿美元）					汇改后的42个月（亿美元）					B/A ** (%)
	2002	2003	2004	2005	合计	2005	2006	2007	2008	合计	
	1—12	1—12	1—12	1—6	（A）	7—12	1—12	1—12	1—12	（B）	
中国总顺差	304	255	321	396	1246	623	1775	2622	2955	7975	640
中美顺差*	427	586	802	491	2306	587	1442	1633	1709	5371	233

资料来源：根据中国商务部网站（www.mofcom.gov.cn）数据整理计算制表。

备注：＊中美顺差，为中方统计数据；＊＊B/A，为汇改后是汇改前的百分比。

二　人民币升值对中美贸易失衡的改善效应

（一）基于弹性理论和文献的分析：人民币升值对中美贸易失衡基本不具备改善效应

根据弹性理论，一国货币汇率变动对贸易收支具备改善效应的条件是满足马歇尔—勒纳条件：其进、出口需求弹性之和大于1。不少学者通过对我国进出口弹性的计算和分析，认为我国的进出口弹性之和小于或接近1，基本不符合马歇尔—勒纳条件（如：厉以宁，1991；陈彪如，1992；张明，2001；谢建国、陈漓高，2002；殷德生，2004），人民币的升、贬值对我国贸易收支不具备改善效应。另外一些专家计算出的进出口弹性之和大于1（如：范金，2004等），但认为马歇尔—勒纳条件不适用于中国。根据范金

（2004）计算的我国中长期出口弹性为 -0.8579，绝对值小于1，说明人民币升值使我国出口产品价格提高的幅度超过出口数量减少的幅度，出口额反而提高了，假设人民币升值10%，将会使我国的出口额增加1.421%；而我国中长期进口弹性为 -1.0774，说明人民币升值造成我国进口额的增加幅度不大，假设人民币升值10%，将会使我国的进口额仅增加0.774%，小于出口额增加幅度，贸易顺差反而增加0.647%，所以其结论是人民币汇率升值会促使我国贸易顺差的进一步增加。中美贸易是中国对外贸易的一个缩影，相信上述关于我国进出口弹性的分析同样适用于中美贸易，即人民币的升值对中美贸易收支失衡也同样不具备改善效应。

许少强等（2006）利用1994—2003年中美贸易的数据证实：人民币兑美元实际汇率每升值1%，中国对美国出口将只减少1.1%，中国对美国进口也将仅增加0.08%，而美国实际GDP每增加1%，中国对美国出口将增加4.46%；在我国实际GDP、美国实际GDP和人民币兑美元实际汇率三者中间，实际汇率冲击对贸易收支变化的影响是最小的，在短期内仅能解释我国对美国贸易收支变化的3%，在长期也不过仅仅能够解释6%左右。可见，人民币汇率并不是中美贸易失衡的根本原因，或者说人民币对美元汇率升值并不能有效地改善中美贸易失衡。

（二）基于加工贸易型特征显著的中美贸易结构的分析：人民币升值对中美贸易失衡的改善效应低微

加工贸易出口近年来占我国商品出口的比重已接近55%。美国是中国最大的加工贸易品出口市场，中国对美国的出口近2/3是加工贸易品。如：2005年中国对美国的加工贸易出口达1057亿美元，占中国对美国商品总出口的65%。加工贸易贡献了中美贸易的绝大部分顺差，如2003年中美加工贸易顺差额是中美一般贸易顺差额的近6倍。加工贸易型特征显著的进出口贸易结构导致密切的进出口关系，任永菊（2003）通过对我国进口和出口的关系检验，其研究成果显示，我国进口对出口的弹性为0.818，即近82%的进口经过加工后复出口，即人民币升值有利于进口，进而有利于复出口。人民币升值虽然使商品出口的外币价上升，但是在加工贸易中是"两头在外"，大部分原材料来自进口，人民币升值会使进口价格和企业成本下降，可抵消绝大部分因人民币升值带给出口的消极影响。可见，即使马歇尔—勒纳条件成立，在加工贸易型特征显著的中美贸易结构框架下，人民币升值对中美贸易失衡的改善效应也非常有限。

（三）基于"迁移效应"的分析：中美贸易顺差具备强刚性

由于我国丰富而廉价的劳动力资源（2001 年，中国制造业工人周工资为 22.35 元，仅是美国的 1/35）和巨大的国内市场等原因，中国已成为跨国公司的主要投资地，截至 2008 年年底中国共吸收 FDI 超过 8000 亿美元。FDI 的持续增长所引起的产业迁移，进而会形成贸易转移效应，造成美国大部分进口商品的生产从投资国（或地区）或中国的周边国家（或地区）转移到中国，从而导致美从华进口商品的持续增加、美中贸易逆差的不断扩大，因而形成逆差转移效应。其佐证就是，尽管近年来美中贸易逆差不断扩大，但是美国对东亚其他国家（或地区）的贸易逆差占美国总逆差的比重却在下降。如：2001—2004 年，美中贸易逆差占美国总逆差的比重上升了 4.68 个百分点，但同期美国对日、韩、中国台湾的贸易逆差占美国总逆差的比重却下降了 7.06 个百分点。华盛顿国际经济研究所的一项调查报告显示，中国对美国贸易顺差的 75% 来自 FDI 产生的"迁移效应"。商务部副部长易小准在 2006 年的中美经贸论坛上指出："如果扣除中国的加工贸易顺差，或者外商投资企业的顺差，中国对美国的顺差就会分别减少 91% 和 73%。"

美在华投资企业更是我国对美商品贸易顺差的主要创造者，截至 2009 年年底美在华 FDI 实际投资额已超过 600 亿美元，仅次于中国香港居第二位。美在华 FDI 的增长，一方面使美在华投资企业在中国市场销售额的扩大，从而导致中国向美进口的减少，据商务部统计，2004 年美在华投资企业在中国市场的销售额高达 750 多亿美元；另一方面，美在华投资企业将一些劳动密集型和技术成熟型产品转移到中国加工、生产，然后返销回美国，2004 年美在华投资企业出口到美国在内的其他市场竟高达 700 多亿美元，从而导致中国向美出口的增加。伯克（Burke，2000）指出：美在华子公司总销售中近乎 1/6 是返销回美国，特别是电子与电气设备类返销率高达 1/4；美在华某行业 FDI 增长 10%，则该行业从华进口将增长 7.3%，对华出口将下降 2.1%，这就是美在华直接投资产生的贸易替代效应（沈国兵等，2005）。王洪庆等（2005）根据 1983—2003 年的数据证明：美对华 FDI 每增 1%，中国对美的总出口将增加 1.02%，而中国从美国的总进口却只增加 0.5%，从而导致中美贸易顺差的增加。沈国兵（2005）依据相关性测算，1991—2002 年中国对美商品出口及中美贸易顺差与美国在华实际投资之间的相关度分别为 0.94 和 0.93，说明美在华 FDI 很大程度上会影响到中国对美商品出口和中美贸易顺差的增长。显而易见，美在华

FDI 的增长所导致的贸易转移效应和贸易替代效应，正是中美贸易失衡的主因，而吸引包括美国在内的外商到中国投资的主要因素是中国低廉的劳动力成本，而且我们也可以预见我国劳动力价格的廉价优势仍然可以保持较长时期（杨帆等认为至少可以保持 20 年）。可见，即使人民币较大幅度升值也很难抵消这种由于廉价劳动力所形成的比较优势，美国的一些研究甚至估计即使人民币升值两倍，也不足以导致这些产品转移到美国生产，或者说不足以导致需求转向美国制造的产品，从而导致这种由于国际产业转移所形成的"中国加工，美国消费"的贸易格局，短期内很难调整，从而形成中美贸易顺差的强刚性。

（四）基于美国高逆差的深层次根源的分析：人民币汇率绝不是美国贸易失衡的"救命稻草"

1. 美国经济增长的顺贸易效应是导致美国贸易逆差和中美贸易失衡不断加剧的重要原因

我们可利用进口需求收入弹性（国民收入变动的百分比与进口变动的百分比之比，以下简称 YEM）来考核一国经济增长的净贸易效应：当 YEM ＝ 1 时，净效应为零，即中性的；当 YEM ＞ 1 时，为顺贸易效应；当 YEM ＜ 1 时，净效应是逆贸易的。根据湛柏明（2005）计算的 1985—2004 年美国及美国对 10 大贸易伙伴的年均 YEM 系数（见表 7—5）：美国的年均 YEM 系数为 1.21，即美国的国民收入每增加 1％，会导致 1.21％的进口额的增加，说明美国经济增长具备顺贸易效应；美国对中国的年均 YEM 系数不但大大高于美国总体的 YEM 值，而且大大高于美国对其他贸易伙伴的 YEM 值，高达 4.18，即美国的国民收入每增加 1％，会导致美国从中国的进口额增加 4.18％，这也与许少强等（2006）的结论非常一致，即美国实际 GDP 每增加 1％，中国对美国出口将增加 4.46％，中美贸易收支主要受美国实际 GDP 变动的影响。可见，美国经济增长的顺贸易效应，尤其是对中国的超顺贸易效应是导致美国贸易逆差和美中贸易失衡不断加剧的重要原因。

表 7—5　　1985—2004 年美国及美国对 10 大贸易伙伴的年均 YEM 系数

贸易体	美国	加拿大	墨西哥	中国	日本	德国	英国	韩国	中国台湾	法国	马来西亚
年均 YEM	1.21	1.07	1.96	4.18	0.52	1.2	0.84	0.95	0.4	0.98	2.4

资料来源：湛柏明：《从中美贸易看中国增长方式的转变》，《当代亚太》，2005，（11）。

美国的后工业化社会的经济结构和过度消费是导致美国经济增长的顺贸易效应的根源，进而是美国贸易逆差的根源。从经济结构来看，美国早已进入后工业化时代，第三产业在国民经济中的比重已达 80% 左右，根据比较优势理论，相对于第二产业而言，美国的服务经济具有更强的比较优势，事实上美国已成为世界第一大服务贸易强国，通常占世界服务贸易出口的 1/6 以上，也是世界第一大服务贸易顺差国，1992—2005 年其服务贸易顺差达 9300 多亿美元。其中，2000—2005 年其服务贸易顺差分别为 770 亿、645 亿、612 亿、510 亿、585 亿、408 亿美元；2006—2008 年其服务贸易顺差分别为 564 亿、829 亿、1229 亿美元。加拿大 Waterloo 大学 James R Melvin 1989 提出，服务贸易顺差国往往在货物贸易上存在逆差，反之依然，即货物贸易与服务贸易存在互补性。谢康等（2000）的实证研究对上述假设进行了进一步的论证，认为美国货物贸易逆差是其服务贸易顺差的反映，中美贸易不平衡的实质在于美国服务经济的发展，按照货物贸易与服务贸易互补性可得出，美国要想改变货物贸易逆差的局面是不现实的，也是困难的，除非改变其服务贸易顺差的现状。可见，美国扩大服务贸易出口是改变中美贸易失衡的较优政策，但美国政府却长期采取控制对华技术出口的政策，无疑影响了美国对华高科技产品货物贸易的出口，有资料显示仅 2004 年美国就为此丧失了约 250 亿美元对华出口的机会，与此同时更限制了美对华服务贸易的出口。

经济学描述了开放经济体国内生产总值（GDP）的恒等式：

支出法：$GDP = C + I + G + X - M$ （1）

收入法：$GDP = C + S + T$ （2）

结合（1）和（2）：$X - M = (S - I) + (T - G)$ （3）

其中 C 为私人消费，I 为私人投资，G 为政府支出，X 为出口，M 为进口，S 为私人储蓄，T 为税收。从恒等式（3）可知，在其他条件不变的情形下，一国储蓄下降或投资增加会导致国际收支的恶化。美国近年来的私人储蓄率一直保持较低的水平，有时甚至为负数（2005 年第三季度为 -1.6%）。恒等式（3）还显示，如果其他条件不变，财政赤字（T - G）的增加也会导致其国际收支赤字的扩大。

表7—6 人民币汇改前美国近 20 年来储蓄—投资缺口情况表（1983—2004）

单位:%

年份	1983—1990 *	1998	1999	2000	2001	2002	2003	2004
储蓄率	17.1	17.3	18.6	18.2	16.5	14.7	13.5	13.8
投资率	19.5	21.2	21.8	21.8	19.1	18.4	18.2	19.2
储蓄—投资缺口	-2.4	-2.9	-3.2	-3.6	-2.6	-3.7	-4.7	-5.4

资料来源：（1）美国商务部经济分析局；（2）［美］理查德·库珀：《理解全球经济失衡》，《国际经济评论》2007 第 3—4 期。* 1983—1990 年为年平均数。

表7—7 2004 年部分国家储蓄—投资缺口与经常账户差额占 GDP 的比重的对应关系

单位:%

国家和经济区	美国	中国	日本	欧元区	其他工业化国家	石油输出国
储蓄率	13.8	50	27.7	21.0	19.4	28.0
投资率	19.6	45.8	24	20.4	19.2	22.0
储蓄—投资缺口	-5.8	4.2	3.7	0.6	0.2	6.0
经常账户差额/GDP	-5.8	4.2	3.7	0.6	0.2	6.0

资料来源：IMF：2005 年 9 月《全球经济展望》第二章。

近几年来美国的财政赤字仍然居高不下：2005 年虽然比 2004 年的 4130 亿美元有所下降，但仍达 3190 亿美元，占 GDP 的 2.6%，仍是美国历史上第三大财政赤字年度；2006、2007 财政年度虽然继续有所下降，但仍然分别为 2477 亿、1628 亿美元，分别占 GDP 的 1.9%、1.2%；2008 财政年度又上升到 4550 亿美元，占 3.2%。可见，从这种意义说，美国的低私人储蓄和巨额财政赤字所导致的总储蓄率低下和储蓄—投资负缺口（见表7—6）是美国贸易失衡的重要原因。IMF2005 年 9 月在其《全球经济展望》中强调，美国的总投资率大于总储蓄率才是美国高贸易逆差的根源，并用表7—7 所显示的 2004 年世界主要国家或地区的储蓄—投资缺口与经常账户差额占 GDP 的比重的对应关系来加以证明。难怪约瑟夫·斯蒂利茨博士在 2005 年中美财经商业高级研修班演讲时指出：中美贸易不平衡，原因不在中国，是美国自己的宏观经济政策的问题。麦金农教授（2005）也认为，欧美的低储蓄率和中国的高储蓄率（高达 40% 左右），是导致中国对欧美高贸易顺差的主要原因，他强调要重视从储蓄率角度来观察失衡问题。

2. 美元大幅贬值与贸易逆差激增的悖论

美国自 2002 年 3 月份以来，美元出现了大幅度贬值，到 2004 年年底，美元曾经对日元贬值 20% 以上，对欧元贬值近 50%，美元汇率指数下降 27%，尔后尽管美元在 2005 年出现反弹，美元汇率指数上升了 7%，但至今仍然大大低于 2002 年年初的水平。然而，美国的货物贸易逆差却并未因美元的大幅度的贬值而下降，相反其商品贸易逆差却从 2001 年的 4272 亿美元，占 GDP 的 4.2%，增至 2004 年、2005 年的 6504 亿美元和 7666 亿美元，分别占 GDP 的 5.5% 和 6.1%；2006—2008 年基本上保持在 8000 亿美元，分别为 8176 亿、7945 亿、8000 亿美元；2009 年、2010 年 1—6 月分别为 5009 亿、1313 亿美元，分别比上年同期下降 38.6%、上升 36%，2009 年来大幅下降的原因主要是美国次贷危机的深入影响，这正说明美国经济增长的顺贸易效应。另外就美国的私人储蓄率来说也出现大幅的上升，2009 年以来基本上处于 5% 以上（2009 年 1、4、5 月分别为 5%、5.7%、6.9%，而 2006 年却是 -1%），可见美国储蓄率的上升也是其逆差下降的主要原因之一。就中美贸易失衡而言，自 2005 年 7 月 21 日以来，至 2008 年 12 月底人民币对美元已升值 21% 以上，但美中贸易逆差不降反增，2005 年 7 月至 2008 年 12 月的 42 个月中美贸易顺差仍达 5371 亿美元，较人民币汇改前的 42 个月（2002 年至 2005 年 6 月）的 2306 亿美元增加 133%（中方数据，见表 7—3）；2009 年人民币对美元汇率基本维持 2008 年第四季度的水平（平均值为 6.8311），但中美贸易顺差却下降到 1434 亿美元，比 2008 年同期下降 8.4%（按美方的统计为 2268 亿美元，比上年同期下降 15.4%）。如本章第一节所述，2009 年美中贸易逆差大幅下降的原因主要是美国次贷危机的深入影响，这正说明美国经济增长的顺贸易效应。另外，就美国的私人储蓄率来说也出现大幅的上升，2009 年以来基本上处于 5% 以上（2009 年 1、4、5 月份分别为 5%、5.7%、6.9%，而 2006 年却是 -1.0%），这也说明美中贸易失衡与人民币汇率的低关联性，而与美国经济增长和储蓄率的高相关联度。

刘伟等（2006）根据 1990—2004 年的数据证实，人民币汇率变动与美中贸易差额间不存在 Granger 因果关系。究其原因主要是：美中贸易逆差实际上是互补性商品贸易逆差。美国国际经济研究所也证明，只有 10% 自华进口直接与美国的产品形成竞争；中国对美出口的竞争优势主要是低廉的劳动力成本，而不是单纯的汇率因素，而且人民币汇率波动对美国进口价格的传递率非常低，杜晓蓉（2006b）研究证实只有 0.06%，即如果人民币对美元升值 10%，美国从中国进口商品的进口价仅增加 0.6%。美国摩根士丹利公司首席经济学家罗奇也认为，即使人民币对美元升值 20%，中国出口到美国的商品价格也只会上升 4% 左右，根本不会影响中国商品的竞争能力。尽管到 2009 年人民币对美元已升值 21% 以上，但根据商务部网站"2009 年美国货物贸易及中美双边贸易概况"的报道：中国的劳动密集型产品在美国市场上占据优势，占美国家具玩具、鞋靴伞等轻工产品和皮革箱包制品进口市场的 67.1%、76.5% 和 68.9%。退一步来说，就算人民币的大幅度升值导致了中国商品在美国的竞争能力的下降，那最大的可能也就是导致美国逆差的转移，即美中逆差可能有所下降，但美国对东亚其他国家的逆差却会增加。因为致使美国贸易巨额逆差的根源不是简单的汇率问题，而是其巨额的投资缺口，即投资大于储蓄。可见，单纯的人民币升值既无法有效地解决美中贸易失衡问题，更不可能是美国巨额贸易逆差的"救命稻草"。经济合作与发展组织（OECD）2006 年在北京首次发布的《中国经济调研报告》也称：事实上，美中双边贸易只占美国对外贸易总额的 10%，就算人民币汇率升值 25%，对美国外贸也只产生 2.5 个百分点的影响，不可能解决美国经常项目巨大逆差的问题。

3. 基于统计口径的分析：美中贸易逆差大有水分

从表 7—3 可知，双方对于贸易差额分歧的金额不断增加，2004 年、2005 年分别达 817 亿、874 亿美元，占美中贸易逆差额（美方数据，下同）的 50%、43%。究其原因，主要是双方统计方法和标准不同所致：（1）对于出口，美国按"船边交货价"，中国按 FOB 价，估计相差约 1%，即美国统计的向中国的出口额应增加 1%；对于进口，双方均按 CIF 价，比 IMF 所采用的 FOB 价相差约 10%。若按上述比例将双方进出口均统一调整为按 FOB 价计，我们以 2002 年为例，美中贸易逆差将减少约 116 亿美元，由原来的 1031 亿美元下调为 915 亿美元。（2）对转口贸易的统计是形成美中贸易逆差水分的又一重要因素：美统计的对中国的出口，未包括经香港等转口到中国的出口，如 2002 年有 62 亿美元的美国商品经香港转出口中国，所以美国低估了对中国的出口，扣除在港平均加价约 8%，即低估了约 57 亿美元；同时，美国统计的从中国的进口，却包括了经香港转出口美国的中国商品，而且还包括了在香港的增值，如 2002 年有 343 亿美元的中国商品经香港转出口美国，而在港平均加价约 27%，即转口加价 73 亿美元，应该从统计中扣除。可见，由于上述两方面因素，使 2002 年美中贸易逆差高估了达

246 亿美元，高估率达 24%。经此两项较正后，2002 年美中贸易逆差由原来的 1031 亿美元下调为 785 亿美元，双方的分歧也由 604 亿美元下降到 319 亿美元，下降了 47%。

三　本节小结

综上所述，中美贸易失衡是国际产业转移产生的"迁移效应"和美国过度消费即低储蓄率、美国经济增长的顺贸易效应等多种因素共同作用的结果，加工贸易和外商投资企业，尤其是美在华投资企业是我国对美商品贸易顺差的主要创造者。由于中美商品贸易具有显著的加工贸易型特征，人民币升值有利于进口，进而有利于复出口，而且劳动力等要素价格的高比较优势，仍是影响我国出口商品比较优势的主导因素，人民币汇率对中美贸易收支的相关性较低。因此，人民币升值对中美贸易收支失衡的改善作用不大，那些过分指责中国"操纵汇率"，并要求人民币大幅升值以消除中美贸易收支不平衡的论调缺乏说服力，是将中美贸易逆差和人民币汇率问题政治化的体现。日本的经验也告诫我们，货币升值宜采取小幅度、慢性化、长期性升值的原则，切忌迫于外部压力使人民币大幅度、快速式升值。因此，我国政府也应该对这方面给予高度关注，把握人民币升值的节奏，避免"货币升值综合症"在中国上演。

第三节　人民币升值的贸易效应之谜：实证分析[①]

新汇制运行五年时间以来，关于人民币汇制改革在我国贸易均衡方面的表现褒贬不一。由于 2008 年后国际金融危机的影响不断深入，经济运行的内外环境发生了巨大的变化，尤其是国际经济环境急转恶化，各种经济数据就实证的角度来讲，意义下降，失去代表性。因此，本节把研究的时间段锁定在 2005 年 7 月至 2007 年 12 月，并立足于在我国对外贸易特征及国际产业转移所形成的"迁移效应"的基础上，运用 Johansen 模型揭示出人民币汇率与我国贸易收支之间正相关的关系——人民币升值是近两年贸易顺差形成的推动因素，马歇尔—勒纳条件在我国并不适用；依托于我国现行的经济贸易特征，未来一段时间我国仍将唱响贸易顺差的主旋律；

---

① 本节内容由课题组成员陈玲老师与笔者共同完成。

汇改后人民币汇率波动对我国贸易收支的冲击已经显现并在今后长期扮演不可替代的角色，在人民币升值压力依然的今天注重升值节奏对于保持我国贸易收支的稳定不容忽视，这一观点通过脉冲响应函数分析与方差分解得到了有效印证。

一　引言：文献综述

人民币汇制改革的贸易效应是一个历久弥新的课题，新汇制运行前后，关于汇制改革与我国贸易均衡关系问题的研究成果层出不穷，而且此类研究远未终结。作为后续深入研究的基础，我们首先对 2001—2006 年的相关实证文献进行了梳理和归纳：（1）关于人民币汇率变动与我国贸易收支关系问题，大部分学者的研究成果是"人民币升值会使我国贸易收支减少"，如许和连、赖明勇（2002），马尔克斯（Marquez）和辛德勒（Schindler）（2006），刘凤娟（2006）；而任兆璋等（2004），欧元明（2005），宿玉海、黄鑫（2006）则认为"人民币汇率变动对我国贸易收支不具有显著影响"；像陈志昂（2001）在《人民币汇率与浙江出口变动的实证研究》一文中所指出的"人民币升值有利于贸易收支的增加"则极为少见。（2）就人民币汇率波动对我国贸易收支的冲击问题，学者们得出了比较一致的结论，即人民币汇率波动对我国贸易均衡造成了负面冲击，相关文献有刘凤娟（2006）、郑恺（2006）。这些研究都只跨越 2005 年 7 月汇改前和汇改后两个时间段，不能确切地反映出新汇制改革这一环境下人民币汇率波动对贸易均衡产生的冲击，为此我们需将时间段扩大到 2007 年 12 月（可惜 2008 年和 2009 年由于受国际金融危机的影响，数据的代表性下降）。

人民币汇制改革的贸易效应问题迄今仍无法达成一致的结论。然而，事实胜于雄辩，汇改后伴随着人民币汇率上升我国贸易顺差却不减反增，促使我们进行了大胆的推断：人民币汇率与贸易收支之间并不像大多数学者所认为的那样是负向的关系，也不是部分学者提出的无关论，二者之间可能存在着另外一种关系，即人民币汇率与贸易顺差正相关，而且我国以加工贸易和劳动密集型产品为主的贸易特征使这种关系具有内在的稳定性。国际研究方面，侯赛因（2003）对亚洲五国和日本之间 1986—1999 年的样本进行分析，发现马来西亚、菲律宾、泰国、新加坡在日元升值、本币贬值时，四国对日贸易收支均出现了恶化，这从另一侧面为我们的推断提供了佐证。考虑到传统的计量回归方法可能存在伪回归问题，而协整检验中的 EG 两步法又存在着重大的缺陷,[①] 我们将采用多向量的 Johansen 协整检验及方程分解方法来论证上述推断,以探究人民币汇率变动与我国贸易收支间的真实关系。

二 汇制改革后人民币汇率与贸易收支状况

(一)汇制改革后人民币汇率的走势及波动

图 7—1 显示了人民币汇制改革 32 个月以来人民币对美元汇率呈现出"缓慢盘升"的基本走势,最高为 2008 年 3 月 27 日的 1 美元兑 7.013 元人民币,与汇改前的 8.2765 元相比,累计升值 15.2%。人民币"小慢步"升值似乎成为常态,而且近段时间升值的速度有所加快,1 美元折合人民币(平均数),2007 年 10 月为 7.5012 元,11 月为 7.4233 元,12 月为 7.3676元,2008 年 1 月为 7.2478 元,2 月为 7.1601 元,3 月为 7.075 元。

汇改后人民币汇率在市场供求关系作用下开始出现波动,市场上曾存在着人民币汇率单边升值的预期,实际情况并非如此。与上一个交易日相比,从 2005 年 7 月 21 日到 2008 年 3 月 31 日的 659 个交易日中,人民币对美元汇率有 397 个交易日上浮、261 个交易日下浮。人民币汇率在合理的区间内浮动,表明人民币汇率的弹性开始突现,而双向浮动也是符合我国汇改的政策取向的。但由此又引发了汇改后一个新的课题:人民币汇率波动对我国贸易收支的冲击尤为值得关注。

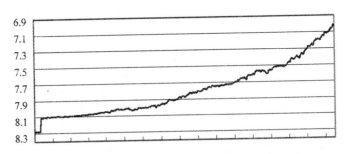

图 7—1 汇改后人民币兑美元汇率走势图 (2005.7.21—2008.3.31)

数据来源:根据国家外汇管理局公布的人民币汇率交易中间价整理绘制而成。

---

① 采用 Engel 和 Granger 提出的 EG 两步法对两个以上变量作协整检验时存在一个较大的缺陷:以不同的向量作被解释变量时,可能得到向量之间不同的协整关系。所以,检验多向量之间协整关系现在用得更多的是 Johansen 协整检验。

（二）汇制改革后我国贸易收支的表现

汇改后人民币汇率上升未使我国贸易收支持续顺差的态势发生逆转（见图7—2）。

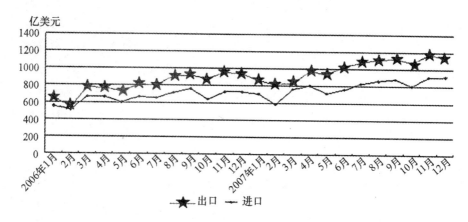

图7—2　2006年1月—2007年12月我国对外贸易月度进出口总值图
数据来源：中国海关网站（http：//www.customs.gov.cn）。

根据商务部数据，2006年我国外贸出口9697亿美元，进口7519亿美元，分别较2005年增长27%和20%，顺差2177亿美元，增长62%。据世界贸易组织公布的统计数据，2006年我国外贸出口占全球出口总额的8.0%，外贸进口占全球进口总额的6.4%，贸易出口和进口增速分别较全球的增速快了12个和6个百分点。2007年我国外贸进出口总值21738亿美元，其中出口12180亿美元，比2006年增长25.7%，进口9558亿美元，比2006年增长20.8%，贸易顺差再创历史新高，全年累计贸易顺差2622亿美元，比2006年增长47.7%，净增加847亿美元。

三　对传统理论的质疑

根据弹性理论，一国货币汇率变动对贸易收支具备改善效应必须满足马歇尔—勒纳条件：进、出口需求弹性绝对值之和大于1，即当 EX + EM >1 时，本币贬（升）值可使出口收入增加（减少）而使进口支出减少（增加），贸易收支逆差（顺差）减少，从而改善贸易收支；否则，当 EX + EM =1 时，本币汇率的变动不会对贸易收支差额产生影响；当 EX + EM <1 时，本币贬（升）值导致贸易收支逆差（顺差）进一步扩大。

关于我国的进出口弹性，不少学者的计算结果是"1985—1999 年我国进出口需求弹性绝对值之和小于 1"。然而，近几年我国经济、金融环境发生的深刻变化使进出口需求弹性也出现了根本性转折，范金（2004）利用 1999—2003 年的数据计算出我国的进出口需求弹性分别是 - 1. 077 和 - 0. 8579，绝对值之和大于 1，符合马歇尔—勒纳条件（范金等，2004）。按照弹性理论的分析，汇改后人民币升值应使我国的贸易顺差减少，实际情形与理论判断相反，使我们对传统的弹性理论产生了质疑。

实际上，弹性理论分析中忽略了很重要的一点：汇率变动所带来的进出口价格变化与进出口需求变化之间的相对程度。如果本币升值使出口价格提高的幅度大于出口数量减少的幅度，则出口收入与贬值前相比增加了；如果本币升值带来的进口数量增加和进口价格下降的幅度持平，则进口支付不一定会增加。以范金计算出的我国进口需求弹性 - 1. 077 和出口需求弹性 - 0. 8579 为例，假设人民币升值 10%，将会使我国的出口额增加 1. 421% 而进口额仅增加 0. 774%，进口额增加幅度小于出口额增加幅度，贸易顺差反而增加 0. 647%（范金等，2004）。由此得出的结论是：人民币升值并不像传统弹性理论所说的那样使我国贸易顺差减少。那么，现实经济生活中出现的"人民币汇率上升贸易收支持续顺差"是一种偶然现象还是有着内在的必然性？带着这一问题本节将利用汇制改革后 29 个月的数据进行检验。

四 变量选择及数据处理

（一）模型变量选择

本书主要研究人民币汇率与贸易收支之间的关系问题，因此，模型以贸易收支差额 TRA_0 作为因变量，以人民币汇率 EX_0[①] 为主要的解释变量之一。考虑到我国以加工贸易和劳动密集型产品为主的贸易特征对人民币汇率与贸易收支间关系的形成可能具有密切的相关性，特把加工贸易进出口总额

---

① 最新研究表明，名义汇率已经成为一个敏感的价格信号，通过各种渠道对贸易收支产生影响。如，名义汇率的变动将通过经济主体的预期行为对一国的贸易收支产生作用；名义汇率的波动将直接影响国际资本市场上不同资产的收益率，从而改变国际投资的流向，这样由财富效应也会对一国的进口需求产生影响。本书通过名义汇率来考察汇率与贸易收支之间的关系，EX_0 采用直接标价法，名义汇率下降表示人民币升值。

PRO$_0$ 及劳动密集型产品出口额 LAB$_0$[①] 也引入到模型中来。此外，我国储蓄水平及外商直接投资对我国贸易收支日益产生深刻影响，因而解释变量中还包括了我国储蓄量 SAV$_0$ 以及外商直接投资 FDI$_0$。

（二）样本观测区间

样本数据观测时间段从 2005 年 8 月至 2007 年 12 月，共 29 个月，选择这一观测区间的原因在于：（1）2005 年 7 月 21 日我国实行了汇率制度的改革，从汇率制度的连续性出发，选择 2005 年 8 月至 2007 年 12 月的月度数据作为基础数据，以便更准确地反映出"人民币汇率制度改革后"这一研究背景。（2）选择这一时期也是基于数据完整性、易得性的考虑，这一时期的统计口径比较一致，是各项经济金融数据较好的观测与发展期。

（三）数据初步处理

原始数据中 TRA$_0$、PRO$_0$、LAB$_0$ 来自中国海关网（http：//www. customs. gov. cn），FDI$_0$、SAV$_0$ 来源于中国经济信息网（http：//www. cei. gov. cn），月度 EX$_0$ 根据中国人民银行公布的人民币汇率交易中间价进行算术平均计算而得。为了消除时间序列趋势及季节变动带来的影响，本书以月度数据进行季节调整[②]后取自然对数得到的数据作为实证检验的基础，分别记TRA、EX、PRO、LAB、FDI 和 SAV。由于汇率不存在明显的季度性变化规律，所以对原始汇率数据未经季节调整直接取对数即得到 EX。

五　人民币汇率及我国贸易特征与贸易收支间的协整性检验

如果两个或多个同阶时间序列向量的某种线性组合可以得到一个平稳的误差序列，那么这些非平稳的时间序列就存在着长期均衡关系，或者说这些序列具有协整性。用数学语言来描述就是：假设 X$_t$ =（X$_{1t}$，X$_{2t}$，X$_{3t}$，…，X$_{nt}$）是 n 个时间向量序列，若满足：（1）X$_{it}$ 都是 d 阶单整序列，即 X$_{it}$ 是 I（d）；（2）存在一个非零向量 a =（a1，a2，a3，…，an）^{T}，使得 a^{T}X$_t$ 是 I（d$-$b）的（d$-$b≥0），则称 X$_{it}$ 间是（d$-$b）阶协整的。协整性检验的意义在于揭示人民币汇率变动及我国贸易特征与汇改后持续的贸易顺差间是否存在稳定的均衡关系。

---

① 劳动密集型产品种类很多，纺织品作为我国最大宗的出口产品之一，能在一定程度上反映我国劳动密集型产品的出口状况，书中以纺织品出口额代表劳动密集型产品的出口额 LAB$_0$。

② 运用 Eviews 软件进行季节调整要求至少有 4 年的观测数据，本书根据移动平均季节乘法原理对数据进行人工季节调整。

（一）数据的单位根检验

经济时间序列尤其是宏观经济数据，常常呈现明显的时间趋势，仅从图像上是无法确定数据是由带趋势的稳定过程，还是由带常数项的单位根过程产生的。单位根检验对检验时间序列的稳定性非常重要，同时也是变量协整性分析的必要前提。本书采用增广的迪基—福勒检验法（Agumented Dickey – Fuller Test）即 ADF 法进行单位根检验，软件采用 Eviews5.0（下同），检验结果见表7—8。

表7—8 数据单位根检验结果

变量含义	字母表示	数据水平检验结果		一阶差分检验结果		临界值	
		检验形式 (C, T, L)	ADF 统计量	检验形式 (C, T, L)	ADF 统计量	1% 临界值	5% 临界值
贸易收支差额	TRA	(0, 0, 0)	0.005787	(0, 0, 0)	– 8.856680 **	– 2.6522	– 1.9540
人民币汇率	EX	(1, 1, 2)	– 0.224126	(1, 1, 2)	– 4.057132 *	– 4.3738	– 3.6027
加工贸易进出口总额	PRO	(0, 0, 1)	– 0.688677	(0, 0, 1)	– 6.188575 **	– 2.6560	– 1.9546
劳动密集型产品出口额	LAB	(0, 0, 1)	0.412426	(0, 0, 1)	– 4.639115 **	– 2.6560	– 1.9546
外商直接投资	FDI	(0, 0, 0)	– 0.174085	(0, 0, 0)	– 8.398320 **	– 2.6522	– 1.9540
储蓄	SAV	(0, 0, 1)	2.978118	(0, 0, 1)	– 4.398372 **	– 2.6560	– 1.9546

注：检验形式（C, T, L）中，C, T, L 分别代表常数项、时间趋势和滞后阶数，* 表示通过 5% 显著性水平检验；** 表示通过 1% 显著性水平检验。

检验结果表明，所有变量在水平时间序列的状态都是非平稳的，ADF 统计值都比显著性水平为 10% 的临界值还要大。一阶差分后，贸易收支差额、加工贸易总额、劳动密集型产品出口额以及外商直接投资额、储蓄量的月度数据的 ADF 统计值均小于显著性水平为 1% 的临界值，表明这五组序列在 99% 的置信水平下是平稳的；而人民币汇率的一阶差分在 95% 的置信水平下也是平稳的。变量检验结果符合单位根定义，是典型的 I（1）时间序列，可以检验它们之间的协整关系。

（二）VAR 模型的协整滞后阶数

在协整检验前要确定合理的滞后阶数，以保证协整关系统计上的可信度。在无约束 VAR（P）模型条件下，AIC 和 SC 的数值越小意味着模型的简洁性和准确性越好。通过逐一测试滞后阶数 Lag 从 1 到 4 所对应的 AIC 和 SC 的数值（见表 7—9），得出本文模型的最佳滞后阶数为 3。

表 7—9　　　　　　　　　　水平 VAR 模型的最佳滞后阶数

Lag	1	2	3	4
Determinant Residual Covariance	1.53E－15	8.83E－18	1.52E－21	2.54E－19
Log Likelihood（d.f. adjusted）	239.1959	300.2509	401.8131	355.1307
Akaike Information Criteria	－14.08542	－16.46303	－22.13947	－19.21786
Schwarz Criteria	－12.08712	－12.71950	－16.62320	－15.77401

（三）Johansen 协整检验及协整方程

表 7—10 显示了非约束的 Johansen 协整检验结果：在 1% 的临界水平下，轨迹统计量 183.9380 > 114.36，表明应该拒绝没有协整关系的原假设，对应接受"至少存在一个协整关系"；而轨迹统计量 122.9668 > 85.78、70.13633 > 61.24 表明"最多存在一个协整关系"和"最多存在 2 个协整关系"均不成立，也即在 99% 的置信度下，变量 TRA 与 EX、PRO、LAB、FDI、SAV 之间至少存在三个协整关系，其中最基本的协整关系如表 7—11 所示：

表 7—10　　　　　　　　　多变量的 Johansen 协整检验

CE（s）的假设数	特征值	轨迹统计量	5% 临界值	1% 临界值
None *	0.895461	183.9380	104.94	114.36
At most 1 *	0.858674	122.9668	77.74	85.78
At most 2 *	0.756377	70.13633	54.64	61.24
At most 3	0.599823	32.00877	34.55	40.49
At most 4	0.228998	7.280840	18.17	23.46
At most 5	0.009551	0.259116	3.74	6.40

注：* 表示通过 1% 显著性水平检验。

表7—11　　　　　　　　　　Johansen 标准化协整方程系数

TRA	EX	PRO	LAB	FDI	SAV	@ TREND	C
1. 000000	19. 2873	− 3. 6715	− 2. 1978	− 0. 4673	− 1. 9556	0. 5；0. 1301	8. 7814
(5. 9479)	(0. 3757)	(0. 1939)	(0. 0517)	(0. 8605)			

Log likelihood：258. 9469

注：第一栏数字为各变量系数，括号中数字为标准差。

上述变量之间的关系可表示为协整方程：

TRA ＝ − 19. 2873EX ＋ 3. 6715PRO ＋ 2. 1978LAB ＋ 0. 4673FDI ＋ 1. 9556SAV − 8. 7814

（四）协整方程的进一步检验：Granger 因果检验

协整方程给出了 TRA 与 5 个解释变量间可能存在的均衡关系，经济时间序列经常出现伪相关的现象，为了进一步揭示 6 个变量间的关系，我们还需要进行 Granger 因果检验以确定上述协整检验结果的正确性。格兰杰（Granger）（1969）提出的因果检验的基本原理是：在做 Y 对其他变量（包括自身的过去值）的回归时，如果引进 X 的滞后值能显著地改善对 Y 的解释度，就说 X 是 Y 的 Granger 原因，类似地可定义 Y 是 X 的 Granger 原因。

由表7—12 可知，汇率与贸易收支互为成因，这与近两年"我国贸易收支持续顺差的同时人民币汇率逐步上升"的经验事实相一致；在99%的置信度下，引入 PRO 可以显著地提高对贸易收支顺差的解释力度；在93%、91%、93%的置信水平下，LAB、FDI、SAV 是贸易收支的 Granger 原因，而贸易收支却非加工贸易额、劳动密集型产品出口额、外商直接投资和储蓄的成因，这也与"贸易特征促进了我国贸易收支顺差的形成，而贸易收支顺差并非是造就我国贸易特征"的常理相符合。Granger 因果检验结果证明了上述协整方程的正确性，不存在伪相关的错误。

表7—12　　　　　　　　　Granger 因果检验结果

零假设	滞后期数	F 统计量	相伴概率	检验结果
EX 不是 TRA 的成因	1	7. 11723	0. 01320	拒绝零假设
TRA 不是 EX 的成因		3. 60169	0. 05632	拒绝零假设
PRO 不是 TRA 的成因	1	19. 6417	0. 00016	拒绝零假设
TRA 不是 PRO 的成因		0. 60857	0. 44265	接受零假设

零假设	滞后期数	F 统计量	相伴概率	检验结果
LAB 不是 TRA 的成因	1	4.62814	0.04131	拒绝零假设
TRA 不是 LAB 的成因		0.31675	0.57858	接受零假设
FDI 不是 TRA 的成因	3	2.52820	0.08804	拒绝零假设
TRA 不是 FDI 的成因		1.07498	0.38331	接受零假设
SAV 不是 TRA 的成因	3	2.80650	0.06746	拒绝零假设
TRA 不是 SAV 的成因		0.74339	0.53937	接受零假设

注：相伴概率表示拒绝零假设犯第一类错误的概率。

六　静态分析：贸易顺差贡献度

上述变量的协整方程告诉我们，人民币汇率、加工贸易进出口额与劳动密集型产品出口额的增加、外商直接投资与储蓄量的增长都促进了贸易收支顺差的形成，它们之间呈现出正相关的关系。方程系数表明贸易顺差的贡献度由大到小依次是：人民币汇率 > 加工贸易进出口额 > 劳动密集型产品出口额 > 储蓄水平 > 外商直接投资，其中，人民币汇率贡献度最大，人民币每升值 1%，贸易收支顺差增加 19.28%。[①]

（一）人民币汇率（EX）

协整检验的结果是：人民币升值有利于贸易顺差形成，而且是促使贸易顺差形成的主要因素。这一结果和传统的弹性理论的判断恰恰相反，也有别于一些学者提出的贸易收支与人民币汇率变动无关论，但却与"汇改后人民币缓慢盘升而贸易收支持续顺差"的客观事实高度吻合。

依据弹性理论得出的判断"人民币升值使我国贸易顺差减少"只是理论推导的一般结果，实际上，汇率变动的贸易效应是正负兼而有之的，人民币升值在使我国出口价格上升（不利于出口的扩大）和进口价格下降（促使进口增加）从而贸易顺差减少的同时，也会从多方面产生贸易收支正效应。如：（1）贸易条件改善效应。汇改前的 10 年间，贸易条件恶化（见表 7—13）使我国贸易收支长期处于低效率增长之中。人民币升值会使出口价格上升和进口价格下降，从而使贸易条件改善。根据查贵勇的研究成果，人民币

[①]　书中人民币汇率采用名义汇率，人民币升值时名义汇率数值下降，汇率系数为负，则贸易收支顺差增加。

每升值一个百分点，我国贸易条件将改善 0.353 个百分点（查贵勇，2005）；杨帆也得出了"人民币升值的贸易条件改善系数为 0.37"的结论（杨帆，2005）。2005 年汇改后贸易条件[1]上升至 1 并基本上稳定在 1 左右（见图 7—3）。（2）经济结构调整效应。汇率长期不变对经济的成长并非是好事，这样会使经济向价格竞争及价格敏感的产业倾斜，过去人民币汇率长期保持在 1 美元兑 8.2765 元人民币水平上，致使我国原有的经济结构难以改变。汇改后受人民币升值因素的推动，我国经济结构正在发生适应性的主动调整，表现在：一是人民币升值导致出口产品的外币价格上升，对那些高成本、低效益的企业和产品产生了挤出效应，促使出口结构优化。以浙江省纺织行业为例，人民币每升值 1%，棉纺织行业利润约下降 12%，毛纺织行业利润约下降 8%，服装行业利润约下降 13%，原来依靠低廉劳动力获得出口优势的低附加值产品出口量大幅度减少。二是人民币升值降低了进口成本，使环保、能源、新型农业、国防产业等科技含量高、对发达国家进口依赖程度大的产业能在较低的成本费用上升级换代。三是外商投资偏向于东部沿海地区和第二产业的结构失衡现象能得到了缓解。在人民币持续升值的大背景下，降低投资成本在外商投资决策中的重要性更加凸显，外商投资开始转向劳动力价格与资源成本更低的中西部地区和第三产业。经济结构优化无疑助推了贸易顺差刚性。

表 7—13　　　　　　　　　1995—2004 年我国贸易条件

年份	1995	1996	1997	1998	1999	2000	2001	2002	2003	2004
贸易条件	0.84	0.93	0.70	0.71	0.77	0.66	0.63	0.63	0.62	0.64

资料来源：崔津渡等：《中国对外贸易条件：1995—2004 年状况分析》，《国际经济合作》2006 年第 4 期。

　　人民币升值最终是增加了贸易顺差还是减少了贸易顺差，取决于正负效应的综合结果，就我国现阶段所处的环境来看，在人民币升值的对贸易收支的正效应远远大于负效应。透过下面的分析我们还将看到，我国的贸易特征使负效应向正效应转化或部分抵消了人民币升值对贸易收支的负效应。因

---

① 贸易条件分为价格贸易条件、收入贸易条件和要素贸易条件，本书中采用价格贸易条件，即 $T = Px/Pm$。

此，在人民币升值的同时贸易持续顺差绝非偶然的巧合，而是我国贸易特征下的必然现象，人民币升值是我国处于持续贸易顺差地位的重要原因之一，贡献系数为 19.28。

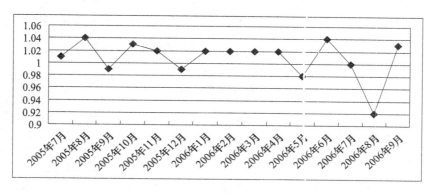

图7—3　2005年7月汇制改革后我国贸易条件状况图

（二）加工贸易进出口总额（PRO）

PRO 的系数为3.6715，反映出我国加工贸易显著的贸易特征与贸易收支之间的相关关系。90年代中后期以来，我国出口加工业贸易几乎是在持续提速，这是亚洲供应链重新整合的结果，我国成为名符其实的"世界组装加工工厂"。尽管近年来关于"如何确定加工贸易在我国对外贸易中的定位"问题存在着很多争论，但加工贸易占据我国对外贸易半壁江山却是一个不争的事实（见图7—4），汇改后加工贸易出口占我国商品出口的比重仍保持在45%左右，加工贸易进口加上外商设备进口和一般贸易中的原料及资本品进口占总进口的60%左右，目前加工贸易的同比增速仍维持在20%左右。

加工贸易"两头在外"，大部分原材料进口后经过加工再出口，显著的加工贸易型特征导致我国进出口间密切的关系。徐晖通过实证分析认为：进口是出口的 Granger 原因，从长期来看，我国进口对出口具有显著的正相关性，进口几乎可以完全解释出口（徐晖，2005）。任永菊则进一步明确了我国进口和出口之间的关系——我国进口对出口的弹性为0.818，即近82%的进口经过加工后复出口（任永菊，2005）。可见，人民币升值有利于进口，进而有利于复出口，从而使贸易收支往顺差的方向变动。我国加工贸易的特征越明显，人民币升值有利于进口的贸易收支负效应就会在越大的程度上转化为有利于复出口的贸易收支正效应，加工贸易额占进出口总额的比重每上升1%，贸易顺差将约增长3.67个百分点。

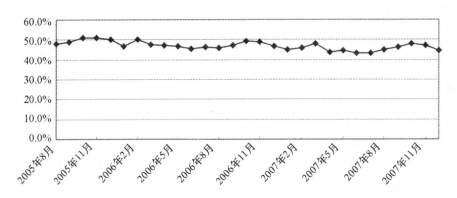

图7—4　2005年7月汇制改革后加工贸易占我国贸易总额比重

（三）劳动密集型产品出口额（LAB）

我国海关统计资料表明，我国出口的商品中包括鞋类、服装、玩具、家电、普通机床、五金产品、灯具和家具等劳动密集型产品约占了出口总值70%（中小出口企业中这一比重甚至占到90%），其中纺织品与服装占出口总值23%。我国劳动力价格低廉的优势在劳动密集型产品中体现尤为突出。尽管近几年我国的工资水平已高于印度和巴基斯坦等国，但较之于发达国家和新兴的工业化国家仍有很大的差距。以劳动密集型产业相对集中的制造业为例，2005年我国月均工资大约是美国的1/22，法国的1/16，日本的1/23，德国的1/23；与发展中国家相比，我国大约是韩国的1/14，泰国的1/1.3，巴西的1/2.6（杨新华，2008）。如此悬殊的劳动力价格差距不可能在短期内发生质的改变，我国劳动力成本低廉的优势至少可以保持20年（杨新华，2008），人民币适度升值很难抵消这种比较优势。劳动密集型产品在我国出口中所占比重越大，劳动力成本优势越能充分发挥出来，越能在更大程度上抵消人民币升值造成出口价格上升而给贸易收支带来的负效应。因此，LAB与TRA间应该是一种正向的关系，劳动密集型产品出口额每增加1%，贸易收支顺差约增长2.19%。

（四）外商直接投资（FDI）

外商直接投资这一变量的系数为0.4673，FDI产生的"迁移效应"可以部分解释贸易收支顺差的增加。根据华盛顿国际经济研究所的一项调查报告，国际产业转移在形成"亚洲加工、欧美消费"全球贸易格局的同时，我国也由于劳动力要素比较优势和巨大的国内市场而成为跨国公司投资的热土，1999 年至 2005 年我国吸引外商直接投资一直处于上升通道。联合国贸易和发展会议（Unctad）最新发布的报告显示，汇改后，2006 年我国吸引外商直接投资 695 亿美元，2007 年 670 亿美元，目前我国仍然是吸引外国直接投资最多的发展中国家。外商直接投资加强了我国出口导向型战略，从而使贸易顺差刚性增加，因而系数为正。应该看到，近两年欧美经济增长面临一定程度困境，部分发达国家减少了对我国的直接投资，加上我国吸收外资的产业结构和区域结构有待完善，外商直接投资对贸易收支的促进作用并未充分发挥出来，表现为 FDI 的贡献系数并不高，低于预期值。

（五）储蓄（SAV）

我国持续的贸易顺差往往被归结为高储蓄问题。我国是一个典型的高储蓄的国家，根据 Kuijs 估算，2001 年我国的国内储蓄占 GDP 比率为 38.5%、2003 年为 42.5%、2005 年上升到 48.1%，汇改后的这两年国民储蓄已经占到了 GDP 的一半，高于日本、韩国、新加坡等东亚国家，更远高于欧美发达国家。由国民经济核算的恒等式可知，经济中的总储蓄 S 等于总投资 I 加上净出口（X − M）：

$$S = I + (X - M)$$

可见，在既定的高储蓄和国内投资增速放缓的情况下，国内的储蓄就只能以经常项目顺差的形式存在了。从储蓄的角度考察贸易收支问题得出的结论是：储蓄越多，贸易顺差越大，储蓄每增长 1 个百分点，贸易顺差约增加 1.95%。考虑到数据的可得性，本书用居民储蓄代替了国内总储蓄，实际上国内储蓄中增长最快的是政府部门储蓄而非居民储蓄，因而估算出来的系数 1.9556 略小于储蓄对贸易顺差的实际贡献度。

七　动态分析：方差分解与脉冲响应函数

静态分析揭示了各变量对贸易顺差形成的贡献度，动态分析的目的是要研究现在及未来一段时间内，在上述 6 个变量所组成的系统当中，当某一冲击（可以是来自于 TRA、EX、PRO、LAB、FDI、SAV 任一变量的变动）发生时，对贸易收支变动的影响程度。根据 Enders（1995）的研究，由时间序列组成的系统中任何变量的变动都是自身扰动及系统其他扰动共同作用的结果。本书考虑以下六种冲击对我国贸易顺差的影响：贸易冲击、汇率冲击、加工贸易进出口额冲击、劳动密集型产品出口额冲击、外商直接投资以及储蓄冲击。

（一）方差分解

首先假定出现一个贸易收支的冲击，然后通过建立的 VAR 模型影响到各个内生变量，在模型反复迭代之后揭示出源自于各变量的冲击对我国贸易收支变动的相对影响程度（见表7—14）。

表7—14　　　　　　　我国贸易收支变动的方差分解结果

时期	TRA	PRO	LAB	EX	FDI	SAV
1	100. 0000	0. 000000	0. 000000	0. 000000	0. 000000	0. 000000
2	56. 92101	2. 951423	4. 765307	29. 60165	0. 178003	5. 582603
3	50. 13211	10. 71712	4. 518095	29. 95598	0. 676144	7. 000550
4	45. 63338	12. 71310	6. 343667	27. 23673	1. 001640	7. 071481
5	45. 71288	13. 06026	6. 443251	26. 91589	0. 985780	6. 881936
6	45. 71522	12. 41141	6. 499958	26. 35667	2. 464331	6. 552410
7	45. 76835	12. 61585	6. 805727	25. 93378	2. 459886	6. 416411
8	45. 64528	12. 17335	7. 327538	26. 12659	2. 466532	6. 260708
9	46. 00433	11. 90001	7. 597792	25. 86333	2. 642028	5. 992503
10	44. 78458	11. 12035	9. 363262	25. 04976	2. 613296	6. 068757
11	43. 34887	12. 65330	10. 19778	24. 38196	3. 074307	6. 343786
12	42. 90924	12. 51302	10. 65378	24. 50266	3. 091842	6. 329462
13	42. 55325	12. 49465	10. 82157	24. 78578	3. 063598	6. 281146
14	42. 69428	12. 36809	11. 09129	24. 32915	3. 212884	6. 304299
15	42. 60020	12. 52358	11. 29009	24. 00378	3. 320524	6. 261819
16	42. 41894	12. 52093	11. 52826	24. 94547	3. 323741	6. 262653
17	42. 21039	12. 74715	11. 58513	24. 82600	3. 398925	6. 232411
18	42. 19495	12. 83104	11. 56034	24. 67749	3. 545098	6. 191082

表7—14 给出了18期的贸易收支变动受各变量冲击影响的走势，贸易收支的一个标准方差的变化可以分解为自身及其他5个变量的作用，这些变量的冲击对贸易收支产生的作用大约在滞后10期后趋于稳定。其中，

贸易收支的自相关性很强，贸易收支的一个标准差的变化首先是源于自身的变动，大约有42%可以由其自身的变化来解释；人民币汇率变动对贸易收支的影响在前几期比较大，随后略有下降，说明贸易收支对汇率变动能迅速作出反应但不能在较短时间内全部消化汇率波动带来的影响，经过10个月的滞后期后汇率波动对贸易收支的影响基本稳定在24%，汇率波动对贸易收支的冲击不容忽视；代表我国贸易特征的两个变量PRO与LAB的波动分别可以解释12%和11%的贸易收支变动；储蓄量波动对贸易收支的影响程度只有6%左右，这可以用边际效益递减规律来解释——我国目前的储蓄水平已很高，在这么高的基础上储蓄量的变动所能带来的冲击就极为有限了；外商直接投资波动对贸易收支的影响目前不大，随着时间的推移会显现出逐步加强的趋势，可以预见，在我国利用外资政策逐渐完善之后FDI必将成为引起贸易收支变动的重要因素之一。总而言之，贸易冲击和汇率波动是引起贸易收支变动的两个决定性因素，二者可以解释约2/3的贸易收支变动。

（二）脉冲响应函数

方差分解可以让我们了解各因素的冲击对贸易收支变动的相对重要性，而对于每一因素冲击的绝对影响程度则需要借助脉冲响应函数进行分析。图7—5刻画了来自随机扰动项的一个标准差的冲击对贸易收支当前和未来值的影响，其中，横轴代表冲击发生后的各时期，纵轴代表贸易收支对各种影响因素单位信息冲击的反应。

从影响的方向来看，在给定的时间段内，虽然6个变量的影响都出现了正负交替，除汇率外，TRA、PRO、LAB、FDI、SAV对贸易收支主要以正向影响为主，而汇率对贸易收支则是负向的影响，这符合前面协整方程的系数含义。就影响的程度进行分析，首先贸易收支对其自身及汇率变动的冲击反应最强烈，其次是PRO冲击和LAB冲击，外商直接投资与储蓄量变动的影响力最弱，这与方差分解的结果是一致的。具体而言：贸易收支对自身的一个标准差信息能立刻作出反应，随后反应程度有所减弱，进入第3期后还出现了负冲击，但很快又向正向影响方向变化；由图7—5 -（2）可知，如果人民币贬值，EX数值增大，会对贸易收支产生负冲击，贸易收支减少，反言之也即人民币升值使贸易收支增加，而且贸易收支能在很短的2—3个月内对人民币汇率的变动作出反应，汇率的波动不容忽视；PRO、LAB、FDI、SAV标准差信息对贸易收支的冲击具有一个共同点，就是在开始的几个月内贸易收支会有比较激烈的反应，随后渐渐减弱趋于收敛，最后稳定在正区域中。

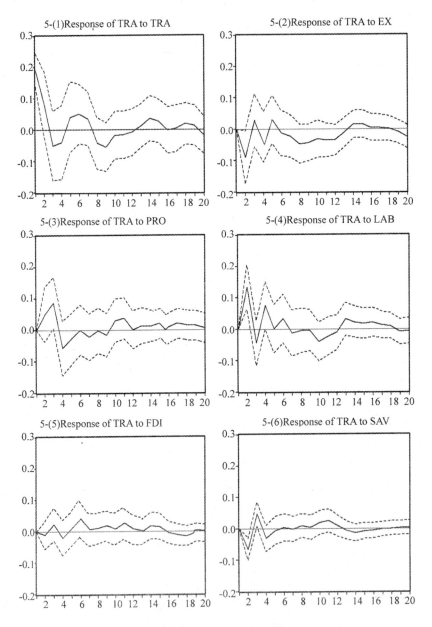

图7—5   我国贸易收支对标准差信息的脉冲反应图

八　结论与启示

人民币升值贸易收支持续顺差绝非偶然的巧合，而是有着内在的必然性。揭开新汇制改革的贸易效应之谜，答案就在于我国贸易与经济发展的特征。综合上述实证研究的结果，本书得出以下四点结论：

（一）人民币升值是近两年我国贸易顺差形成的推动因素

对汇改后两年多的数据的实证分析表明，人民币升值与我国贸易顺差增长之间存在正相关的关系，而且人民币升值还是近两年贸易顺差形成的最主要的推动因素之一。究其原因，主要由于人民币升值后贸易条件改善及带动经济结构调整，从而对贸易收支产生了正效应，同时我国贸易特征使人民币升值对贸易收支潜在的负效应部分地转化为正效应或部分地被抵消，最后的综合结果是人民币升值促进贸易顺差形成。事实已经而且还将证明二者之间正向关系的内在稳定性。

（二）马歇尔—勒纳条件在我国并不适用

马歇尔—勒纳条件通常适用于贸易小国，对我国却未必适用。中国作为开放经济大国，人民币汇率的贸易效应受多种因素的影响与制约，因此人民币升值我国的出口额不减反增，继续维持贸易顺差的地位。近年来我国的进出口需求弹性绝对值之和已经大于1，但并未出现按马歇尔—勒纳条件分析的结果。

（三）我国贸易收支处于顺差的地位不会随着汇制改革的推进而发生逆转

贸易顺差贡献度分析结果告诉我们，持续的贸易顺差是我国加工型显著及以劳动密集型产品出口为主的贸易特征下的必然结果，在我国多年来储蓄率居高不下的情形下和受国际产业转移"迁移效应"的影响，这一趋势得到了进一步加强。尽管2008年第一季度国家宏观调控政策出台后贸易顺差增速有所放缓，但贸易顺差的地位短期内发生逆转的可能性不大。

（四）汇率波动不容忽视，人民币适宜保持小幅、稳步升值节奏

方差分解与脉冲响应函数分析的结果显示，人民币汇率可以解释约25%的贸易收支的变动，汇率波动对贸易收支的冲击不容忽视。要注重人民币升值的节奏，小幅、稳步升值应该是人民币汇率波动始终遵循的原则（曹垂龙，2006b）。

第四节　析解人民币升值与中国贸易顺差剧增之谜：游资估算视角

2005年人民币汇率改革后，出现了人民币升值与中国贸易顺差剧增共舞

的悖论。对于贸易顺差中是否存在游资，游资到底有多少的问题，国内外学者争议颇多，王志浩、管涛、张明、李东平等四大名家也提出了自己颇有分量的观点及估算方法，但是，结果相差较大。那么，贸易顺差中是否存在游资，或者说游资到底有多少呢？

一　"中国之谜"：人民币升值与中国贸易顺差剧增之悖论

众所周知，自从2005年人民币汇率改革以来，中国经济出现了在人民币升值的同时，贸易顺差不但没有减少，反而突然出现大幅度的增加。数据显示：自从2005年以后，中国的贸易顺差如脱缰之马，从2001—2004年的每年300亿美元左右，突然飙升到2005年、2006年、2007年、2008年的1019亿、1775亿、2622亿、2955亿美元，分别比上年同期剧增217%、74%、48%、12.7%，分别是汇改前的2004年321亿美元的3.2倍、5.5倍、8.2倍和9.2倍，大大超过同期的进出口贸易额年均23%左右的增速；从年增量来看，也由2004年前的年均不到100亿美元，突然增加到2005年以后的700亿美元以上。在这期间，由于2005年7月的人民币汇改，使人民币汇率也出现缓慢升值，2005年末、2006年末、2007年末、2008年末人民币对美元汇率交易中间价分别比上年同期升值2.56%、3.35%、6.9%、6.9%，分别比汇改前的8.2765元升2.56%、5.99%、13.30%、21.09%；如果按年平均值来看，2005年、2006年、2007年、2008年也分别比2004年升1.03%、3.82%、8.84%、19.09%（见表7—15），出现了人民币缓慢升值与贸易顺差大幅度剧增的悖论（2008年以来，由于国际金融危机的影响不断深入，出口受到较大重创的情况下，2008年贸易顺差仍达2955亿美元）。

表7—15　　　　2004年以来人民币汇率与中国贸易顺差的变化情况

年份	人民币名义汇率年平均值			商品进出口贸易			商品贸易顺差		
	RMB/USD	同比升（%）	比2004年升（%）	金额（亿美元）	同比增（%）	比2004年增（%）	金额（亿美元）	同比增（%）	比2004年增（%）
2004	8.2765	0	0	11546	35.7	0	321	25.6	0
2005	8.1917	1.03	1.03	14221	23.2	23.2	1019	217	217
2006	7.9718	2.75	3.82	17607	23.8	52.5	1775	74	453

年份	人民币名义汇率年平均值			商品进出口贸易			商品贸易顺差		
	RMB/USD	同比升（%）	比 2004 年升（%）	金额（亿美元）	同比增（%）	比 2004 年增（%）	金额（亿美元）	同比增（%）	比 2004 年增（%）
2007	7.6040	4.83	8.84	21738	23.5	88.3	2622	48	717
2008	6.9497	9.41	19.09	25617	11.8	121.9	2955	12.7	821
2009	6.8311	1.71	21.16	22072	-13.8	91.3	1961	-33.6	611
2010 1—6	6.8251	0.09	21.27	13549	43.1	17.3	553	-43.0	72

　　资料来源：笔者根据中国人民银行网站、中国商务部网站、海关总署网站相关数据整理计算制表。

二　传统理论和常规思维的尴尬：难解中国货币升值与贸易顺差剧增的悖论之谜

（一）基于进出口贸易规模增长的推算

如果结合中国商务部网站相关数据，再对表7—15 的数据进行仔细分析，我们可以得到更多惊人的发现。虽然按照传统理论，人民币升值不利于出口，有利于进口。由表7—15 得知，截至 2010 年 6 月底，人民币对美元汇率比汇改前升值 21.8%；根据国际清算银行的数据人民币实际名义有效汇率和实际有效汇率升值幅度均超过 20%（详见第五章），但是中国的贸易顺差却不但未减少，反而出现大幅度的飙升。为了便于分析，在此先不考虑人民币汇率变动的贸易收支效应，仅从进出口贸易规模增长的数字上来直观分析：1998—2004 年，中国的贸易顺差一直维持在 220 亿—320 亿美元之间；而 2005 年后却出现突然剧增至 1000 亿美元以上；2007 年全年贸易顺差达到2622 亿美元；2008 年尽管国际金融危机的影响不断深入，但是中国的贸易顺差仍然高达 2955 亿美元，是 1998—2004 年期间年贸易顺差的 8—12 倍；从商品进出口贸易额来看，2005 年、2006 年、2007 年、2008 年中国的商品进出口贸易额的年增幅几乎均为 23% 左右，如果以 2004 年为基期，并假设2005 年后各年的贸易顺差占进出口贸易额的比重与 2004 年相同，那么贸易顺差额与进出口贸易额同步增加，按此假设并根据相关数据来粗略估算计算期 t 期（如 2006 年）的理论贸易顺差值 TB_t^a，按此定义可建立方程式：

$$TB_{at} = TB_{2004}/ITT_{2004} \times ITT_t \qquad (1)$$

其中：TB_t^a 为计算期 t 期的理论贸易顺差值；ITT_t 为计算期 t 期的商品进出口贸易额；TB_{2004}、ITT_{2004}，分别代表 2004 年的中国商品进出口贸易名义顺差值、商品进出口贸易额。

根据式（1）和表 7—15 的相关数据，可计算出 2005 年、2006 年、2007 年、2008 年、2009 年、2010 年上半年的理论贸易顺差值 TB_{2005}^a、TB_{2006}^a、TB_{2007}^a、TB_{2008}^a、TB_{2009}^a、$TB_{2010上}^a$，其结果仅分别为 395 亿、490 亿、604 亿、721 亿、614 亿、377 亿美元，这比这期间的名义贸易顺差 1019 亿、1775 亿、2622 亿、2955 亿、1961 亿、553 亿美元分别少 624 亿、1285 亿、2018 亿、2243 亿、1347 亿、176 亿美元，这些"飞来"的"超"贸易顺差，比这期间名义贸易顺差额的比重（下称"无解率"）分别高 61%、71%、77%、76%、69%、32%（见表 7—16 "A_t"）。

（二）基于弹性理论的分析和估算

根据弹性理论，一国货币汇率变动对贸易收支具备改善效应的条件是满足马歇尔—勒纳条件：其进、出口需求弹性之和大于 1，即当 EX + EM > 1 时，其货币贬（升）值可使出口收入增加（减少），进口支出减少（增加），贸易收支逆差（顺差）减少，从而改善贸易收支。否则，当 EX + EM = 1 或 EX + EM < 1 时，一国货币汇率的变动会分别导致其贸易收支差额不变和贸易差额进一步扩大。

目前，国内的大多数学者认为，我国的进出口需求价格弹性之和的绝对值大于 1（如戴祖祥，1997；任缙，2005；丁凯，2006；等等），人民币汇率变动对我国的贸易收支具有一定的改善效应，但作用较小。不过，按此结论，人民币的升值起码不会引起中国贸易顺差的大幅度增加。

也有一些专家（如范金，2004 等）计算出的进出口需求价格弹性之和的绝对值大于 1，但认为马歇尔—勒纳条件通常对贸易小国适用，而对开放经济大国却未必适用，因为对于开放经济大国而言，汇率变动的贸易收支效应和政策效率受多种因素的制约，或者说其进出口贸易收支受多种因素的影响。根据范金（2004）计算的我国中长期出口弹性为 - 0.8579，绝对值小于1，说明人民币升值使出口价格的提高的幅度超过出口数量减少的幅度，出口额反而提高了，假设人民币升值 1%，将会使我国的出口额增加 0.1421%；而我国中长期进口弹性为 - 1.0774，说明人民币升值造成我国进口额的增加幅度不大，假设人民币升值 1%，将会使我国的进口额仅增加 0.0774%，小于出口额增加幅度，贸易顺差反而增加 0.0647%，所以其结论是人民币汇率升值会促使我国贸易顺差的进一步增加，但是增加的幅度却非常小，仍无法解释我国贸易顺差大幅度猛增之谜。

有的学者也认为，我国的进出口需求价格弹性之和的绝对值小于或接近1，基本不符合马歇尔—勒纳条件（如厉以宁，1991；陈彪如，1992；陈华，1998；王锋等，2004；等等），如果进出口需求价格弹性之和的绝对值小于1，那么人民币的升值会导致我国进出口贸易顺差进一步扩大。通过全文期刊网等检索得之，陈华（1998）所计算的我国进出口需求价格弹性之和的绝对值为最小，也就是说按照陈华所计算的进出口需求价格弹性所计算出的人民币升值导致的我国进出口贸易顺差可能增加的幅度是最大的。换句话说，如果按照陈华的我国进出口需求价格弹性的结论，所计算出的人民币升值的我国贸易顺差增加效应，仍然无法解释汇改后人民币升值与中国贸易顺差剧增之谜。那么按照其他学者所计算出的进出口需求价格弹性值，就更无法破解贸易顺差剧增之谜了。假设人民币升值的国内外价格传导效率为100%，即人民币升值1%会引起出口外币价上升1%、进口商品的国内价下降1%。按照陈华（1998）所计算的我国进出口需求价格弹性之和的绝对值仅为0.5628，绝对值小于1，说明人民币汇率每升值1%，我国贸易顺差反而会增加0.4372%。下面以此为依据，结合人民币汇率的变动来推算2005年以来人民币升值的中国贸易顺差最大可能的扩大效应和中国贸易顺差的理论值。

1. 以人民币对美元名义汇率的升值幅度为依据进行估算

在考虑我国进出口需求价格弹性和人民币对美元名义汇率的升值幅度后，计算期t期的理论贸易顺差值为TB_t^b。为了方便计算，本书简单地将TB_t^b定义在上述仅考虑进出口额增加使贸易顺差同步增加后的理论顺差值TB_t^a的基础上，加上人民币对美元名义汇率升值所引起的贸易顺差理论增量。则：

$$TB_t^b = TB_t^a + ITT_t \times 0.4327\% \times \triangle E_t^\$ \qquad (2)$$

其中$\triangle E_t^\$$分别代表计算期t期人民币对美元汇率与2004年相比升值的百分点数（如升值1%，为则$\triangle E^\$$为1）；TB_t^a、ITT_t的含义与式（1）相同。

由于人民币新汇制是从2005年7月21日开始实施的，而且升值2.1%，到年末累计2.56%，也就是说2005年的人民币升值对当年中国贸易顺差的影响大约为8—12月（不考虑时滞效应），2005年8—12月的进出口值为6567亿美元。那么，根据式（2），2005年的理论贸易顺差值TB_{2005}^b为：

$$TB_{2005}^b = TB_{2005}^a + ITT_t \times 0.4372\% \times (2.1 + 2.56)/2$$
$$= 395 + 6567 \times 0.4372\% \times 2.33 = 462（亿美元）$$

其他各计算期 t 期的 $\triangle E_t^\$$ 可在表 7—15 中查得，根据式（2），可计算出 2006 年、2007 年的 TB_{2006}^b、TB_{2007}^b 分别为 815 亿、1435 亿美元，仅分别相当于 2005 年、2006 年、2007 年的商品进出口贸易顺差 1019 亿、1775 亿、2622 亿美元的 45%、46%、55%，仍然分别有 557 亿、960 亿、1187 亿美元的名义贸易顺差无法解释，"无解率"分别为 55%、54%、45%（见表 7—16 的 "B_t"）。

2. 以人民币有效汇率指数的升值幅度为依据进行估算和矫正

准确地说，要计算人民币汇率变动的贸易收支效应，应该以根据贸易权重计算出的人民币有效汇率（尤其是实际有效汇率）的变动为依据，而不是人民币对美元的名义汇率的变动。根据 BIS 的数据，人民币名义和实际有效汇率指数（以 2000 年为 100）的运动轨迹几乎均是从 2005 年 7 月的低点，沿汇改后开始上升，到 2005 年 12 月大约上升 6%；从 2006 年年初又开始下降，至 2006 年 7 月几乎又回到汇改前的水平，此后又开始进入上升轨道，到 2006 年 12 月比汇改前大约上升 4%；2007 年后继续维持上升的态势，至 2007 年 12 月底，人民币名义有效汇率和实际有效汇率分别比汇改前大约上升 6.0%、10.0%，根据这些数据可以粗略估算得出 2005 年下半年、2006 年、2007 年人民币名义有效汇率和实际有效汇率与汇改前相比，平均上升幅度均大约分别为：3%、3%；2007 年人民币名义有效汇率和实际有效汇率与汇改前相比，平均上升幅度分别大约为：5%、7%，均低于同期人民币对美元名义汇率的升值幅度（2005 年下半年除外）。因此，有必要对仅以人民币对美元名义汇率的升值幅度为依据估算的各期理论贸易顺差值 TB_t^b 进行修正。设以人民币实际有效汇率变动为依据估算的理论贸易顺差值为 TB_t^c，那么，根据式（2）原理，则：

$$TB_t^c = TB_t^a + ITT_t \times 0.4372\% \times \triangle E_t \tag{3}$$

其中，$\triangle E_t$ 为计算期 t 期人民币有效汇率平均升值的百分点数（如升值为 1%，则 $\triangle E$ 为 1，依此类推）。

根据式（3）和上述有关数据，计算出 2005 年、2006 年、2007 年的理论贸易顺差值 TB_{2005}^c、TB_{2006}^c、TB_{2007}^c 分别为 481 亿、721 亿、1269 亿美元，比各期名义贸易顺差值分别少 538 亿、1054 亿、1353 亿美元，"无解率"升高到分别占当期名义贸易顺差的 53%、59%、52%（见表 7—16 的 "C_t"）。

上述在计算 TB_t^b、TB_t^c 时，其至少有两点假设是超现实的。一是假设汇率变动的价格传递效率为 100%，但现实中是不可能的，因为导致商品

价格变化的因素是多方面的，如汇改后我国一般贸易进口商品的外币价累计上升已超过10%，怎么能够保证进口商品国内人民币售价下降幅度达到人民币汇率的升值幅度呢？另外，由于价格的刚性，价格的传递都有明显的时滞，不可能与汇率的调整同步。二是以陈华（1998）计算的进出口需求价格弹性为依据，那是根据通过全文期刊网等检索后，发现陈华（1998）所计算的我国进出口需求价格弹性之和的绝对值为最小，即以此为依据计算出人民币升值的贸易顺差可能扩大的效应是最大的，并推算汇改后贸易顺差的合理性，也就是说以此进出口需求价格弹性为依据的推算结果，都无法破解汇改后贸易顺差剧增之谜，那么如果以其他学者计算出的我国进出口需求价格弹性为依据，就更没法解释了。但是，陈华所计算的我国进出口需求价格弹性实际上是根据我国1986—1996年的数据为依据，现在已相隔10年，先不考虑这弹性在当时的正确性，但10年来我国的进出口商品结构和价格体系均发生了较大变化，最近几年学者计算出的我国进出口需求价格弹性都明显高于陈华（1998）所计算的我国进出口需求价格弹性（有的甚至大于1）。基于这两点，上述所估算的各期理论贸易顺差 TB_t^c 明显偏大，按此结论，各期贸易顺差中实际难解成分（"无解率"）比上述计算结果要高得多。

表7—16　　　　　　　汇改后中国贸易顺差中不合理性分析汇总表

单位：亿美元、%

项目 年份	名义顺差及理论推算值					理论推算值与名义顺差的差距及相应的"无解率"							
	TB_t^0	TB_t^a	TB_t^b	TB_t^c	TB_t^d	X_1	A_t	X_2	B_t	X_3	C_t	X_4	D_t
2005	1019	395	462	481	787	624	61%	557	55%	538	53%	232	23%
2006	1775	490	815	721	1180	1258	71%	960	54%	1054	59%	595	34%
2007	2622	604	1435	1269	1689	2018	77%	1187	45%	1353	52%	933	36%
备注	1. TB_t^0 表示 t 期名义贸易顺差额； 2. TB_t^a、TB_t^b、TB_t^c、TB_t^d 的含义与正文相同； 3. X_1 为 $TB_t^0 - TB_t^a$，X_2 为 $TB_t^0 - TB_t^b$，X_3 为 $TB_t^0 - TB_t^c$，X_4 为 $TB_t^0 - TB_t^d$； 4. "无解率"：A_t 为 X_1/TB_t^0，B_t 为 X_2/TB_t^0，C_t 为 X_3/TB_t^0，D_t 为 X_4/TB_t^0； 5. 考虑到2008年后出现了罕见的国际金融危机，对贸易收支产生较大影响，贸易收支的影响因素变为复杂化，因此本表只计算到2007年。												

资料来源：笔者根据本书的计算数据整理并制表。

3. 引入进出口收入弹性的进一步分析

一些学者（如：许少强等，2006；殷德生，2004）在对人民币汇率变动对中国贸易收支冲击的实证研究中发现，人民币汇率冲击对我国贸易收支变化的解释力太小。因此，他们引入国内外收入冲击和进出口收入弹性进行分析，如许少强等（2006a）利用1994—2003年（数据研究）证实，在我国实际国内GDP、世界实际GDP和人民币实际有效汇率三者中间，实际汇率冲击对贸易收支变化的影响是最小的，不管在短期还是在长期，仅具有3%的解释力（许少强等，2006a）。我国国际收支的变化，主要受我国国内实际GDP、世界实际GDP变动的影响，其中：在我国贸易收支场合，我国实际国内GDP弹性为-1.135，世界实际GDP弹性为1.578（许少强等，2006a）。2005年、2006年、2007年中国的经济增长率分别为10.4%、11.6%、11.9%，而2005年、2006年、2007年世界的经济增长率分别为4.3%、5.0%、4.9%。由于我国的经济增长率是世界经济增长率的2倍以上，按照上述我国国际收支的国内GDP和世界GDP弹性计算，我国贸易顺差应该是减少，而不是大幅度上升。

三　创新思维寻谜解：贸易顺差中是否掩藏大量国际游资

（一）名家之说有疑点：评析名家之言

对于人民币汇改后中国巨额贸易顺差中是否存在非贸易资金，即游资到底有多少等问题，国内外学者争议颇多。通过中国知网等平台检索文献，其中王志浩、管涛、张明、李东平等四大名家之观点及估算方法，具有一定的代表性。不过，仔细推敲四大名家之观点及估算方法，仍然有其疑点。

1. 王志浩基于国内外对中国进出口统计差异的变化推算游资说

渣打银行王志浩在2006年4月的《渣打银行报告》中提出，2005年中国统计向主要贸易伙伴的出口小于贸易伙伴统计的自华进口、中国进口大于贸易伙伴对华出口差距缩小较大：中国与其8个最大贸易伙伴的贸易数据统计差额占中国进口和出口总额的百分比，自2001年起呈下降趋势，中国出口的差额从2001年前占中国出口总额的75%降至2005年年底的30%，而中国进口的差额从占进口总额的33%降至26%。王志浩认为其主要原因是中国企业高报出口、低报进口，国际游资通过贸易资金流动的渠道进入中国，以赌人民币的进一步升值，换句话说，就是中国巨额贸易顺差中可能隐藏大量的国际游资。为此，王志浩以 2003 年为基期（认为 2003 年是转折年），对 2005 年中国贸易顺差中的非贸易资金 FGB_{2005}^a 进行了估算，得出 FGB_{2005}^a 为 670 亿美元，也就是说 2005 年中国的 1020 亿美元贸易顺差中隐藏了 670 亿美元的游资，而真实顺差只有 350 亿美元。

然而，王志浩的推算原理，至少有两点欠合理：

首先，这种与贸易伙伴间关于进出口统计的差异，主要源于各自的统计口径的不同，也就是对转口贸易的统计问题。王志浩所依据的差距缩小，其实很大可能主要是转口贸易比重缩小的结果，与游资的关联度并不高。

其次，就是基期问题，既然差额从 2001 年起就呈下降趋势了，难道就不能以 2002 年为基期吗？但是如果以 2002 年为基期，FGB_{2005}^a 则为 -360 亿美元（管涛，2007），天壤之别的结果让人难以置信。

2. 管涛之贸易顺差骤增正常说

中央财经大学国际金融研究中心研究员管涛（2007）认为，2002—2005 年中国的全社会固定投资大增（年均增加 28%），制造业生产大幅增加，在国内高储蓄率和国外需求增加的推动下，出口迅速增加，同时对进口形成替代，导致贸易顺差大幅度增加。因此，管涛认为，2005 年后中国出现的贸易顺差剧增，是经济发展阶段和国内外多种因素共同作用的结果，是基本正常的。

然而，仔细推敲管涛的论点和论据，仍然有不少疑点：

首先，管涛认为，2005 年后中国的储蓄率提高较大，导致中国的贸易顺差大幅度增加。该观点是基于一国储蓄投资缺口与贸易差额的恒等式，即：$X - M = (S - I)$，该式表明一国储蓄率 S 提高或投资 I 下降，其贸易顺差增加。然而，该式也可以说明一国贸易顺差的变动，同样对其储蓄投资缺口具有反作用力，尤其是游资伪装成贸易资金流入导致的贸易顺差增加，甚至会形成储蓄率"假增加"：游资伪装成贸易资金流入，结汇后即变为企业或个人的"收入"，在消费和投资不变的情形下，储蓄率上升（或储蓄投资正缺口扩大）。因此，中国在年末统计的 2005 年、2006 年储蓄率，很大可能包含了隐藏的贸易资金在国际游资流入后，形成储蓄率的"假增加"。

其次，管涛认为，全社会固定投资大增→制造业生产大增，同时国外需求强劲→出口迅速增加→贸易顺差大增。然而，据 IMF 数据，2005 年、2006 年和 2007 年的全球经济增速分别为 3.4%、3.9%、3.7%，均小于 2004 年的 4.0%，中国顺差的主要来源国——美欧的经济增速也均小于 2004 年，国外需求强劲之说缺乏说服力。另外，这几年中国的经济结构和出口竞争力也没有明显的改善，就算生产大增了，在买方市场的今天，却很难实现顺差剧增。

3. 张明基于货物贸易顺差按适当比例递增的游资估算说

中国社会科学院国际金融研究中心张明等（2008）认为：2005—2007 年期间，全球经济增长率保持稳定，外需并未大幅增加，中国的产业结构和劳动生产率也未显著改善，因此怀疑，自 2005 年以来中国贸易顺差的大幅上升，很大程度上是在人民币升值预期下，由贸易项下的热钱流入导致的。

张明等（2008）指出：从近年来贸易顺差占进出口总额的比率来看，2000 年到 2004 年，该比率位于 2%—4% 区间内，从未超过 5%；该比率 2005 年为 7%，2006 年为 10%，2007 年为 12%。贸易顺差占进出口总额的比率的急剧上升，并不能仅仅用产业结构升级、人民币升值改善贸易条件等常规性理由来解释。假定 2005 年之前贸易顺差中没有热钱，并用一种简单方法对 2005 年至 2007 年的虚假贸易顺差进行了测算。2004 年中国贸易顺差增长了大约 25%。考虑到人民币升值造成的贸易条件改善、出口行业劳动生产率提高、外需增强等因素，假定 2005 年至 2008 年真实贸易顺差的年度增长率分别是前一年真实贸易顺差的 30%、35%、40%、45%。根据以上方法计算的通过贸易渠道流入的热钱规模，2005 年至 2007 年通过贸易渠道流入的热钱规模 FGB_{2005}^{c} 分别为 601 亿、1215 亿、1835 亿美元，分别占当年名义贸易顺差的 59%、68%、70%。

不过，仔细推敲张明的估算方法，仍然有欠合理之处：

首先，张明在推算 2005—2008 年真实贸易顺差时，只是简单地假设了其合理增长率，即在 2004 年 25% 顺差增长率的基础上，每年增加 5%，分别为 30%、35%、40%、45%，假设这样的真实顺差增长率并没有与贸易额的增加直接挂钩，也没有与贸易顺差占贸易额的比重相联系，就有点凭空而设的感觉，因为 2004 年贸易顺差增长 25%，那是在 2004 年贸易额增加 35% 基础上形成的。

其次，2005 年后，由于人民币汇制改革，人民币进入了升值轨道，2007 年人民币对美元汇率已比 2004 年平均升值 8.84%，但是张明在推算 2005—2007 年真实贸易顺差时，却没有任何交代与人民币汇率的贸易收支效应相关的词语。

4. 李东平基于出口额/进口额比例突变视角的游资推算说

中国社会科学院国际金融研究中心特邀研究员李东平通过建立模型，来证明和推算 2005 年后中国货物进出口贸易额中的虚假贸易额，即贸易顺差中虚假成分（李东平，2008）。李东平认为，2002—2004 年中国的贸易顺差两年累计仅增加了 5.6%，而 2005—2007 年的年增长率却突然增加到 217%、74%、47%；2002—2004 年贸易顺差占贸易额的比重也平均只有 2.9%，而 2005—2007 年却突然增加到 7.2%、10.1%、12.0%；得出 2002—2004 年的贸易顺差中虚假成分较低，而 2005—2007 年的贸易顺差中隐含了较高虚假成分，产生的机理主要是企业通过高报出口价、低报进口价，即国际游资通过贸易资金流动的渠道进入中国，以赌人民币的进一步升值；并且假定 2003—2004 年（或 2001—2004 年）的出口额/进口额比例值 Ka 为正常值，根据 2005—2007 年的出口额/进口额比例 Kt 超过 Ka 部分，来推算这三年贸易顺差中的虚假成分，同时通过建立模型估算了 6 组虚假成分的上下限，即 6 组虚假贸易额区间，最后根据推算出的真实贸易顺差年增长率与贸易额年增长率接近原则，确定其中 2 组虚假贸易额区间较合理。其结果显示，2005—2007 年的贸易顺差中虚假成分 FGB^d 分别为名义顺差的 58.3%—61.8%、70.8%—72.5%、75.8%—76.8%，即分别有 595 亿—630 亿、1257 亿—1287 亿、1987 亿—2014 亿美元的游资（李东平，2008）。

李东平的模型虽然很复杂，但是主要是依据出口/进口比例和贸易顺差/贸易额比例的突变，有一定的合理性，然而，仔细推敲仍然有一些疑点：

首先，出口/进口比例的提高，影响因素是多重的：可能是出口价格的提高或进口价格的下降；也可能是出口量的增加或进口量的下降；也可能是出口价格提高幅度大于进口价格提高幅度，或出口价格下降幅度小于进口价格下降幅度；也可能是出口量的增加大于进口量的增加等。事实上 2004 年 7 月 1 日起，我国取消了对外贸易经营权的审批，刺激了集体和私人企业的出口，2005 年后其出口速度高出全部出口的年增长率 14 个百分点以上，其占全部出口的比重由 2003 年的 13.7%，上升到 2007 年的 24.4%。因此，更大可能是多种因素，如高报出口价和出口量增加共同作用的结果，如果是这样，李东平估算的贸易顺差中的虚假成分就可能有较大的高估之嫌。

其次，根据商务部的统计，2005 年后对我国贸易顺差剧增的主要贡献者，一是外商投资企业，一是集体和私人企业，其贡献率可以说基本上是平分秋色。要实现高报出口或低报进口，或者是完成虚假贸易合同以实现游资流入，必须是境内外共同"作案"才能完成，这对于外资企业来说虽然轻而易举，然而对于大多数集体和私人企业来说不太容易做到，那么集体和私人企业的出口增加应该主要是与 2004 年 7 月 1 日起我国取消对外贸易经营权的审批有关。从集体和私人企业的贸易顺差占其贸易额的比重看，由 2003 年的 22% 升至 2004—2008 年 25%、33%、39%、40%、41%，即 2004—2006 年上升较快，但是到了 2006 年以后就基本稳定为 40% 左右，正说明取消对外贸易经营权的审批后，贸易顺差剧增是由于刺激了集体和私人企业的出口所致。不排除集体和私人企业的贸易顺差的增长，有部分是由于国际游资所至，但绝不能说是全部，至少很大部分不是。因此，从这一点来看，李东平估算的贸易顺差中虚假成分就可能存在高估之嫌。

（二）创新思维求新解：基于外资企业贸易顺差剧增视角的游资估算

综上所述，2005—2007 年，出现了难解的人民币汇率升值与中国贸易顺差剧增的悖论。中国商品贸易年顺差从 2004 年以前的不足 600 亿美元，快速飙升到 2005 年后的 1300 亿美元以上，对此从经典理论和常规思维中难以寻到谜解。在此我们不妨创新思维：伪装成贸易资金的游资通过外资企业和加工贸易途径进入我国，看是否会导致贸易顺差的虚假增长？

1. 基于外商投资企业的进出口贸易顺差突变视角对贸易顺差中游资的估算

表 7—17 显示了汇改前后中国加工贸易和外商投资企业的进出口情况及其变化，我们惊奇地发现：

（1）从 2005 年开始，在 2005—2008 期间我国加工贸易出口的增长率明显大于进口的增长率，而在 2004 年以前，我国加工贸易进、出口的增长率几乎是同步的。

（2）从 2005 年开始，在 2005—2008 期间中国的外商投资企业出口的增长率也明显大于进口的增长率，而在 2004 年以前，其进、出口的增长率也几乎是同步的。

（3）加工贸易顺差占加工贸易进口的比重，从 2005 年开始出现明显的增加，大约比 2004 年以前的不足 50% 分别增加 4—40 个百分点，其中 2009 年达到最高为 82.1%，然后又开始下降到 2010 年上半年的 65%。

（4）外商投资企业的进出口贸易顺差占外商投资企业进口的比重，也从 2005 年开始也出现明显的增加，大约比 2004 年以前的 5% 左右分别增加 9—22 个百分点，其中 2008 年达到最高为 27.5%，然后又开始下降到 2010 年上半年的 12.4%。

表 7—17　　　汇改前后中国加工贸易和外商投资企业的进出口情况

时间	加工贸易（亿美元、%）						外资企业（亿美元、%）					
	出口	变化	进口(A)	变化	差额(B)	B/A	出口	变化	进口(C)	变化	差额(D)	D/C
2002	1799	22	1222	30	577	47.2	1699	27.6	1603	27.4	97	6
2003	2419	34.4	1629	33.3	790	48.5	2403	41.4	2319	44.7	84	3.6
2004	3280	35.7	2217	36.1	1063	47.9	3386	41	3246	40	140	4.3
2005	4165	27	2740	23.6	1425	52	4442	31.2	3875	19.4	567	14.6
2006	5104	22.6	3215	17.4	1889	58.8	5638	26.9	4726	22	912	19.3
2007	6177	21.0	3684	14.6	2493	67.7	6955	23.4	5594	18.4	1361	24.3
2008	6752	9.3	3784	2.7	2968	78.4	7906	13.6	6200	10.8	1706	27.5
2009	5870	-13.0	3223	-14.8	2647	82.1	6722	-15.0	5452	-12.0	1270	23.3
2010 1—6	3225	28.9	1952	48.2	1273	65.2	3853	33.6	3428	48.8	425	12.4

备注　2002—2009 年、2010 年 1—6 月外资企业商品贸易顺差占全国贸易顺差比重分别为 32%、33%、44%、56%、51%、52%、58%、65%、77%。

资料来源：笔者根据国家商务部网站、统计发布和国家海关总署、海关统计：2002—2010 年各年（月）的进出口统计的相关数据计算并整理制表。

　　从上述这些变化来看，最大的可能性就是，外商投资企业通过内部划拨价格的调整，如调高出口价、调低进口价等，使大量投机性资金通过贸易途径流入我国。

　　假设隐藏在贸易顺差中的非贸易资金，主要是通过外商投资企业进入中国。表 7—17 显示，外商投资企业顺差额在 2002—2004 年期间，每年在 100 亿美元左右，而 2005 年、2006 年、2007 年、2008 年却突然比 2004 年增加 427 亿、772 亿、1221 亿、1566 亿美元。另外，外商投资企业贸易顺差占中国全部贸易顺差的比重也由 2001—2003 年期间的 33% 左右，分别飙升到 2005—2008 年的 56%、51%、52%、58%。因此，在此假设隐藏在贸易顺差中的游资，主要是通过外商投资企业进入，从逻辑上讲具有一定的合理性。根据数据计算，2002—2004 年外商投资企业的进出口贸易顺差占其进出口总额的比重，平均为 2.3%，而 2005 年后却突然增加到 6.8% 以上。考虑到外商投资企业的进出口大部分为加工贸易，而人民币的升值对于加工贸易来说，其功过可基本相互抵消（对出口不利，但对进口有利）。因此我们可以将这部分突然增加的顺差百分比定义为是由隐藏在贸易顺差中的投机性资本造成的。那么，本书建立一个方程式，来对隐藏在贸易顺差中的投机性资本额（用 FTB_t^e 表示）进行简单地估算：设 Q_t^w、K_t^w 分别为计算期 t 期外商投资企业进出口额、外商投资企业顺差占外商投资企业进出口额的百分比；根据笔者的计算，1998—2004 年外商投资企业顺差占其进出口的比重平均为 2.14%，那么我们假设 K 的正常值为 2.14%，则：

$$FTB_t^e = Q_t^w \times (K_t^w - 2.14\%) \tag{4}$$

根据式（4）和表 7—15、7—17 的数据，可得 2005—2009 年和 2010 年上半年隐藏在中国贸易顺差中的非贸易资金 FTB_{2005}^e、FTB_{2006}^e、FTB_{2007}^e、FTB_{2008}^e、FTB_{2009}^e、$FTB_{2010}^{e上}$ 分别为 392 亿、690 亿、1085 亿、1404 亿、1009 亿、269 亿美元，分别占当年名义贸易顺差的 38%、39%、41%、48%、51%、49%。

2. 添加年度差异以及集体和私人企业因素后的游资估算

不过，上述仅仅基于外资企业贸易顺差剧增视角估算的贸易顺差中的游资额 FTB_t^e，由于没有考虑到外资企业以外的企业的贸易额中可能有的非贸易资金成分，因此 FTB_t^e 稍有低估之嫌。由于贸易顺差剧增另一主力军是集体和私人企业，根据商务部和海关总署数据：2004—2009 年、2010 年上半年集体和私人企业商品贸易额分别为 1616 亿、2244 亿、3077 亿、4244 亿、5400 亿、5003 亿、3333 亿美元，顺差分别为 408 亿、736 亿、1201 亿、1710 亿、2214 亿、1666 亿、891 亿美元，顺差占其贸易额比重分别为 25%、33%、39%、40%、41%、33%、27%。假设 2004 年集体和私人企业的顺差/贸易额比例是正常的，并假设 2005 年后其比例的增加中，非贸易资金的最大占比不超过 30%（前面已分析了其原因），那么，可建立一个贸易顺差中的游资区间：下限（$FTB_t^{e下}$）取基于外资企业贸易顺差剧增视角估算的 FTB_t^e 的 90%（由于上述 K 的正常值 2.14% 是取 1998—2004 的平均值，因此有的年份 K 的正常值可能大于 2.14%，这时 FTB_t^e 有高估之嫌），上限（$FTB_t^{e上}$）则为 FTB_t^e 加上集体和私人企业进出口贸易中可能有的非贸易资金，则：

$$FTB_t^{e下} = FTB_t^e \times 90\% \tag{5}$$

$$FTB_t^{e上} = FTB_t^e + Q_t^q \times (K_t^q - K_{2004}^q) \times 30\% \tag{6}$$

其中 Q_t^q、K_t^q、K_{2004}^q 分别代表计算期 t 期集体和私人企业进出口额、顺差/进出口额百分比、2004 年顺差/进出口额百分比。

根据式（5）、式（6），可计算出 2005—2009 年、2010 年上半年贸易顺差中的非贸易资金区间分别为：353 亿—446 亿、621 亿—819 亿、977 亿—1275 亿、1264 亿—1663 亿、908 亿—1114 亿、242 亿—270 亿美元，分别占当年名义贸易顺差的 35%—44%、35%—46%、37%—49%、42%—55%、46%—57%、44%—49%。

3. 添加人民币升值形成贸易条件改善的假设因素后的贸易中游资估算

从上述基于外资企业贸易顺差剧增视角估算的贸易顺差中的游资额 FTB_t^c 来看，2005—2009 年贸易顺差中的非贸易资金的总量以及其占当年贸易顺差的比例均是递增的。这样的估算结果，对于 2005—2007 年来说逻辑性是可能存在的，因为这三年人民币升值的压力一浪高过一浪，具备导致游资加速流入的机理，但是对于 2008 年来说，由于美国次贷危机的影响进一步深入，尤其是在 2008 年下半年人民币甚至出现贬值的预期，游资加速流入的机理和逻辑性就可能有些问题了。那么是什么原因造成这样的估算结果呢？会不会是由于人民币升值形成贸易条件的改善，即外资企业为了应对人民币升值带来收入下降而主动对出口适当提价，也就是说汇改后外资企业贸易顺差的增加，有部分可能是为了应对人民币升值而对出口适当提价形成。按此推理，换句话说上述估算的 FTB_t^c 有高估的可能。

从外资企业为了应对人民币升值带来收入下降而主动对出口适当提价的机理来说，是完全可能的。因为在中国的外商投资企业，实际上外商独资企业占的比例并不高，大部分是中外合资和合作企业，也就是说人民币升值带来出口收入的下降对中方来说是在乎的，或者说中方为了弥补人民币升值带来出口收入的下降，而主动促成出口价格的适当提升是完全可能的，也是必要的。

考虑到时滞等因素，出口价格的提升不可能同人民币的升值同步，而且汇率变动的价格传递效率也不可能 100%。国内外学者对汇率变动的传递效率的研究成果普遍认为汇率变动的价格传递具有广泛的不完全性（Feinberg，1992；Marston，1990；Yang，1998；Menon，1995；毕玉江等，2007）；陈学彬等通过对 2001 年 1 月—2007 年 8 月期间我国出口商品的汇率传递率进行考察，发现加工贸易品的汇率传递率的不完全性更为明显，普遍较低；鞠荣华等（2009）研究表明，中国出口到美国的工业品的汇率传递率在 25%—

28%之间；而杜晓蓉（2006b）研究证明，人民币汇率波动对美国进口价格的传递率只有 0.06%。根据杨帆等（2005）的研究成果：在通货膨胀率不变的条件下，人民币升值的贸易条件改善系数为 0.37；查贵勇（2005）通过对 1994—2003 年的相关数据进行回归分析，得出：人民币每贬值 1 个百分比，中国贸易条件就恶化 0.353 个百分比，反过来也就是说，人民币每升值 1 个百分比，中国贸易条件将改善 0.353 个百分比。根据上述研究成果，并且考虑到外商投资企业的进出口很大部分是加工贸易，汇率变动的传递率会低于一般贸易，因此我们假设人民币升值对外商投资企业出口价格的正常传递效率最高为 35%，以此为依据来对上述基于外资企业贸易顺差剧增视角估算的贸易顺差中的游资额 FTB_t^e 进行适当的修正，设修正后的各年贸易顺差中的游资额为 $FTB_t^{e\star}$、$\triangle e_t^\$$ 代表 t 期人民币对美元汇率比 2004 年平均升值的百分比数（详见表 7—1）、Q_t^e 为计算期 t 期外商投资企业出口额（详见表 7—17），则：

$$FTB_t^{e\star} = FTB_t^e — Q_t^e \times 35\% \times \triangle e_t^\$ / (1 + \triangle e_t^\$) \qquad (7)$$

由于 2005 年人民币对美元年平均汇率只比 2004 年年平均值大约升 1%，加上考虑到出口加价的时滞等因素，对 FTB_{2005}^e 不做调整，$FTB_{2005}^{e\star}$ 等于 FTB_{2005}^e。又由于受次贷危机的影响，2009 年国际市场比较疲软，虽然 2009 年和 2010 年上半年人民币对美元平均汇率比 2008 年平均值升大约 2%，但是要在 2008 年出口价格的基础上再加价的可能性很小，因此在对 FTB_{2009}^e 和 $FTB_{2010上}^e$ 进行调整时，$\triangle e_{2009}^\$$ 取 $\triangle e_{2008}^\$$ 值。基于这些和式（7）对 2005 年至 2009 年上半年的 FTB_t^e 进行调整，调整后的 2005—2008 年和 2009 年上半年隐藏在中国贸易顺差中的非贸易资金 $FTB_{2005}^{e\star}$、$FTB_{2006}^{e\star}$、$FTB_{2007}^{e\star}$、$FTB_{2008}^{e\star}$、$FTB_{2009}^{e\star}$、$FTB_{2010}^{e\star}$ 上分别为：392 亿、617 亿、944 亿、865 亿、725 亿、80 亿美元，分别占当年（期）名义贸易顺差的 38%、35%、36%、29%、33%、14%。经过这样调整后的数据，即隐藏在中国贸易顺差中的非贸易资金 $FTB_t^{e\star}$，从 2005—2007 年是递增的，2007 年达到高峰；而 2008 年、2009 年由于受国际金融危机的影响，分别比 2007 年下降了大约 80 亿、220 亿美元，占当年（期）名义贸易顺差的比重也由 2007 年 36% 下降到 2008 年的 29%，2010 年则进一步下降到 80 亿美元和 14%。这样的变动轨迹应该说与 2005 年后国内外经济金融形势是比较吻合的，比调整前的 $FTB_t^{e\star}$ 与现实更为贴近。

至此，我们不妨再建立一个人民币汇制改革之后的各年贸易顺差中的可

能隐藏的游资区间：上限为 FTB_t^e，下限为 FTB_t^{e*}，那么就可以得出：汇改后 2005—2009 年中国的巨额贸易顺差中大约 25%—40% 可能是由于国际游资伪装成贸易流入所至，而 2010 年上半年则下降到 15% 以下。

4. 同时考虑进出口贸易规模增长和贸易中的非贸易资金等因素后推算名义贸易顺差的"无解率"

同时考虑进出口贸易规模增长、贸易中的非贸易资金和人民币升值形成贸易条件改善等因素后，我国 2005 年后计算期 t 期的贸易顺差理论推算值为 TB_t^d，将 TB_t^d 定义为：

$$TB_t^d = TB_t^a + FTB_t^e \qquad (8)$$

根据式（8）和上述相关数据，可得 TB_{2005}^d、TB_{2006}^d、TB_{2007}^d 为 787 亿、1180 亿、1689 亿美元，已分别能解释当期名义贸易顺差的 77%、66% 和 64%，即"无解率"已分别下降到 23%、34%、36%（见表 7—16 的"D_t"）。

根据上述原理，我们可以进一步推算出 2008 年、2009 年和 2010 年 1—6 月的贸易顺差理论推算值 TB_{2008}^d、TB_{2009}^d、$TB_{2010}^{d上}$ 分别为：2125 亿、1623 亿、亿美元，已分别能解释当期名义贸易顺差的 72%、83% 和 100%，即"无解率"已分别下降到 28%、17%、0%。

四　本节小结

（1）伴随 2005 年的人民币汇制改革，人民币升值的闸门从此打开，然而伴随人民币汇率的升值，中国的贸易顺差不但没有减少，反而出现大幅度的剧升。为求解人民币汇改后我国贸易顺差剧增之谜底，首先假设贸易规模增长导致顺差同步扩大，其结果显示"无解率"高达 61%—76%；然后，根据弹性理论，假设马歇尔条件在中国不成立，并取检索到的最小的我国进出口需求价格弹性之和值，以人民币有效汇率变动为依据，来推算人民币升值的最大贸易顺差扩大的可能量，其结果显示"无解率"仍然高达 53%—59%，顺差的大幅度剧增之谜仍然无法破解。

（2）对于贸易顺差中是否存在非贸易资金，游资到底有多少等问题，国内外学者争议颇多。本节首先选取了四大名家之观点及估算方法，并加以评析，认为：王志浩（2006）之估算模型可能是错误的，其结果不可置信；管涛（2007）之贸易顺差正常论，与现实有较大的差距；张明（2008）和李东平（2008）之估算结果均有较大的高估之嫌。

（3）最后，本书创新思维，通过从新的视角建立方程式对汇改后是否存在巨额游资伪装成贸易流入进行估算，其结果表明，人民币汇改后的2005—2009年各年巨额贸易顺差中大约25%—40%是由于国际游资伪装成贸易流入所致，贸易顺差剧增之谜终于得以破解。这种基于外资投资企业贸易顺差剧增视角的贸易顺差中游资估算，不仅能够较好地解释人民币汇改后的几年来国内外经济金融形势的变化对游资移动的影响，而且比张明和李东平之估算结果低大约20—30个百分点，可能与现实更为贴近。

（4）游资估算，尤其是贸易项下的游资估算，是一个非常复杂的问题，因此本节所建立的估算模型与估算结果，只在"抛砖引玉"，并借以向上述四位专家和其他同行请教。

（5）建议进一步加强金融监管，加大打击国际游资和防止资产泡沫的力度。事实上，在开放及各种金融市场相通的条件下，国际游资的套利方程式已由利率平价方程式演变为三重套利方程式（张谊浩等，2007）；即：

$$R_d = R_f + \triangle E^e + P \tag{9}$$

其中：R_d、R_f分别表示国内外利率，$\triangle E^e$为汇率预期，P为风险投资报酬（如投资资本市场或房地产等的收益）。从式（9）来看，目前，引起国际游资大量流入中国，除了人民币的强劲升值的预期外，我国股市和房地产的价格失控，已成为重要诱因。当然，反过来，国际游资也是我国股市和房地产泡沫以及价格巨幅波动形成的关键因素。因此，进一步加强金融监管，加大打击国际游资的力度，并采取有效措施防止资产泡沫和金融风险的进一步累积，已刻不容缓。

第五节　美元霸权、全球失衡及其对人民币汇改的影响

自从2002年IMF在其《世界经济展望》中首先报告世界经济存在失衡现象，到2005年IMF总裁拉脱首次正式使用"全球失衡"的概念，当前不断扩大的全球经济失衡已成为人们关注世界经济的一个焦点。全球经济失衡持续加深，其根源到底是什么？美元霸权与"特里芬难题"是布雷顿森林体系下困扰理论界的永恒课题，那么在牙买加体系下，尤其是新时期的美元霸权与"特里芬难题"是否仍然困扰世界金融经济，与布雷顿森林体系下的美元霸权和"特里芬难题"又有什么异同？以及美元霸权对人民币汇改及其绩效又有何影响呢？人民币汇率是否是全球失衡的"救命稻草"等等，均值得

我们深思和深入研究。

一　全球经济失衡：持续加深

所谓"全球失衡"主要是指，美国经常项目（尤其是贸易收支）存在巨大的逆差，而中国、日本及东亚新兴市场经济体等却存在巨大的顺差，或者说美国的贸易收支逆差主要来自东亚各国。从绝对值来看，全球经济失衡持续扩大：美国的经常项目逆差从2001年的3890亿美元增至2006年的8567亿美元，占其GDP的比重也由3.8%增至6.5%；处于另一极端的中国，其贸易顺差由2001年的226亿美元增至2006年、2007年、2008年的1775亿、2622亿、2995亿美元，外汇储备也由2001年末的2122亿美元增至2008年末的19460亿美元，2009年末更是上升到23992亿美元，占GDP 50%以上；按美方的统计，中国多年以来为美货物贸易逆差的第一大来源地，占其货物贸易逆差总额的1/4以上，货物贸易差额由2001年831亿美元增至2005年的2016亿美元，再增至2006年、2007年、2008年的2326亿、2562亿、2663亿美元，占美国当年贸易逆差总额的28%左右；从全球来看，从1980年到2006年，全球前五大贸易逆差国的逆差总额从615亿美元增至10000亿美元以上，占全球贸易逆差的比重由26%增至82%，近几年来仅美国就通常可占60%以上，而全球前五大贸易顺差国的顺差总额，也由842亿美元增至6000亿美元以上。

二　美元霸权与"新特里芬难题"：全球经济失衡的根源剖析

（一）新时期的美元霸权

所谓美元霸权就是指美元在国际货币体系中长期处于中心货币地位，使其他国家长期以来形成对美元的过度依赖，美国也因此从中获得"法力无边"的利益和权利。布雷顿森林体系下的"双挂钩"体制铸就了美元的霸权地位：规定美元与黄金挂钩，其他国家货币与美元挂钩，从而使美元获得了中心货币地位，美元也因此成为世界各国的国际储备和国际清偿力的主要来源，当然美国也从中获得了不少特权和利益，如铸币税等。虽然"特里芬难题"最终导致了布雷顿森林体系于1973年瓦解，但这不意味着美元的霸权地位从此消失：在现行的牙买加体系下，许多国家（尤其是发展中国家）仍然无可奈何地选择其货币盯住美元，使美元成为稳定其货币的名义锚；在多元化的国际储备体系中，美元独大的地位并没有根本动摇，目前在IMF成员国官方持有的外汇储备中，美元约占 65%（见表 7—18）；美元在全球外汇交易和贸易结算中的份额也已近 70%，在国际债券的发行中也占近 50%。

表 7—18　　　　　　美元在 IMF 成员国官方持有的外汇储备中的比重

年份	1973	1990	1994	1997	1999	2000	2002	2003	2004
美元占比（%）	84.6	49.4	55.7	57.1	68.4	68.2	64.5	63.8	65.9

资料来源：IMF 1992 年、1998 年、2005 年年报。

新时期的美元霸权给美国带来的利益主要有：

1. 国际铸币税

根据 IMF 的统计，1995 年在美国境外流通的美元大约有 3750 亿美元，美国因此可以获得大约 150 亿美元的年收益，时隔 12 年后的今天，随着在美国境外流通的美元数量的增加，美国因此每年获得的国际铸币税应该在 200 亿美元以上。

2. 债务逃脱或减负

由于美元霸权的存在，美国对外负债几乎都是以美元计价的，美国可以通过美元的贬值来达到债务减负的目的。2002 年以来的美元贬值，使美国实际债务减负了约 30%。

3. 可基本上使美国远离外汇风险、外债危机等的伤害

美元霸权是美国"双高赤字"赖以维持的根本，进而确保美国经济在内外失衡的情形下能够持续运行，使美国能够尽情享受凭一张借条或债券换取其他国家商品的好处，从而可基本上使美国远离外汇风险、外债危机等的伤害。

（二）全球经济失衡的根源：美元霸权与"新特里芬难题"

1. "全球失衡"可视为新时期"特里芬难题"的另一种表述

"特里芬难题"是布雷顿森林体系下美元作为唯一的国际货币的信心与清偿力之间的矛盾：一方面，美国要通过一定的逆差为国际上提供充足的清偿力；但另一方面，美国的逆差却又会造成美元贬值的压力，进而伤害人们对美元的信心。换句话说，如要保证充足的清偿力，就会伤害美元的稳定性，造成人们对美元的信心下降；反过来，如要确保人们对美元充满信心，美元就必须稳定，那么美国的国际收支最好不要出现逆差，如此"美元荒"的出现也就为时不久了。布雷顿森林体系崩溃后，在现行的牙买加体系下形

成了多元化的国际储备体系，虽然在一定程度上缓解了"特里芬难题"，但由于美元独大的霸权地位并没有根本动摇，美国仍然需要为世界各国提供绝大部分的国际清偿力和国际储备的来源，信心与清偿力的"两难"仍然困扰世界金融经济，称之为"新特里芬难题"。

从某种意义上说，在现行体系下，一定规模的全球经济失衡已成为全球经济发展的必要条件。首先，美国必须为世界经济的正常运行提供绝大部分的国际清偿力，这必须主要依赖美国的经常项目逆差来提供。其次，美国和东亚（尤其是中国）已成为推动当今世界经济发展的两大"火车头"。有资料显示：近 15 年来，美国和中国对世界经济的贡献率分别约达 35% 和 15%，合计约达 50%。拉动美国经济快速增长的动力源主要是其高消费，而中国经济快速增长的"发动机"则是中国快速增长的出口，这正是美国贸易收支高逆差和中国贸易收支高顺差的根源，同时也是全球经济失衡的主要表现。可见，如果从更深层次的角度来看，当今的全球经济金融失衡，实际上可视为新时期"特里芬难题"的另一种表述（李扬等，2006）：一方面，全球经济失衡是全球经济快速增长的动力；而另一方面，全球经济的快速增长又会导致全球经济失衡进一步加大的风险。

2. 美元霸权是新时期全球经济失衡存在和持续的原因

由于美元在现行的国际货币体系中仍然具有"一币独大"的特殊地位，因此也就赋予了美国必须为世界经济提供绝大部分的国际清偿力和国际储备的来源，这必须主要通过美国经常项目逆差的途径来提供，这与长期以来美国提供了全球经常项目大部分的逆差是相吻合的。在现行的不稳定、不公正、不合理、汇率频变的"牙买加魔盒"里，发达国家凭借其雄厚的金融经济实力和本国货币为国际储备货币的优越条件，较好地实现了汇率制度由布雷顿森林体系向牙买加体系的变迁，而绝大部分发展中国家由于金融实力薄弱，尤其是本国货币处于国际储备体系的外围，在汇率制度安排上，却难以摆脱"原罪"的约束，难以抹去"浮动恐惧"的烙印。如东亚的发展中国家，在经济上虽然取得了较快的发展，却仍然难以摆脱"小金融"的事实，因此在汇率制度的安排上，不得不选择与美元保持相对稳定的"硬盯住"或"软盯住"，甚至一些国家名义上称实行较灵活的汇率制度，但事实上却往往是通过"管理"，即对外汇市场进行干预，形成事实上的"硬盯住"或"软盯住"。麦金农等一些学者把东亚的这种汇率安排称之为"美元本位"或"布雷顿森林体系 II"（袁冬梅等，2006）。在这种体系下，包括中国在内的东亚各国为确保汇率的稳定，一方面长期以来把增加干预外汇市场的实力（增加外汇储备）作为政策的主要目标，造成国际收支的长期顺差；另一方面央行为稳定汇率对外汇市场的干预，进而导致国际储备大幅度攀升。这就是为什么新时期全球经济失衡是由于美国出现大量逆差，而美国的这些逆差又主要来自东亚各国的根本原因。

　　3. 新时期美元霸权的特性和美国滥用美元霸权是全球经济失衡不断扩大的根源

　　牙买加体系下的美元霸权与布雷顿森林体系下的美元霸权的最大区别在于：牙买加体系下的美元霸权是在美元不再与黄金挂钩，美元发行不再受黄金约束，美国对外债务也不再受其黄金储备约束，美国对汇率的稳定承担更小义务，以及全球金融自由化程度不断提高等的背景下形成的，这为美国谋取美元霸权的利益比在布雷顿森林体系下带来了更大的便利，同时也是全球经济金融失衡不断扩大的根源：（1）由于作为世界第一大"国际货币"的美元，其发行不再受黄金约束，美国可以更肆无忌惮为了自己的利益扩大美元的发行，从而形成了美元发行泛滥和流动性过剩的内在机制。近年来，在美国持续的巨额"双赤字"的带动下，形成美元发行泛滥和流动性过剩：从 1985 年至 2000 年美国的物质生产只增加了 50%，而货币却增加了 3 倍；从 2001 年至 2005 年美国增加了近 3 万亿美元的国债，国债总额达 8.3 万亿美元；美国的高贸易赤字更是世人皆知，但美国的高贸易赤字恰恰正是其高财政赤字维持的关键条件（境外美元购买其国库券）。（2）由于美国对外债务也不再受其黄金储备约束，美国可以更肆无忌惮为了自己的利益，大量举债和通过贸易逆差大量输出美元，随意享受凭一纸借条（或债券）换取其他国家商品的好处，而不用担心债务过大（超过黄金储备）和美元危机等问题。（3）由于牙买加体系是浮动汇率体系，所谓的布雷顿森林体系 II 是自发形成的，美国对汇率的稳定比布雷顿森林体系时承担的义务要小得多，因此美国可以更肆无忌惮地为了自己的利益享受美元贬值所带来债务缩水和打压他国等的好处。（4）由于全球金融自由化程度的不断提高，如：国际金融服务贸易协定的签订、各国资本账户可兑换程度的提高等，使美国获得更灵活、更大的美元特权，美国甚至可以利用其美元和金融强权，扰乱他国的金融秩序（甚至造成金融危机），从中渔利。

三　美元霸权对人民币汇率改革的负面影响

（一）弱化人民币升值的绩效

1. 美元霸权和"新特里芬难题"下人民币外部升值压力的刚性

由于牙买加体系下的美元霸权，是美元不再与黄金挂钩的浮动汇率制下的美元霸权，从而使美元获得更大的灵活、更大的特权。为了美国的利益，美国往往会不断增发美元，同时继续维持"双高赤字"和高消费的经济政策，以促进其经济的增长和福利的提高。然而，这整个过程却又是"新特里芬难题"不断累积的过程，即美元贬值压力不断形成的过程，进而导致处于全球经济金融失衡另一极的中国的人民币外部升值压力之刚性。2003 年以来，随着美元的贬值浪潮的不断推进，人民币升值的外部压力也不断升级；截至 2010 年 7 月 21 日，人民币对美元汇率已上升至 6.79（1 美元兑人民币汇率，下同），比汇改前已累计升值达 21% 以上，但是人民币的升值压力仍然没有完全消除，在当前国际金融危机的深入影响下，仅 2009 年中国的外汇储备仍然增加了 4532 亿多美元，这些不就是很好的佐证吗！

2. 人民币升值或美元贬值的贸易收支改善效应之悖论

自 2002 年 3 月以来，美元出现了大幅度贬值，到 2004 年年底，美元汇率指数下降了 27%，尔后尽管美元在 2005 年出现反弹，美元汇率指数上升了 7%，但 2006 年却又再度贬值，致使其汇率至今仍然大大低于 2002 年年初的水平。然而，美国的货物贸易逆差却从 2001 年的 4272 亿美元，占 GDP 的 4.2%，增至 2004 年、2005 年的 6504 亿美元和 7666 亿美元，分别占 GDP 的 5.5%、6.1%；2006 年达 8180 亿美元，比上年增 6.6%；2007 年、2008 年在美国次贷危机不断恶化的情况下，其货物贸易逆差仍然高达 7946 亿、8000 亿美元。就人民币而言，自 2005 年 7 月 21 日以来，至 2009 年 11 月底，人民币对美元已累计升值达 21% 以上，但中国总贸易顺差和中美贸易顺差都不降反增。根据表 7—4 的数据，在 2005 年 7 月至 2008 年 12 月的 42 个月里仍分别达 7975 亿、5371 亿美元，分别比汇改前的 2002 年 1 月至 2005 年 6 月的 42 个月增 640% 和 233%（中方数据，详见表 7—4），这也说明了中国总贸易顺差和美中贸易失衡与人民币汇率的低关联性（曹垂龙，2006a）。

经济学描述了储蓄与投资之差、出口与进口之差互为对偶关系（$S - I = X - M$），即储蓄过多（储蓄大于投资）会产生贸易顺差；反之，就会产生贸易逆差。美国的私人储蓄率通常在5%以下，有时甚至为负数：2005年第三季度为-1.6%，2006年为-1.0%；美国的高财政赤字更是世人皆知。可见，美国的低私人储蓄和巨额的财政赤字所导致的总储蓄率低下和储蓄—投资负缺口正是美国经常项目失衡的主要原因（见表7—6的对应关系）。IMF 2005年9月在其《全球经济展望》中强调，美国的总投资率大于总储蓄率才是美国高贸易逆差的根源。因此，美国应该对全球经济失衡的不断扩大负主要责任。当然，从更深层次来看，美国长期的"双高赤字"之所以能够维持，其根本原因是美元霸权所致。

（二）美元霸权对人民币汇率改革速度的负面影响

1. 对人民币汇率弹性化改革的速度的影响："浮动恐惧"之刚性

由于美元在中国的外汇储备、对外计价和外汇交易中的比重通常分别大于3/4、80%和98%，尤其是目前中国经济的对外依存度已达70%，金融体系也非常脆弱，因此对中国这个金融市场仍然非常落后，特别是外汇市场的汇率避险工具和避险途径仍然还非常缺乏的国家，保持人民币对美元汇率的稳定，对确保中国经济稳步发展具有十分重要的现实意义。新汇制是参考一篮子货币调节的有管理的浮动汇率制，与约翰·威廉姆森所倡导的"BBC规则"极为相似，其中的一个B为Band，就是浮动区间，即事先确定一个允许汇率浮动的区间，在这个区间内允许汇率可以根据市场力量波动，从而赋予了汇率制度具有一定的承受外汇市场短期汇率波动的灵活性，为抑制国际游资提供一定的机制和为独立的货币政策释放一些空间，并为难以测定的本币均衡汇率水平提供一定的评估缓冲区间。浮动区间越宽表示汇率的弹性越大，为货币政策独立性释放的空间就越大。汇改后的前22个月，人民币对美元的日波幅仍然限制在0.3%范围内，尽管从2007年5月21日开始，由0.3%扩大到0.5%，但是0.5%的浮动区间仍然大大小于布雷顿森林体系下的1%允许波幅。汇改以来的事实证明，汇率带宽太窄，汇率仍然难以浮动起来，游资冲击仍然难以有效抑制，从而有可能严重冲击我国货币的独立性和有效性（曹垂龙，2006b）。从表面上看这是"浮动恐惧"，而这背后却存在着极大的无奈，如果说是"美元霸权恐惧"，可能更为确切。

2. 对人民币新汇制的货币篮子构成的影响：美元大权重之刚性

"BBC规则"的另一个B为Basket，即篮子平价，通常选取在经常项目交易中（尤其是商品和劳务贸易中）占较大比重的国家的货币组成货币篮子，从而确保其有效汇率的稳定。周小川说：现阶段的篮子货币的确定是在兼顾外债来源的币种结构和 FDI 等因素的基础上，以对外贸易权重为主（韩复龄，2005）。表 7—19—1 显示了 2006 年中美贸易在中国货物进出口贸易中的地位：中美贸易占中国进出口贸易总额、前三大贸易伙伴、前七大贸易伙伴、前十大贸易伙伴的比重分别为 15%、35%、20% 和 19%。如果以与此相关国家的货币组成相应的四种货币篮子，并且分别按上述比重来确定美元在篮子中的权重，那么美元在这四种篮子货币中的权重则分别为 15%、35%、20% 和 19%。但在现实中，不管中国选择哪种货币篮子，美元在篮子中的权重都不可能如此低。因为，一方面美元的权重越低，人民币与美元汇率的波动也就越大，而由于美元霸权的存在，目前美元仍占我国对外贸易计价结算的 80% 以上和外汇交易的 98% 左右，保持美元汇率的稳定，对我国对外贸易和经济的稳定与发展至关重要；另一方面东盟主要国家货币仍是事实上的盯住美元，港元也是实行联汇制，与美元保持"硬盯住"，因此它们在篮子中的权重也在一定程度上加大了美元的权重，导致美元的实际权重远大于名义权重。从汇改后的实际绩效来看，美元在货币篮子中的权重仍然很大，盯住美元制色彩仍浓。由于在任何 3 个月内人民币对美元汇率的波动幅度均未超过 2%，2006 年 IMF 甚至仍将我国的汇率制度纳入事实上的其他传统的固定盯住汇率制（盯住单一美元）（丁志杰等，2006）。一些学者在设计人民币货币篮子时，往往也会给予美元超过 50% 的权重，如：曹垂龙的方案建议给予美元近 60% 的权重（曹垂龙，2007a），许少强等的方案甚至建议给予美元的权重高达 80%（许少强等，2006a），等等。事实上，只要美元霸权的存在，只要人民币还没有成为主要的国际储备货币，这种人民币对美元事实上的依附性，即"美元大权重"（甚至可以说是盯住美元）之刚性就难以消除。

表 7—19—1　　2006 年中美贸易在中国进出口贸易中的地位分析表

中国与其他经济体	中国	中美	前三大贸易伙伴	前七大贸易伙伴	前十大贸易伙伴
进出口贸易额（亿美元）	17606.9	2626.8	7423.4	13115	14027
占中国贸易额比重（%）	100	14.9	42.16	74.49	79.67
中美贸易额占比（%）	14.9	100	35.4	20.03	18.73

资料来源：根据中国商务部网站、商务统计、进出口统计数据整理计算列表。

表7—19—2　　　　2009年1—9月中国前10大贸易伙伴比重*

单位：亿美元、%

经济体	欧盟	美国	日本	东盟	中国香港	韩国	中国台湾	澳大利亚	印度	巴西	其他	合计
金额	2601	2119	1622	1470	1207	1105	736	428	310	305	3675	15578
比重	16.7	13.6	13.0	10.4	9.2	7.7	4.8	2.7	2.0	2.0	23.6	100

資料来源：根据中国商务部网站数据整理计算列表。* 比重为占中国全部进出口额的比重。

四　探索化解全球失衡（美国高贸易赤字）之途径

（一）人民币汇率绝不是美中贸易失衡和美国巨额贸易逆差的"救命稻草"

经验证明，人民币兑美元实际汇率变动在短期内仅能解释美中贸易差额变化的3%，在长期也仅能解释6%（许少强等，2006a）。究其原因主要是：美中贸易逆差的75%以上来自FDI产生的"迁移效应"，且美中贸易逆差实际上是互补性商品贸易逆差（美国国际经济研究所也证明，只有10%来自中国进口直接与美国的产品形成竞争）（曹垂龙，2007b）；人民币汇率波动对美国进口价格的传递率非常低，杜晓蓉证实只有0.06%，即如果人民币对美元升值10%，美国从中国进口商品的进口价仅增加0.6%（杜晓蓉，2006b）。退一步来说，就算人民币的大幅度升值导致了中国商品在美国的竞争能力的下降，那最大的可能性也就是导致美国贸易逆差的转移，即美中逆差可能有所下降，但美国对东亚其他经济体的逆差却会增加。因为致使美国巨额贸易逆差的根源不是简单的汇率问题，而是其巨额的储蓄—投资负缺口。可见，单纯的人民币升值既无法有效地解决美中贸易失衡问题，更不可能是美国巨额贸易逆差的"救命稻草"。

（二）化解全球失衡，美国必须发挥主要作用

全球失衡的突出表现就是美国高贸易赤字，而美国的高贸易赤字的主要根源在于：其储蓄—投资负缺口、滥用美元霸权、第二产业出口竞争力下降、控制高技术出口等。约瑟夫·斯蒂利茨博士在2005年中美财经商业高级研修班上演讲时指出：中美贸易不平衡，原因不在中国，是美国自己的宏观经济政策的问题。因此，化解全球经济失衡，美国必须发挥主导作用。

1. 尽快纠正储蓄—投资负缺口

如上所述，美国的财政赤字是其储蓄—投资负缺口的主要原因，进而是美国贸易失衡及全球失衡的主要根源。由于2006年度美国的财政赤字下降

到 2482 亿美元，是 4 年来的最低水平，相应的是美国的货物贸易赤字的增长速度，也随之从 2004 年、2005 年的 22%、18% 下降到 2006 年的 6%。2007 年度美国的财政赤字下降到 1628 亿美元，其货物贸易赤字也相应的出现 -2.8% 的负增长。

美国私人储蓄率极低是其储蓄—投资负缺口的主要原因，进而是美国贸易失衡及全球失衡的主要根源。美国私人储蓄率通常极低，有时甚至为负（如：2005 年、2006 年），从而影响美国总储蓄率的低下和货物贸易赤字的居高不下。2009 年美国私人储蓄率提高到 5% 左右，达到近 10 年来的最高，其货物贸易赤字也相应的出现 -38.6% 的大幅度负增长。

可见，美国财政赤字的减少和私人储蓄率的提高，可有效地抑制其货物贸易赤字。因此美国政府必须尽快放弃财政赤字政策，同时采取有效措施切实提高私人储蓄率，才能纠正其储蓄—投资负缺口和从根本上改善贸易失衡。

2. 放弃滥用美元霸权

美国"双高赤字"的长期维持，实际上是美国长期滥用新时期美元霸权的结果。美国长期靠高贸易赤字大量输出美元，美国在从中享受铸币税等好处的同时，全球失衡也在不断积累，而且与此同时形成的美元发行泛滥和流动性过剩，进而使美元贬值压力（或人民币升值压力）不断累积，从而弱化人民币升值的绩效。

3. 放松对华高技术出口的歧视性控制

美国政府长期采取控制对华高技术出口的政策，这无疑影响了美国对华高科技产品货物贸易的出口，有资料显示：仅 2004 年美国就为此丧失了约 250 亿美元对华出口的机会，从而加深美中贸易的失衡。

4. 正确看待美中双方关于贸易差额在统计上的分歧和水分

由于统计方法和标准不同，导致中美双方对于贸易差额分歧的金额不断增加，也是美方统计的美中贸易逆差水分增加的重要原因。如据笔者计算，2002 年美方统计的美中贸易逆差竟高估了 246 亿美元，高估率达 24%（曹垂龙，2007b）。

五　本节结语

综上所述，在牙买加体系下，美元的"一币独大"使美元霸权仍然存在。由于美国不再承担兑付黄金的责任，且是在浮动汇率制下和全球金融自由化不断推进下的美元霸权，从而赋予了美国更大的特权。持续扩大的全球经济失衡，是美国不负责任的滥用美元霸权的结果，也可视为新时期"特里芬难题"的另一种表述。美元霸权将会对人民币汇率制度的选择与改革产生深远的影响：弱化人民币升值的绩效，并导致"浮动恐惧"和"美元大权重"（甚至可以说是盯住美元）之刚性。人民币汇率绝不是全球经济失衡的"救命稻草"，美国必须为全球经济失衡的化解发挥主导作用。

第六节　人民币升值对中国贸易条件的影响

一　贸易条件的内涵与计算公式

贸易条件（Terms of Trade）是用来衡量在一定时期内一个国家出口相对于进口的盈利能力和贸易利益的指标，反映该国的对外贸易状况，一般以贸易条件指数表示。在国际经济学理论中常用的贸易条件有 3 种不同的形式：价格贸易条件、收入贸易条件和要素贸易条件，它们从不同的角度衡量一国的贸易所得。其中价格贸易条件（也称纯价格贸易条件或净贸易条件）最有意义，也最容易根据现有数据进行计算。各种形式的贸易条件的计算公式：

价格贸易条件 = 出口价格指数/进口价格指数 × 100%

收入贸易条件 = 出口价格指数/进口价格指数 × 出口商品的数量 × 100%

单要素贸易条件 = 出口价格指数/进口价格指数 × 出口商品的劳动生产率指数 × 100%

双要素贸易条件 = 出口价格指数/进口价格指数 × 出口商品的劳动生产率指数/进口商品的劳动生产率 × 100%

一般以贸易条件指数表示：以一定时期为基期，先计算出基期的进出口价格比率并作为 100，再计算出比较期的进出口价格比率。然后以之与基期相比，如大于 100，表明贸易条件比基期有利；如小于 100，则表明贸易条件比基期不利，交换效益劣于基期。假定一国价格贸易条件以 2000 年为基期，即为 100。到 2008 年，该国出口价格指数下降 5% 为 95；进口价格指数上升 10%，为 110。那么，这个国家 2008 年的价格贸易条件（N）为：N = 95/110 × 100 = 86.36

如果一国从 1950 年到 1990 年的 40 年间，净贸易条件从 1950 年的 100 下降到 1990 年的 86.36。1990 年与 1950 年相比，贸易条件恶化了 13.64%。

我国的"贫困化增长"，即贸易条件恶化问题，已不容乐观。根据中国海关编制的贸易条件指数，1993—2003 年中国的整体贸易条件下降了 12%（雷达等，2006）；陈飞翔（2005）认为，2004 年我国商品价格贸易条件指数比 1995 年下降了 17%。

二　人民币汇率变动的贸易条件效应：理论路径与理论效应

影响贸易条件的因素有很多，如：进出口商品的需求情况、汇率、进出口商品的市场组织情况、进出口商品的构成情况等。

汇率对贸易条件的影响主要有两个途径：一是通过影响进出口商品的成本从而影响进出口商品的价格来影响贸易条件；二是通过影响进出口商品的名义价格来影响贸易条件。理论上讲，人民币升值会导致中国出口价格上升和进口价格下降，从而使贸易条件改善。从一些学者汇改前的实证研究来看，人民币升值将使中国的贸易条件改善：根据杨帆等（2005）的研究成果，在通货膨胀率不变的条件下，人民币升值的贸易条件改善系数为 0.37；查贵勇（2005）通过对 1994—2003 年的相关数据进行回归分析，得出：人民币每贬值 1 个百分比，中国贸易条件即恶化 0.353 个百分比，反过来也就是说，人民币每升值 1 个百分比，中国贸易条件将改善 0.353 个百分比。因此，理论上人民币升值会促进贸易条件改善，那么汇改后人民币升值的中国贸易条件改善的实际效应又如何呢？

三　人民币汇率升值的中国贸易条件改善的实际效应

关于人民币汇率升值的中国贸易条件改善的实际效应，由于涉及大量数据的收集和计算，在此我们引用一些学者已有的实证研究成果来加以说明。

一些学者对汇改后的汇率传递效率进行了研究，研究成果普遍认为汇率变动具有一定的价格传递效应，但具有广泛的传递不完全性：陈学彬等（2007）通过对 2001 年 1 月至 2007 年 8 月期间，我国出口商品的汇率传递率进行考察，发现加工贸易品的汇率传递率普遍较低，农产品也具有较强的盯市能力，工业品的汇率传递率相对较高；鞠荣华等（2009）研究表明，中国出口到美国的工业品的汇率传递率在 25%—28% 之间；而杜晓蓉（2006b）发现人民币汇率波动对美国进口价格的传递率只有 0.06%；杨娉（2009）的研究表明，2005 年 7 月至 2007 年 10 月期间，人民币升值的中国贸易条件改善总效应并不明显，甚至有轻微的恶化，但是 2007 年 11 月至 2008 年 6 月期间中国贸易条件同比改善了 10.07%，不过各行业存在较大的差异。

　　关于人民币适度升值对我国出口商品结构和产业结构升级的促进作用，我们应该肯定。中国人民银行 2007 年"关于'微观经济主体对汇率变动承受能力'的调查报告"也证明，自 2005 年 7 月 21 日人民币汇率形成机制改革以来，我国外贸企业加快转变贸易增长方式，着力调整产品结构，提高技术管理水平，如 64.2% 的纺织品样本企业采用了提高产品档次、技术含量和产品附加值等经营策略。长期以来，我国出口一直走低价竞销的恶性竞争路子，人民币升值导致出口产品的外币价上升，会对那些高成本、低效益的企业和产品具有挤出效应；同时，人民币升值会降低先进设备的进口成本，从而有利于促进我国出口商品结构和产业结构的升级换代。但是，必须控制升值的节奏，如果升值过快，超过了我国经济的消化能力，到那时就有可能会造成我国的出口竞争力下降的负面影响。日元在 1985 年 9 月"广场协议"后至 1987 年 10 月的 25 个月期间，日元兑美元汇率由 240∶1 升到 120∶1，由于升值过快、幅度过大，造成了一系列的后续负面影响（俗称"日元升值综合症"）。日本的经验教训值得我们深思。

第八章　人民币汇制改革后中国
跨境资本流动效应

　　国际资本流动对汇率的影响力愈加显著，但不同的汇率制度对资本流动的影响以及资本流动的效应却有所不同。新汇制前三年的表现显示：汇率弹性有所凸显，那么新汇制对中国跨境资本流动的影响又如何呢？

第一节　汇率、汇率制度与国际资本流动的关系

一　国际资本流动对汇率的影响力愈加显著

　　国际收支是影响汇率中短期波动的主要因素，国际资本流动对国际收支和汇率的影响力愈加显著，尤其是从短期来看，国际资本流动的影响力已大大超过贸易收支。首先，伴随各国资本项目的进一步开放，国内外资本替代的容易程度提高，任何影响国内外资产投资回报率及预期的因素变化，都会导致国际短期资本大规模的流动，从而对国际收支和汇率产生极大的影响。目前全球大约有超过 7.5 万亿美元的国际游资，根据 BIS 的统计数据，全球外汇日均交易量已从 2001 年的 1.2 万亿美元提高到 2004 年的 1.9 万亿美元和 2007 年的 2.4 万亿美元，但其中与国际贸易有关的通常不到 5%，也就是说 95% 以上的是与投机和国际资本流动相关。其次，绝大多数国家已把吸收外资和对外投资作为发展经济的重要手段，国际直接投资的规模不断扩大。根据联合国贸发会（UNCTAD）发布的《2004 年世界投资报告》，2003 年全球 FDI 存量为 81969 亿美元，流量为 11722 亿美元（其中流入和流出分别为 5600 亿和 6122 亿美元）。而根据 UNCTAD 发布的 2006 年、2007 年、2008 年《世界投资报告》，2005—2007 年全球 FDI 总流入量分别为 9160 亿、13060 亿、18330 亿美元，分别是 2003 年的 1.64 倍、2.33 倍、3.27 倍。

　　对于国际资本流动对汇率的影响，国外有不少实证：例如，美国在

1980—1984 年期间的强美元政策就是通过提高美元利率，吸引国际资本大量流入，从而确保美元的坚挺，而 1985 年后美元真实利率的下降，则是导致美元走低的主要诱因；又如，1997 年东南亚金融危机期间，由于大量的资本外流，从而导致东南亚国家和地区货币的大幅度贬值。

二　汇率制度、国际短期资本流动与"米德冲突"及金融危机

国内外资本投资回报率的差异及预期是影响国际资本流动的诱因，但不同汇率制度的资本流动效应，以及资本流动所产生的影响却有所不同。

（一）M—F 模型所揭示的游资冲击的强度、金融危机与汇率制度的关系

蒙代尔—弗莱明模型（下称 M—F 模型），可揭示在开放经济条件下，一国遭受国际游资冲击的强度与其所选择的汇率制度的关系。根据 M—F 模型，在开放经济条件下，由于资本的自由流动，国内外资本具有较完全的可替代性，利率平价成立，即国内利率 I_n 与本币汇率的预期变化率（$\triangle E_n / E_n$）^{exp} 之和等于国际利率水平 I_f（张宗新，2006）：

$$I_n + (\triangle E_n / E_n)^{exp} = I_f 或 (\triangle E_n / E_n)^{exp} = I_f — I_n \qquad (1)$$

根据式（1），一旦当国内外的利率水平与汇率的预期变化率处于非均衡状态时，套汇或套利的机会就会产生，从而引发国际游资的移动。然而，一国遭受国际游资冲击的强度，往往因其所选择的汇率制度不同而不同。实践证明，国际游资对缺乏汇率弹性的汇率制度进行货币投机性冲击具有特别的偏好，或者说缺乏弹性的汇率制度容易招致国际游资的冲击。一般而言，在实行浮动汇率制和利率市场化的情形下，国际游资的移动会引起当期市场汇率或利率的变动，从而引起国际游资移动的非均衡状态消失。由于汇率是"随行就市"，也就不会形成累积性的本币汇率升值（或贬值）的压力。而在实行固定汇率制度或汇率弹性较小的汇率制度下，往往有三种情形容易招致国际游资的冲击：

1. 当一国经济基本面因素发生较大变化时

当一国经济基本面因素发生较大变化，或者宏观经济态势出现漏洞，如国际收支发生较大失衡、国内外通货膨胀出现较大差异时，政府关于维持（$\triangle E / E$）^{exp} 为零或较小的承诺就会失去可信度，形成汇率贬值（或升值）的预期，国际游资就会大量从该国转移（或向该国移动），进而对原有汇率进一步形成压力。由于维持汇率稳定，即维持（$\triangle E / E$）^{exp} 为零或较小，是所

有宏观政策的共同目标，官方为维护汇率对外汇市场的干预就会造成黄金外汇储备的日益枯竭（或急剧增加），又会进一步加速资金外流（或流入）和货币的不稳定性，直接威胁一国经济的可持续发展。

2. 官方对汇率的承诺虽可信，但国内外利率出现较大差异时会形成冲击

虽然官方对汇率的承诺仍可信，但国内外利率出现较大差异时，基于套利会引发国际投机性的资本流动。因（△E/E）^{exp}为零或较小，投机者完全可以进行非抛补套利，套利成本较低。在该国的利率市场化程度较低和资本账户开放的程度又较大的情形下，往往会导致较大规模的国际游资流动，进而会对汇率形成冲击。

3. 即使一国初始经济基本面没有什么问题，也可能会招致游资的投机性攻击

由于汇率弹性较小，游资跨境移动的汇率风险几乎为零，即使冲击不成功，也不会带来多大损失。而当今的国际游资规模非常巨大，因此即使一国初始经济基本面没有什么问题，也可能会招致游资的投机性攻击。在资本项目开放的情形下，大量游资的冲击，甚至会导致"自我实现"的货币危机（胡晓炼，2002）。

在固定汇率制下（含盯住汇率制，下同），维持汇率是所有宏观政策的共同目标。但如当一国发生国际收支持续顺差，或者出现本币上浮的市场预期时，如果国内外资本具有较完全的流动性，国际游资就会大量向该国转移，进一步形成升值的压力；而官方为维护汇率对外汇市场的干预，又会造成国际储备和本国货币供应量的急剧增加，加大通胀的压力，进而影响其货币政策的独立性和效率，并导致"米德冲突"的发生。而当一国宏观经济态势出现漏洞，如发生国际收支恶化，或者出现市场预期对本币不利时，国际资本流动又会发生突然逆转，就会导致国际游资大量从该国转移，对原有汇率形成压力；如果官方为维护汇率对外汇市场的干预又会造成黄金外汇储备的日益枯竭，而对本币汇率形成更加不利的预期，并在"羊群效应"的作用下，进一步加速资金外流和货币的不稳定性，货币危机效应扩大，最终导致金融危机的发生。

（二）三重套利方程式

在开放及各种金融市场相通的条件下，国际游资的套利方程式已由利率平价方程式演变为三重套利方程式（张宗新，2006），即：

$$R_d = R_f + \Delta E^e + P \tag{2}$$

其中：R_d、R_f 分别表示国内外利率，$\triangle E^e$ 为汇率预期，P 为风险投资报酬（如投资资本市场或房地产等的收益）。

从式（2）来看，目前，引起国际游资大量流动，除了利率的差异外，还有汇率的预期，以及一国资本市场（股市）和房地产等不动产价格变动的预期收益，是三种力量共同作用的结果。由于加入了汇率和风险投资报酬等预期因素，在外汇市场和股票市场里往往出现"噪音"的影响大于"理性预期"，尤其在"羊群效应"的作用下，形成大量的资本流动，造成汇率的短期超常波动（或者形成超常的升、贬值压力），进而对一国内部均衡形成严重的冲击，甚至引发金融危机。

（三）东南亚金融危机与汇率制度的关系

20 世纪末东南亚各国（地区）的金融危机都有这样的共同特点：

1. 在危机前，基本上是实行盯住汇率制

在危机发生前，东南亚各国和地区基本上都是实行盯住汇率制，或者通过干预形成事实上的盯住美元。1995 年以后美元的走强，导致东南亚国家货币真实有效汇率的下降，但由于是盯住美元，该降未降，形成货币高估和贬值的预期；货币高估使其出口能力下降，经常项目收支恶化，国际储备严重不足，如韩国 1996 年的贸易逆差为 206 亿美元，经常项目逆差为 237 亿美元，国际储备却只有 300 多亿美元；而国际收支的恶化又进一步加重了其货币贬值的预期。

2. 长期坚持资金的高"海外依存"战略，且短期债务比重较高

在危机发生前，东南亚各国和地区基本上长期坚持资金的高"海外依存"战略，而且短期债务比重较高。如韩国，到 1997 年 9 月，其国际储备仅剩 150 多亿美元，而外债余额达 1200 多亿美元，占 GDP 的 25%，其中短期债务 650 多亿美元（还不包括大约 400 亿美元的私人短期债务），负债率和短期债务率都严重超过国际公认的 8% 和 25% 的安全警戒线（曹垂龙，1998a）。

3. 过早实施金融自由化和资本项目的对外开放

在《国际金融服务贸易协定》的谈判过程中，由于美国等发达国家的高压，东南亚各国几乎在 1994—1996 年期间均实现了金融与资本账户的开放，像马来西亚甚至在经常账户没有开放的情况下就提前实现了资本账户的自由兑换。资本账户的开放为国际游资的长驱直入创造了条件。

4. "羊群效应"导致国际游资的冲击放大

最终在索罗斯等国际游资的冲击下，"羊群效应"形成，资本大量外流，

造成货币汇率狂降和股市跳水，从而引发金融危机。如，仅 1997 年下半年从韩、泰、马、印、菲等五国迅速外流的资金就超过 1000 亿美元；而对美元汇率，在 1997 年 7 月至 1998 年 1 月期间，韩元从 888 贬值到最低时的 1995，贬值 55%；泰铢从 25 贬值到最低时的 55，贬值 55%；印尼盾从 2430 贬值到最低时的约 16000，贬值约 85%；马来西亚林吉特从 2.5 贬值到最低时的 4.2，贬值 40%；菲律宾比索从 26.4 贬值到最低时的 46.5，贬值 43% 等（王学真，2004）；与此同时，股票指数也大幅度下挫，如韩国的综合股指由 1997 年 6 月的 740 点，下降到当年 12 月初的 380 点以下，经济遭受严重摧残。

一般来说，在浮动汇率制下，资本的流入会导致本币的升值，进而通过相对价格效应使出口下降，进口增加，经常项目出现逆差，国际收支趋于平衡。由于国际收支具有自衡机制，汇率也是随行就市，就不会出现累积性的汇率高估或低估，国际资本的流动以及其对汇率和内外平衡的冲击，相对于固定汇率制而言也通常相对比较温和。

三　汇率、汇率制度的 FDI 效应

（一）汇率制度对 FDI 和利用外资的影响

汇率制度对 FDI 和利用外资的影响，主要体现在外汇风险上面。在固定汇率制下，由于汇率相对固定，有效地规避了汇率风险，这对于发展中国家利用外资引进项目和技术，加速其产业结构的调整和升级换代是可贵的。韩、泰等国在 20 世纪八九十年代都取得了利用汇率的稳定作为平台，促进产业升级换代的较成功的例证：如韩国，从 1986 年至 1995 年各部门、各行业在 GDP 中比重，农业由 11.2% 下降到 6.6%，服装纤维类由 28% 降至 22%，机械设备及组装金属由 31% 上升到 38%；在出口额中重化工业品的比重也由 1986 年的 50%，上升到 1995 年的 70%。在国际上具有权威的瑞士 IDM 机构，每年排出各国综合科学技术力的名次，韩国由 1981 年的第 21 位上升到 1995 年的第 15 位，这充分说明其产业已由劳动密集型向技术密集型升级（曹垂龙，1999）。相反，在浮动汇率制下，一国汇率的频繁变动会增加国际投资者收益的不确定性，从而使外汇风险加大，不利于引进外资和利用外资引进项目。

（二）汇率升（贬）值对 FDI 的影响

汇率升（贬）值对 FDI 的影响，其传导机制主要是通过相对生产成本和

财富效应。一般来说，对东道国而言，本币汇率贬值或低估使外币的购买力相对增加，一方面，使得以外国货币表示的本国生产成本下降，或者说以外国货币所表示的出口价格下降，有利于出口，从而相应地提高了出口导向型外国投资者的利润回报率；另一方面，也使得外国投资者相对于东道国投资者而言，其财富相对增加了，即外国投资者可以用同样的非东道国货币表示的投资额却能获得比东道国货币表示的更多的股份。可见，在两种效应的共同作用下，一国货币汇率贬值有利于其吸引 FDI。反之，本币汇率升值或高估，会增加外商的投资成本，不利于引进 FDI，但因本币的购买力的提高却有利于本国的对外 FDI。陈红等（2004）的研究成果显示，自 20 世纪 70 年代以来，美元和日元汇率的变动对美国和日本的 FDI 有密切的关系：（1）美元上升时期，美国对外 FDI 发展较快，而美元贬值时期美国对外 FDI 减少，外国对美 FDI 则增加；（2）日本从 20 世纪 70 年代后，日元共有 5 次较明显的升值（1971 年、1973 年、1978 年、1985—1987 年、1991—1994 年），与此相应的就是日本对外 FDI 的 5 次高潮和快速增长时期。尤其是 1985 年"广场协议"后，日元汇率进入快速升值轨道，与此相应的日本对外 FDI 也同时进入快速扩张的快车道，年对外 FDI 从 1984 年的刚突破 100 亿美元飙升到 1989 年的 675 亿美元，其实日本的对外 FDI 存量主要是在 1986 年后形成的；而且在过去 30 多年的时间里，当日元贬值时，其对外 FDI 也基本上回落，如 1989—1990 年、1995—1999 年期间，由于日元的大幅度贬值，造成日本对外直接投资的大幅度减少。

第二节　人民币汇改的国际游资抑制效应：理论与现实

一　国际资本流动对人民币汇率和国内经济冲击的回顾

我国虽然尚不能完全满足经典 M—F 模型的资本自由流动的前提条件，然而，我国不但经常项目已经实现了可兑换，而且大约有一半以上的资本项目交易也已经基本实现了可兑换，在利率市场化程度仍然不高的情形下（即 In 具备刚性），国际游资移动的冲击主要作用于汇率，上述游资冲击规律已在很大程度上能够解释国际游资对我国汇率制度的冲击。从 1996 年至汇改前，差不多 10 年的时间里，人民币兑美元汇率牌价基本上保持在 8.31—8.28 左右的水平，从而形成事实上的盯住美元。这期间，国际资本流动对人民币汇率和国内经济的冲击主要有两次：

（一）1997—2001 年：人民币贬值压力下的大量资本外逃

1997—2001 年期间，由于东南亚金融危机，东南亚各国货币和日元普遍出现较大幅度的贬值，使人民币有效汇率下降。杨帆等（2005）认为，到 1998 年人民币实际有效汇率下降约 12%—15%。由于盯住美元，人民币该降未降，造成人民币一定程度的高估，出现贬值的预期。其结果是：FDI 流入减少，并出现负增长，且投资收益汇出增加；短期资本外流也出现加速的趋势，1998 年开始证券投资转为逆差，5 年累计达 -393 亿美元，而且资本外逃也出现空前的规模。根据国际收支平衡表，1997—2001 年错误与遗漏项目累计达 -750 亿美元（见表 8—1）。大大影响了我国当时正推行的积极的财政和货币政策的效率，从而加速了我国的通货紧缩，5 年间，我国的 GDP 平缩指数平均为 -1.4%（钟伟等，2003）。

表 8—1　　　　　1995—2005 年中国国际收支平衡表中部分项目情况表

单位：亿美元

年份	1995	1996	1997	1998	1999	2000	2001	2002	2003	2004	2005、06	2005、12
贸易收支	181	195	428	438	306	288	281	374	447	493	542	1342
引进 FDI	377	424	453	455	404	408	469	527	535	606	263	791
投资收益差额	-117	-124	-112	-165	-141	-142	-186	-147	-80	-42	42	91
证券投资差额	7.9	17	69	-37	-112	-40	-194	-103	114	91	-9.7	-49
错误与遗漏	-178	-156	-223	-187	-178	-119	-49	78	184	270	-51	-168

资料来源：国家外汇管理局网站（www. safe. gov. cn/statistics），各年《国际收支平衡表》。

（二）2002—2005 年汇改前：人民币升值压力下的大量游资涌入

2002—2005 年汇改前，多年以来，我国不但长期维持巨额的贸易顺差，而且 FDI 的引进也取得了辉煌的成绩（见表 8—1），造成我国国际收支的长期"双顺差"，而且进入 2002 年后美元对日元、欧元的大幅度贬值，导致盯住美元的人民币由贬值的预期转为升值的预期。在套汇和套利的双重利益的驱动下，国际投机性资本大量流入中国冲击人民币汇率。如表 8—1 所示，2002—2004 年错误与遗漏累计达 532 亿美元，2003 年和 2004 年证券投资顺差也达 205 亿美元，据不完全统计到 2005 年 6 月末，进入中国境内的国际游资已达 1450 亿美元，IMF 也估计中国 2003 年至 2005 年上半年的外汇储备约一半的年增幅都是由投机性资金流入中国境内造成的。外汇储备的大幅猛增

（从 2000 年年末的 1650 亿美元增至 2005 年 6 月的 7110 亿美元），一方面造成外汇占款的比率攀升（见表 8—2），严重影响货币政策的效率，另一方面尽管央行采取了大量的"冲销"措施回笼货币，2003 年、2004 年货币供应量的增幅仍过大，如 2003 年 M2、M1 分别增长 19.6% 和 18.7%，2004 年 M2、M1 也分别增长 14.7% 和 14.6%，形成通胀的压力：2003 年下半年后粮油、肉类等副食品价格大幅度攀升，2004 年 CPI 上升 3.9%，GDP 平减指数达 7.6%。

表 8—2　　　2001—2004 年我国外汇占款与基础货币供给间的关系简表

单位：亿元

外汇占款存量与基础货币存量间的关系					外汇占款增量与基础货币增量间的关系				
年份	2001	2002	2003	2004	年份	2001	2002	2003	2004
外汇占款（A）	18850	22107	29842	45940	外汇占款年增量（C）	4036	3257	7734	16098
基础货币（B）	39852	45133	52841	58856	基础货币年增量（D）	3360	5287	7703	6015
A/B（%）	47.3	49.0	56.5	78.1	C/D（%）	120.1	61.6	100.4	267.7

资料来源：根据中国人民银行网站《统计数据——货币当局资产负债表》的数据整理计算制表。

二　人民币汇改对我国跨境短期资本流动的理论效应分析

（一）人民币汇率制度变化的短期资本流动理论效应

理论上讲，新汇制强调是以市场供求为基础、参考一篮子货币调节、有管理的浮动汇率制，从汇率制度的短期资本流动效应来看，与汇改前的盯住制汇率相比对国际游资具有抑制效应：（1）理论上讲在新汇制下，我国货币当局虽然制定有人民币汇率的目标区间，但不向外公布，只是作为货币当局在管理汇率和干预市场时的一个内部参考指标，而且区间是可以调整的，政府有干预外汇市场和稳定汇率的义务，但是却没有固守某个汇率值的责任和义务，当局还可以"相机抉择"，选择放弃原来的目标区间，并制定新的目标区间。（2）新汇制是参考一篮子货币调节，所参考的货币篮子也没有对外公布，使外界难以准确预测人民币汇率的走势，而且由于不是盯住单一美元，避免了因美元汇率变动造成人民币有效汇率的变化从而形成对人民币汇率升（贬）值的预期，进而对国际短期资本流动形成影响。（3）新汇制是浮动汇率制，意味着人民币汇率有随时浮动的可能性，市场难以形成对汇率变动趋势的稳定预期，从新汇制实行的表现来看，其弹性已有所凸显，加上国内金融市场尚不能提供充分的避险工具和途径，从而增加了国际投机者的风险。总之，从理论上讲，由于汇制弹性的增加，国际短期资本流动对汇率和内外目标的冲击会降低；又由于政府没有固守某个汇率值的义务，形成累积性的汇率高估或低估的机会降低，以及外汇风险的加大，从而大大降低了国际游资的兴趣，国际短期资本流动的突然逆转和金融危机发生的可能性也会降低。随着我国资本项目的进一步开放和人民币资本项目可兑换进程的推进，国际短期资本流动对我国经济的影响力，将会大大提高。因此，人民币汇制改革对我国国际短期资本流动的影响，其意义深远。

（二）人民币升值的短期资本流动理论效应

关于人民币升值的短期资本流动效应，取决于人们的市场预期。此次在汇改的同时使人民币对美元升值2.1％，人民币升值后，外界对人民币汇率形成了两种不同的市场预期：一种是，认为人民币只升值2.1％，与汇改前的市场普遍预期的5％—15％升值相差甚远，持这种预期者就会继续使资本流入中国，以赌人民币的继续升值；另一种则是，认为人民币虽然没有升值到位，但中国政府短期内不会再让人民币大幅度升值，加上美元利率也已高于人民币，再赌人民币升值的意义已大大降低，持这种预期者就会暂停使资本流入中国，甚至原来已流入中国的投机资本也会想法外逃。虽然这两种不同的预期对我国跨境短期资本流动的影响具有抵消作用，但是汇改后前三年人民币升值的预期仍然会占据主流，如：根据中金在线2006年4月4日、4月7日报道，著名的全球投行雷曼兄弟公司预测2006年年底美元兑人民币将达到7.5；亚行当时就预测2006年内人民币将升值3％。因此，汇改后的前几年国际短期资本净流入的可能性仍然较大。不过一旦人民币升值的预期消失后，短期资本净流出将在所难免，而且流出的总数量可能会高于汇改前流入的规模（考虑增值因素），值得我们关注。

三　人民币汇改的国际游资抑制真实效应分析

（一）三种游资估算方法及其新时期（汇改后）的适用性分析

目前，国际游资尚无统一的标准和计算方法。根据相关文献，笔者能够检索到的国际游资估算方法主要有三种：

游资1："错误与遗漏"

长期以来，人们常用国际收支平衡表中的"错误与遗漏"额来简单的估算国际游资的规模和流向，它通常可反映在资本管制的情况下，一国非法跨境资本（多为短期的投机性资本，即"游资"）的流动规模和方向：金额越大表示游资的规模越大；为"－"则表示净流出，例如：根据国家外汇管理局网站的各年国际收支平衡表的相关数据，1998—2001年的"错误与遗漏"均为"－"，且1998年金额最大，说明出现资本外逃现象，其中1998年最为严重；为"＋"表示国际游资的净流入，如：2002—2004年的"错误与遗漏"均为"＋"，而且金额从78亿美元增至270亿美元，说明有大量游资流入中国，且规模不断增加。从表8—3的游资1得知，汇改后我国国际收支的"错误与遗漏"由2004年的顺差转为逆差，其中：2005年下半年、2006年分别为－117亿美元、－129亿美元；2007年、2008年和2009年分别为164亿美元、－261亿美元和－435亿美元，如果仅仅从这一指标来看，说明2005年人民币汇改对游资冲击的抑制效应在2005年和2006年是较明显的。然而，这与我国的真实经济金融情况有些悖论，种种迹象表明：2005—2007年我国的经济偏热、股市飙升、房价攀高、流动性泛滥等经济现象均与大量的国际游资流入有关。造成"游资1"无法真实地反映国际游资的流动状况，其根源主要是"游资1"仅能反映非法资金的流动情况，但在人民币经常账户已经实现可兑换和资本账户可兑换进程逐步扩大的今天，国际游资完全可以绕过管制，"合法"进入中国，导致"错误与遗漏"（即"游资1"），从而难以反映汇改后国际游资流动的真实状况。

游资2："非FDI资本流入量"

由于"错误与遗漏"公布不及时，只每半年公布一次，为此韩剑等（2006）提出用"非FDI资本流入量"来粗略估算国际游资的规模和流向。韩剑等将"非FDI资本流入量"（下称"游资2"）定义为：非FDI资本流入量等于国际储备增量减去贸易顺差额，再减去FDI实际利用额。按此定义，可建立方程式：

$$FFDI = \triangle FR - TB - FDI \tag{1}$$

其中，FFDI、$\triangle FR$、TB、FDI分别表示非FDI资本流入量、外汇储备增量、贸易顺差、FDI实际利用额。

游资2与游资1相比，不但解决了"错误与遗漏"公布不及时的问题，而且将通过短期债务等形式的游资移动也纳入了估算的范畴，使估算的游资额与现实更为贴近。表8—3显示，2003年、2004年及2005年上半年的"非FDI资本流入量"分别是379亿、1139亿、329亿美元，两年半合计为1847亿美元，说明2003年至汇改前，在人民币实行盯住汇率制和人民币升值预期强劲的情形下，国际游资对我国的冲击是非常严重的；而 2005 年下半年、2006 年、2007 年、2008 年和 2009 年分别为 16 亿、4 亿、158 亿、－776 亿和 1123 亿美元（见表 8—3）。可见，如果仅仅从"游资 2"这一指标来看，可以说新汇制在 2005—2007 年对抑制游资冲击具有较好的积极效应。但是，这一结论同这三年来我国的偏热经济金融无不与国际游资相关的现实却极不相符。究其原因，笔者认为韩剑的"非 FDI 资本流入量"，一方面，没有考虑到 FDI 实际利用额中的非货币投资部分；另一方面，更没有考虑到汇改后我国国际收支中可能有不少投机性资本伪装成贸易资本流入的新情况（详情见下面计算），致使所计算出的结果与现实出现较大的偏差。

游资 3："非正常外资流入量"

韩继云等（2007）认为，中国的外汇收支主要包括贸易、FDI 和外债等项目，为此提出用"非正常外资流入量"指标来考核国际游资的流动情况。韩继云等将"非正常外资流入量"定义为：非正常外资流入量等于国际储备增量减去贸易差额、FDI 货币投资额和外债增量。按此定义，可建立方程式：

$$FFC = \triangle FR - TB - (1 - K_f) \cdot FDI - \triangle FD \qquad (2)$$

其中，FFC、$\triangle FR$、TB、FDI、$\triangle FD$ 分别表示非正常外资流入量、外汇储备增量、贸易顺差、FDI 实际利用额和外债增量；K_f 表示 FDI 的非货币投资比率，根据韩继云等的计算，我国外商直接额中大约有 40% 为非货币投资，即非货币投资率 K_f 取值为 40%。

游资 3 与游资 2 相比，考虑到了 FDI 实际利用额中的非货币投资部分对游资估算的影响，可进一步增加估算结果与现实的贴近性。表 8—3 显示，2003 年、2004 年及 2005 年上半年的"非正常外资流入量"分别是 368 亿、994 亿、256 亿美元，两年半合计为 1618 亿美元，也说明 2003 年至人民币汇改前，国际游资对我国经济的冲击是非常严重的；而 2005 年下半年、2006 年、2007 年、2008 年分别为 44 亿、－138 亿、205 亿、－197 亿美元（见表 8—3）。可见，如果仅仅从"游资 3"这一指标来看，也可表明新汇制在 2005—2007 年对抑制游资冲击具有一定的积极效应（2008 年受国际金融危机的影响缺乏可比性），但是，这一结论却同样与这三年来，我国的偏热经济金融无不与国际游资相关的现实极不相符。究其原因，笔者认为韩继云提出的"非正常外资流入量"，虽然考虑到了 FDI 实际利用额中的非货币投资部分对游资估算的影响，比"游资2"有所进步，但是仍然没有考虑到汇改后我国国际收支可能有不少投机性资本伪装成贸易资本流入的新情况，致使所计算出的结果也难以反映汇改后的国际游资流动的真实状况。另外，笔者根据中国国家外汇管理局网站有关数据计算，2002—2005年中国的外债共增加了964亿美元，其中中长期外债仅增加56亿美元，短期外债却增加了908亿美元（占外债总增量94%）；2006年、2007年的419亿、507亿美元外债增量中，中长期外债仅分别为89亿、101亿美元，也就是说这两年外债的增量中大约80%是短期外债。而短期外债的增量中，可能很大部分就是游资，韩继云将其全部从游资中扣除，有不合理的地方。

表8—3   汇改前后国际游资流动对我国的冲击分析表（1998—2009年6月）

单位：亿美元、%

时间	年份	外汇储备（FR）		游资1		游资2（FFDI）		游资3（FFC）		游资4（RFFDI）	
		量	增量（B）	量	占B	量	占B	量	占B	量	占B
汇改前	1998	1450	51	—187	—367	—840	—1647	—808	—1584	—	—
	2003	4033	1169	184	15.7	379	32.4	368	31.5	—	—
	2004	6099	2066	270	13.1	1139	55.1	994	48.1	—	—
	2005 1—6	7110	1011	—51	—5.0	329	32.5	256	25.3	—	—
汇改后	2005 7—12	8189	1079	-117	-10.8	16	1.5	44	4.1	442	41
	2006	10663	2474	-129	-5.2	4	0.2	-138	-5.6	899—972	36.3—39.3
	2007	15282	4617	164	3.6	158	3.4	205	4.4	1656—1797	35.9—38.9
	2008	19460	4190	-261	-6.2	-776	-18.5	-197	-4.7	680—1219	16.2—29.1
	2009	23992	3984	-435	-9.6	1123	28.2	944	23.7	2208—2492	55.4—62.5
	2009 1—3	24471	479	-219	-45.7	100	20.8	48	10.0	106—259	22.1—54.0

续表

时间	年份	外汇储备（FR）		游资1		游资2（FFDI）		游资3（FFC）		游资4（RFFDI）	
		量	增量（B）	量	占B	量	占B	量	占B	量	占B
备注											

备注：

1. 游资1 = 错误与遗漏额。FFDI = $\triangle FR - TB - FDI$；FFC = $\triangle FR - TB - (1 - K_f) \cdot FDI - \triangle FD$；RFFDI = $FFDI + FTB + K_f \cdot FDI$；其中，$\triangle FR$、FDI、TB、$K_f$、、$\triangle FD$、FTB 分别指外汇储备增量、FDI 实际利用额、贸易顺差、FDI 的非货币投资比率［取韩继云等（2007）的估算值40%］、外债增量、伪装成贸易资本的投机性资本流入额。$FTB_t^{上} = Q_t \times (K_t - 2.14\%)$，$Q_t$、$K_t$ 分别为计算期外资企业进出口额、外资企业顺差占外资企业进出口的百分比。$FTB_t^{下} = FTB_t^{上} - Q_t^e \times 35\% \times \triangle e_t^{\$} / (1 + \triangle e_t^{\$})$，$\triangle e_t^{\$}$ 代表 t 期人民币对美元汇率比 2004 年平均升值的百分比数（见表7—1）、Q_t^e 为计算期 t 期外商投资企业出口额（详见表7—17）。

2. "游资4"只计算汇改后的情况。

3. "占B"表示占当期外汇储备增量的百分比。

资料来源：笔者根据国家外汇管理局网站：中国外债数据、国际收支平衡表的"错误与遗漏"；中国人民银行网站：各年各季度中国货币政策执行报告；中国商务部网站：利用外资、进出口统计等的相关数据，计算并整理成表。

（二）关于汇改后游资估算方法的修正

1. 对 2005 年后伪装成贸易的游资流入量进行估算

2005 年以来，中国国际收支出现了较大的反常，年贸易顺差出现大幅度的飙升，从 2004 年以前的 300 亿美元左右，突然飙升到 2005 年后的 1000 亿美元以上，尤其是汇改后，出现了人民币汇率的升值与中国贸易顺差飙升的悖论。究其原因，可能是有大量游资伪装成贸易资金进入我国，以赌人民币的进一步升值。金三林（2006）也指出，汇改后我国"巨额外贸顺差里面可能隐藏着巨额的伪装成贸易的资本流入"。

为了对 2005 年后伪装成贸易的游资流入量进行估算，我们在第七章的第四节根据 2005 年中国加工贸易和外资企业的进出口贸易顺差剧增的情况，尤其是从 2005 年开始，在中国的外资企业出口的增长率明显大于进口的增长率（而在 2004 年以前，其进、出口的增长率也几乎是同步的）和外资企业的进出口贸易顺差占外资企业进口的比重，从 2005 年开始也出现明显的增加，大约比 2004 年以前分别增加 9—17 个百分点的新变化（见表7—17），并且假设这些变化，最大的可能性是外资企业通过内部划拨价格的调整，如调高出口价、调低进口价等，使大量投机性资金通过贸易途径流入我国形成的；同时假设隐藏在贸易顺差中的非贸易资金，主要是通过外资企业进入中国等。在这个基础上建立一个方程式，来对隐藏在贸易顺差中的投机性资本额（用 FTB 表示）进行简单地估算：设 Q_t、K_t 分别为计算期外资企业进出口额、外资企业顺差占外资企业进出口额的百分比；根据笔者的计算，1998—2004 年外资企业顺差占其进出口的比重平均为 2.14%，那么我们假设 K 的正常值为 2.14%，则：

$$FTB_t = Q_t \times (K_t - 2.14\%) \qquad (3)$$

根据式（3）和表 7—17 的数据，可得 2005 年、2006 年、2007 年、2008 年、2009 年、2010 年 1—6 月隐藏在中国贸易顺差中的非贸易资金额分别为 392 亿、690 亿、1085 亿、1404 亿、1009 亿、269 亿美元。

在第七章的第四节，我们在添加了人民币升值形成贸易条件改善的假设因素后对贸易中的游资进行了估算，从而形成了 2005 年、2006 年、2007 年、2008 年、2009 年和 2010 年上半年中国贸易顺差中的非贸易资金区间分别为：392 亿、617 亿—690 亿、944 亿—1085 亿、865 亿—1404 亿、725 亿—1009 亿、80 亿—269 亿美元。

2. 新时期（汇改后）游资估算方法的修正

导致游资 1、游资 2、游资 3 难以体现汇改后游资对我国冲击的真实情况，其主要原因是可能有大量游资伪装成贸易资金进入我国，而这部分资金在游资 1、游资 2、游资 3 中均没有得到体现。为了使所估算的游资更符合实际，本书提出用"实际非 FDI 资本流入量"对国际游资加以测算。所谓"实际非 FDI 资本流入量"，本书将其定义为在上述"非 FDI 资本流入量"的基础上，再加上伪装成贸易资本的投机性资本流入额和 FDI 实际利用额中的非货币投资部分，其方程式为：

$$RFFDI = FFDI + FTB + K_f \cdot FDI$$
$$= (\triangle FR - TB - FDI) + FTB + K_f \cdot FDI \qquad (4)$$

其中：RFFDI、FFDI、FTB、FDI、K_f 分别指实际非 FDI 资本流入量、非 FDI 资本流入量、伪装成贸易资本的投机性资本流入额、FDI 实际利用额、FDI 的非货币投资比率；$\triangle FR$、TB 分别指外汇储备增量、贸易顺差；FTB 按式（3）计算；K_f 直接取韩继云等（2007）的估算值，即 40%。

根据式（4），可计算出人民币汇改后我国的"实际非 FDI 资本流入量"：2005 年下半年、2006 年和 2007 年、2008 年、2009 年、2010 年 1—3 月进入我国的游资区间分别为 442 亿、899 亿—972 亿、1656 亿—1797 亿、680 亿—1219 亿、2208 亿—2492 亿和 106 亿—259 亿美元（见表 8—3 "游资 4"）。可见，从修正后的游资估算指标，即游资 4 这一指标来看，新汇制仍然没有有效遏制国际游资的流入，人民币汇率的弹性化改革的国际游资抑制效应仍然不十分理想，而且从游资的规模来看，2005—2007 年是递增的，2007 年达到大约 1700 亿美元的高峰，2008 年下半年受国际金融危机的影响，使 2008 年全年进入中国的游资规模出现较大幅度的下降，2009 年以来又出现一定的反弹，2010 年又大幅度减少。这一结论（估算结果）与我国 2005 年人民币汇率改革以来的真实经济金融情况是比较相符的。

四　本节小结

（1）经典理论和国外的实践均证明，缺乏弹性的汇率制度容易招致国际投机性资本的冲击。

（2）我国已属于半开放、半利率市场化阶段，汇改前我国实行了近 10 年的"硬盯住"美元，这期间国际游资对我国的冲击是明显的，尤其是 2003 年至汇改前。这从游资 1、游资 2、游资 3 的相应数据均可得以证明。

（3）2005 年 7 月，我国实行了人民币汇率改革，变盯住汇率制为管理浮动汇率制，再次拉开了人民币汇率弹性化改革的序幕。关于 2005 年的人民币汇改的国际游资抑制效应，如果仅从游资 1、游资 2、游资 3 的相关数据来看，似乎 2005 年的人民币汇率的弹性化改革的国际游资抑制效应，在 2005—2007 年是比较明显的，然而这与汇改后我国经济金融的实际情况却极不相符，说明游资 1、游资 2、游资 3 的游资估算方法，已不适应汇改后我国国际收支出现的新情况。

（4）汇改后我国贸易收支顺差的大量增加，其主要原因是大量游资伪装成贸易资金进入我国，进而导致游资 1、游资 2、游资 3 难以体现新时期游资移动的真实情况。为此，笔者对游资估算方法进行了修正，提出了用"实际非 FDI 资本流入量"，即游资 4 的方程式来估算汇改后国际游资对我国的冲击，并通过建立方程式对汇改后伪装成贸易流入的投机性资本进行了估算。从游资 4 的相应数据来看，人民币汇改后国际游资抑制效率是非常低下的。究其原因，主要是，尽管 2005 年以来的人民币汇改使人民币汇率的弹性较汇改前有所增加，但弹性仍然较小，汇改后的前 22 个月人民币对美元的日波幅一直仅限制在 0.3% 范围内，从 2007 年 5 月 21 日起，也只是由 0.3% 扩大到 0.5%，但仍然大大小于布雷顿森林体系下的 1% 允许波幅。而新汇制运行两年来的人民币对美元实际日波幅，则比 0.3% 或 0.5% 的理论波幅更小。在如此小的浮动区间和较强的升值预期下，容易形成汇率单边上升的态势，游资冲击仍然难以有效抑制（曹垂龙，2006a）。建议对人民币汇制进行进一步改革，尽快实行汇率目标区制，以使汇率的浮动空间进一步适当扩大，形成汇率的双向走势，使投机进出资金的风险成本加大，这会给投机资金带来一定压力和风险，从而抑制其投机操作，这将会对抑制游资冲击和缓解人民币的升值压力带来积极的效应（曹垂龙，2007a）。

第三节　人民币汇改的 FDI 效应：理论与现实

一　人民币升值对 FDI 流入的影响

如本章第一节所述：理论上说，人民币贬值有利于中国吸引 FDI；反之，则不利于吸引 FDI。其传导机制主要是通过相对生产成本和财富效应。一般来说，对中国而言，人民币汇率贬值或低估使外币的购买力相对增加，一方面，使得以外国货币表示的在中国的生产成本下降，或者说以外国货币所表示的出口价格下降，有利于出口，从而相应地提高了出口导向型外国投资者的利润和回报率；另一方面，也使得外国投资者相对于中国投资者而言，其财富相对增加了，即外国投资者可以用同样的非人民币货币表示的投资额获得比人民币货币表示的更多的股份。可见，在两种效应的共同作用下，人民币汇率贬值有利于其吸引 FDI。反之，人民币汇率升值或高估，会增加外商的投资成本，并且导致财富相对减少，不利于吸引 FDI。

关于人民币汇率变动与我国 FDI 的关系，张谊浩（2003）通过对中国 1978—2000 年的数据进行协整检验，得出：从长期来看，人民币汇率的波动与外商直接投资之间存在协整关系，尤其是人民币汇率的剧烈波动对外商直接投资具有显著的负面影响；从短期来讲，人民币汇率波动与外商直接投资之间不存在明确的关联，人民币汇率波动对外商直接投资不具有显著性影响效应。

2005 年人民币汇改之初只使人民币对美元升值 2.1%，而且汇改后的前两年（2005 年 7 月—2007 年 6 月）人民币也只是缓慢盘升，到 2007 年 6 月止，与汇改前相比人民币对美元累计升值不到 10%；从 2007 年 7 月至 2008 年 7 月期间，人民币加快了升值节奏和升值速度，到 2008 年 7 月底，即到人民币汇改第三年时人民币对美元累计升值 21%。从理论上讲，人民币汇改后的前两年由于升值速度较慢，累计升值幅度较小，人民币这样的小幅度升值对我国 FDI 流入的影响应该不会太大，然而从 2007 年 7 月开始，人民币进入中快速升值轨道，对我国 FDI 流入的负面影响应该会逐步凸显（见表 8—4）。

表 8—4　　　　　　人民币汇改前后 4 年我国 FDI 流入的对比分析表

单位：亿美元

时间	A：汇改前的 4 年（亿美元）					B：汇改后的 4 年（亿美元）					B/A *（%）
	2001	2002	2003	2004	2005	2005	2006	2007	2008	2009	
	7—12	1—12	1—12	1—12	1—6	7—12	1—12	1—12	1—12	1—6	
FDI	266	527	535	606	263	340	630	827	924	430	
合计	2197					3151					143
备注	* B/A：人民币汇改后与汇改前的百分比。										

资料来源：根据中国国家统计局网站（www. stats. gov. cn）和中国商务部网站（www. mofcom. gov. cn）数据整理计算制表。

从实际绩效来看，此次人民币汇改引起的人民币升值，对我国 FDI 流入的影响较小：表 8—4 的实际数据显示，人民币汇改后，外商直接投资流入出现不减反增的趋势，人民币汇改之后的 4 年我国实际 FDI 利用额达到 3151 亿美元，是人民币汇改前的 4 年的 143%，尤其是 2008 年仍然达到 924 亿美元，比 2007 年仍然增加 11.7%（见表 8—4）。究其根由，从 FDI 流入我国的真正动因来看，可能是人民币汇率仅是影响 FDI 的因素之一，真正吸引 FDI 的是劳动力等生产要素的廉价和巨大的国内市场等：（1）我国在劳动力、土地等生产要素的价格，尤其是劳动力价格方面具有很强的比较优势，2001 年，中国制造业工人周工资为 22.35 美元，是马来西亚和中国台湾地区的 1/5，中国香港的 1/10。新加坡的 1/10。尽管近年来我国劳动力平均工资增长水平高于东南亚国家，但总的来说，我国劳动力价格的廉价优势仍然可以保持 20 年（杨帆等，2005），可见，人民币的升值还没有完全抵消这种由于劳动力等要素价格形成的比较优势。（2）对于两头在外的加工贸易型 FDI，大部分原材料来自进口，人民币升值会使进口价格和企业成本下降，可抵消绝大部分因人民币升值给出口带来的消极影响。（3）对于投资房地产等不动产型 FDI，人民币的升值预期会加速这类 FDI 的流入，甚至不排除有部分游资充当 FDI 的嫌疑。

不过，退一步来讲，就算人民币的小幅升值引起 FDI 流入的少量减少，也没有什么可怕的，我国利用外资也应该由"数量型"向"质量型"转变，人民币的小幅升值有利于提高外资的利用效率和效果。从中长期来看，由于我国国际收支顺差的刚性和良好的经济增长态势等因素的支撑，人民币仍会有较强的升值压力，此次人民币汇改的后续 FDI 流入效应，关键要看今后的人民币升值幅度和方式，如果人民币只是缓慢盘升，其副作用不会太大；如果是屈服于外部压力造成人民币的恶性快速盘升（诸如"广场协议"后，日元在 1985—1987 年的快速升值那样），将会对我国引进 FDI 造成较大的负面效应，不仅会造成 FDI 流入的大量减少，而且会使投资收益的大量汇出，进而可能会影响国际收支的平衡。

二 人民币升值对我国对外直接投资的影响

根据商务部发布的《2004 年度中国对外直接统计公报》显示，截至 2004 年年底，中国对外 FDI 总额为 448 亿美元，仅仅相当于全球 FDI 存量的 0.55% 和中国引进 FDI 总额 5600 多亿美元的 8%。我国引进 FDI 和对外 FDI 间的长期失衡，导致投资收益项目的年年逆差（见表 8—1），其中 2001 年高达 -194 亿美元。因此，加强我国的对外 FDI 对于我国将来的国际收支平衡，其意义深远。

人民币升值使人民币的相对购买力增加，在相对生产成本和财富效应的作用下，因而理论上有利于中国的对外直接投资的扩大。

从实际绩效来看，2005 年以来的人民币升值，对我国对外 FDI 具有较明显的促进作用：表 8—5 显示，人民币汇改之后的 4 年里我国对外直接投资额达到 1124 亿美元，是人民币汇改前的 4 年的 730%，尤其是 2008 年高达 535 亿美元，比 2007 年猛增 215%（见表 8—5）。联合国《2006 年世界投资报告》也认为：以中国为代表的发展中国家跨国公司扩大境外投资日趋明显，成为 FDI 流出总量的新亮点。

表 8—5　　　　人民币汇改前后 4 年我国对外直接投资的对比分析表

单位：亿美元

时间	A：人民币汇改前的 4 年（亿美元）					B：人民币汇改后的 4 年（亿美元）					B/A * （%）
	2001	2002	2003	2004	2005	2005	2006	2007	2008	2009	
	7—12	1—12	1—12	1—12	1—6	7—12	1—12	1—12	1—12	1—6	
FDI	57	25	15	18	39	74	212	170	535	133	
合计	154					1124					730
备注	* B/A：人民币汇改后与汇改前的百分比。										

资料来源：根据中国国家外汇管理局网站（www. safe. gov. cn）各年《国际收支平衡表》数据整理计算制表。

三　人民币汇率生成机制变化的 FDI 效应

人民币汇率制度变化的 FDI 效应主要体现在外汇风险增加所带来的负面影响。从新汇制的表现来看，其弹性已逐步显现，基本实现了双向浮动，从微观层面来讲，这会对外商投资企业和我国的对外投资企业带来投资收益和风险的不确定性。因此，完善我国外汇市场尤其是远期外汇市场，增加汇率风险的避险工具、途径和效率是非常必要的。

第六部分

汇改后中国内部
经济均衡绩效篇

第九章 "均衡汇率杠杆论"与汇率 的杠杆属性

根据对汇率认识程度的深浅，均衡汇率理论大体上可分为三个层次：比价论→要素论→杠杆论。均衡汇率"杠杆论"指出，汇率是比价，更是杠杆和政策工具。均衡汇率"杠杆论"在重视宏观经济对均衡汇率决定作用的同时，更重视均衡汇率对宏观经济的反作用，这为人民币汇率政策的选择和考察人民币汇制改革对中国内部经济均衡的改善效应等开阔了视野。

第一节 均衡汇率理论的新发展："均衡汇率杠杆论"及其意义

一 均衡汇率理论的新发展："均衡汇率杠杆论"的基本思想

姜波克等在重视宏观经济对均衡汇率的决定作用的同时，更重视均衡汇率对宏观经济的反作用，从全新的视角提出了均衡汇率新论："均衡汇率杠杆论"。其基本思想主要有：

（一）汇率"杠杆论"

"均衡汇率杠杆论"指出：汇率是比价，更是杠杆和政策工具，强调汇率不但会影响一国的物价、就业和经济的增长速度，而且还会影响其经济结构的调整和经济增长的质量。指出："汇率是货币国际购买力的反映，同时又是调节内部均衡和外部均衡及其相关关系的杠杆。"（姜波克，2006a）而"比价论"、"决定论"则主要强调汇率是比价，即两种货币交换比率的属性。

（二）"内部均衡重要论"

"均衡汇率杠杆论"指出：均衡汇率是"经济增长前提下内部均衡和外部均衡同时实现的汇率"，"对我国这样的大国而言，内部均衡要比外部均衡重要"。"内部均衡是均衡汇率最主要的条件和判断标准，均衡汇率应该是经济增长的汇率条件，而不仅仅是国际收支平衡的汇率条件"。（姜波克，2006a）而长期以来人们则认为，均衡汇率最先是指能够使国际收支实现平衡的汇率，这种内涵的均衡汇率侧重于外部均衡。后来，纳克斯（Nurkse）发展了均衡汇率理论，他将内部均衡定义为充分就业，外部均衡定义为国际收支的平衡，所谓的均衡汇率就是与宏观经济内外部均衡相一致的汇率，也就是内、外部均衡同时实现时决定的汇率。按照这样的定义虽然强调均衡汇率是内、外部均衡同时实现时决定的汇率，但是在后面的学者的研究中仍然是把内部均衡放在从属于外部均衡的地位，如根据威廉姆森（Williamson）的推导，在基本要素均衡汇率论中内部均衡是隐藏于外部均衡之中的（姜波克，2006b）。"均衡汇率杠杆论"明确地提出了内部均衡是均衡汇率最主要的条件和判断标准，把内部均衡提高到了最主要的位置，更强调汇率对内部经济目标的实现，尤其是对经济增长的实现的重要性。

（三）"均衡汇率区间论"

"均衡汇率杠杆论"指出："均衡汇率是多重的"，是一个均衡汇率区间。一国的经济政策目标是一个经济均衡增长区间，所谓均衡经济增长是指在失业率和通货膨胀率均能保持在合理水平下的一国经济增长率，而合理的失业率和通货膨胀率实际上是一个区间。设一国能够忍受的最大失业率和最大通货膨胀率分别为 R_{max} 和 $\triangle P_{max}$，那么与 R_{max} 和 $\triangle P_{max}$ 对应的经济增长率则分别为均衡经济增长区间的上下限 y_1、y_2。使经济增长维持在均衡经济增长区间 [y_1，y_2] 内的汇率就是均衡汇率，与均衡经济增长区间的上下限 y_1，y_2 分别对应的汇率就构成了均衡汇率区间的上下限 e_1、e_2，"在闭区间 [e_1、e_2] 内的汇率都是均衡汇率"（姜波克，2006b）。因此，一国货币的均衡汇率，并不像购买力平价论和基本要素均衡汇率论等传统均衡汇率论所论述的那样是一个点，而是一个汇率区间。

（四）均衡汇率可分为"投资推动型"和"技术推动型"

"均衡汇率杠杆论"指出：在均衡汇率区间内，不同位置的均衡点对于经济的影响是不同的，并根据对增长方式的不同影响，将均衡汇率分为"投资推动型"和"技术推动型"：当汇率靠近均衡汇率区间的下限（直接标价法，这时本币汇率较高）时，对出口不利，而有利于进口，促使本国企业依靠技术进步和管理水平来降低成本，以保持竞争力，进而有利于推动"内涵型"经济增长，这样的均衡汇率称之为"技术推动型"；反之，当汇率靠近均衡汇率区间上限（本币汇率较低）时，则有利于扩大出口和有利于本国进口替代品行业，可刺激投资，增加就业，但不利于技术的推广与应用和经济结构的改善，导致"外延型"经济增长，这时的均衡汇率称之为"投资推动型"（姜波克，2006b）。

二 均衡汇率新论——"均衡汇率杠杆论"的意义

根据对汇率认识程度的深浅，均衡汇率理论大体上可分为三个层次：

（1）"比价论"。购买力平价就是最典型的"比价论"。购买力平价的前提条件是经济基本面保持不变。然而，在现实经济中一国的经济基本面却是经常变化的，进而引起均衡汇率的移动，而相对购买力平价法的基期汇率本身是否为均衡汇率则是更关键的因素。因此，以购买力平价为基础对均衡汇率的测算就难以用来作为准确判断汇率失衡的依据。

（2）"决定论"。如：基本要素均衡汇率论（FEER）、行为均衡汇率论（BEER）、自然均衡汇率论（NATREX）、均衡实际汇率论（ERER）等。它们的共同特点是，认为均衡汇率的决定取决于基本经济要素的变化，并通过对基本经济要素进行定义和参数的设定，来推算出均衡汇率。这些理论虽然是对购买力平价的一个突破，但由于涉及基本要素选择的不同或同一要素的定义不同或参数不同，都会导致计算出不同的均衡汇率值，因此难以得出公认一致的均衡汇率值。这是近年来国内外不同学者利用不同的模型计算出不同的人民币均衡汇率值的原因，也导致这些人民币均衡汇率值的可信度不高，难以用来作为判断人民币汇率失衡和调整的准确依据。

（3）"杠杆论"。姜波克等强调均衡汇率的杠杆属性，即在重视宏观经济对均衡汇率的决定作用的同时，更重视均衡汇率对宏观经济的反作用，从而从全新的视角提出了均衡汇率新论——"均衡汇率杠杆论"，是对均衡汇率购买力平价论和基本要素均衡汇率论等"均衡汇率决定论"的一个重大突破和超越，为人民币汇率政策的选择乃至整个发展中国家汇率政策的选择，提供了一个全新的思维，具有很强的现实意义。

第二节 汇率的杠杆属性及其传导路径

"均衡汇率杠杆论"指出，汇率不仅具有比价属性，更具有杠杆和政策工具属性。汇率的杠杆属性体现在：汇率能够影响一国的经济增长速度和就业水平；汇率能够影响产业结构和经济增长方式；汇率能够影响一国的物价；汇率能够影响一国的金融市场和金融安全；等等。

一　汇率对经济增长速度和就业的影响

汇率不仅仅具有比价属性，还具有杠杆属性。汇率的杠杆属性首先体现在汇率能够影响一国的经济增长速度和就业水平。一国货币汇率的低估或下浮，有利于一国的经济增长速度和就业水平的提高。其传导机制，一是通过影响总需求的总量：一国货币汇率的低估或下浮，使本国产品的国外价（外币价）下降，从而有利于出口，使出口产品的需求增加，同时又使外国产品的国内价（本币价）上升，从而不利于进口，使进口替代品的需求增加。出口需求和进口替代品的需求增加，最终导致总需求的总量增加，如果一国尚存在闲置资源（劳动力、资本等），就会使总产出增加和就业水平提高。二是通过影响资本的形成和投资的总量来影响总产出：一国货币汇率的低估或下浮一方面有利于其吸收 FDI（其传导机制主要是通过相对生产成本下降和财富效应的作用），从而使该国的投资增加；另一方面由于进口产品的相对价格上升，导致进口消费的倾向下降，储蓄的倾向增加，有利于资本的形成和投资增加。产出是投资的函数，总投资的增加能进而使总产出和就业增加。可见，如果说本币汇率低估是本国经济增长的发动机，其实并不过分。反之，本币汇率升值或高估对其经济增长具有抑制作用，不利于就业。

雷达等（2006）研究证明：人民币升值会降低中国 GDP 的增长速度，并对就业产生的冲击，人民币升值 5%、10%、20% 将使 GDP 增长速度分别下降 1.58、3.32、6.74 个百分点；一次性 20% 以上的升值将导致严重的失业问题，可能使中国经济进入萧条，甚至出现局部的经济危机。

二　汇率对经济增长质量的影响

汇率的杠杆属性还体现在汇率能够影响总需求的结构，以及总需求在国内外的配置，进而影响总产出结构，并改变产业结构，使汇率具有影响经济增长方式和质量的属性。本币汇率低估或下浮，使贸易品部门得到优先发展，相当于是给本国的出口品部门和进口替代品部门施加了一把无形的保护伞，降低了本国贸易品部门提高劳动生产率的竞争意识，导致粗放经营的后果。汇率对资源的配置效应，不仅可以体现在贸易品部门与非贸易品部门之间，还可以反映在贸易品部门的内部。本币汇率低估或下浮，使资源有利于收益相对较低的贸易品部门，从而阻碍技术进步和经济结构的升级。经验也证明一国货币贬值或低估会导致其贸易条件的恶化。相反，一国货币升值，对那些低效率者具有挤出效应，会迫使其贸易品部门提高竞争意识，同时，汇率高估（或升值）有利于先进设备的进口，进而有利于产品的升级换代和贸易条件的改善。

中国人民银行对纺织企业 2007 年第四季度的调查显示，在人民币不断升值的情形下，64.2% 的样本企业采用了提高产品档次、技术含量和产品附加值等经营策略。近年来，随着出口产品升级换代加快，我国纺织服装出口的国外销售对象已逐步从一些大众化的超市零售商提升至中高档零售商及品牌专卖店。部分纺织企业通过自主研发或嫁接先进技术等方式增强品牌开发能力，由原先的贴牌加工生产转向品牌设计和研发合作。调查显示，为了应对人民币升值，目前约 1/3 的纺织企业将提高品牌影响力或创立自主品牌作为经营策略。可见在实践中，一国货币升值，对那些低效率者具有挤出效应，会迫使其贸易品部门提高竞争意识，进而促进产品和产业结构的升级换代。

三 汇率对物价的影响

体汇率的物价效应主要体现在三个方面：一是通过汇率的贸易收支效应的作用。一国货币汇率低估或下浮，有利于出口，不利于进口，如果该国能满足马歇尔—勒纳条件，其贸易顺差扩大，外汇储备增加，进而造成外汇占款上升，形成中央银行的被动性货币投放增加。二是通过汇率的 FDI 效应的作用。经验证明，一国货币汇率低估或下浮，有利于 FDI 的流入，而不利于对外 FDI。FDI 的流入，不仅会造成外汇储备和外汇占款的增加，而且还会造成利率的下降，投资的增加，进而形成通胀的压力。三是通过汇率的国际游资效应的作用。一国货币汇率低估，就往往形成升值的预期，在资本账户较开放的情形下，就会导致国际游资大量向该国转移，如果央行为稳定汇率对外汇市场进行干预就会造成外汇储备的猛增和央行的被动性货币投放的扩大，形成通胀的压力。反之，一国货币高估或升值一方面会造成该国贸易顺差的下降，另一方面会使 FDI 和国际游资的流入减少，流出增加，从而形成物价下降甚至是通缩的压力。

进一步分析，汇率及其变动的物价效应的传递路径包括商品市场、货币市场、资本市场。（1）商品市场路径，即通过影响商品的相对成本和供求关系来影响物价：一方面是通过相对成本效应（或者称为相对财富效应）直接影响进口商品的价格；另一方面是通过国内外相对价格效应，影响出口需求的变化，进而导致出口商品的价格变化。通过商品市场传导的汇率变动的物价效应与本币汇率的变动成反向关系，即一般情况下本币汇率上升，则导致本国物价下降。（2）货币市场路径，即通过影响货币供应量来影响物价：一方面是通过贸易收支的变化，进而影响一国国际储备和货币供应量的变化，促使一国物价的变动，一般情况下通过这一路径传导的汇率变动的物价效应与本币汇率的变动是反向关系，与本国汇率制度的弹性大小成反向关系；另一方面是通过国际资本流动，进而影响一国的货币供应量和物价的变化，一般情况下通过这一路径传导的汇率变动的物价效应与人们对本币汇率的变动预期是正向关系。（3）资本市场路径：主要是在三重套利机制的作用下，大量游资的进出导致其股票价格的变动，在相对财富效应的作用下，导致一国购买力和物价的变化。一般情况下通过这一路径传导的汇率变动的物价效应与人们对本币汇率的变动预期是正向关系。

四　汇率调整和汇率政策对金融安全的影响

（一）人民币升值对银行业所产生的负面效应

1. 汇率风险

截至 2005 年 6 月以来，我国主要商业银行的各类外汇敞口基本上维持在 800 亿美元以上。在人民币升值的情形下，使以外币计价的资产存量和外币多投面临按人民币计价价值直接"缩水"的风险。人民币升值越快，使银行面临的外汇风险就越大。目前我国商业银行所面临汇率风险的表现形式主要有：

（1）资产负债的汇率敞口风险。我国企业对外汇需求不断增加，但我国商业银行外汇资金来源却没有相对增加，外汇资金供应紧张，造成商业银行向主管部门申请人民币购买外汇以发放外汇贷款的现象，这会导致外汇资产与人民币负债之间的敞口风险。

（2）引入 OTC 交易方式后，商业银行结售汇等中间业务的汇率风险增加，可能出现平盘价低于对客户结算价的情况。

（3）远期结售汇业务等外汇衍生产品给国内银行带来更多风险。

（4）汇率的变动也给商业银行外汇资本金带来风险。由国家通过外汇储备注资、通过境外上市或引进战略投资者融资形成的外汇资本金容易受汇率波动的影响，造成折算成人民币后的资本数量发生变动，从而影响资本充足率。按照 2005 年 6 月末的数据粗略估算，人民币升值 2%，我国商业银行的总体资本充足率则下降约 0.1 个百分点（仇高擎，2005）。假设人民币升值 20%，将会导致我国商业银行总体资本充足率下降约 1 个百分点。

通过表 9—1 可以看出，中国主要银行在人民币持续升值的压力下，汇兑及汇率产品基本都出现了汇兑损失，其中汇兑损失规模最大的是建设银行，2006 年汇兑净损失高达 61 亿元，2007 年到 78 亿元。其次是工商银行，2007 年汇兑净损失为 69 亿元（见表 9—1）。

表 9—1　　　　2006—2007 年中国主要银行汇兑及汇率产品净损失

单位：人民币百万元

银行名称	2006 年	2007 年
中国银行	− 1496	− 948
工商银行	− 1329	− 6881
建设银行	− 6068	− 7820
交通银行	+ 433	+ 867
农业银行	+ 337	+ 226

备注：+ 代表净收益，− 代表净损失。

数据来源：各银行年报，中商情报网 http://www.askci.com。

2. 信用风险和流动性风险

一般而言，本币升值或高估会引起企业和居民收入减少，导致企业和家庭储蓄的增长率下降，增加银行的流动性风险。本币升值或高估会使国内部分行业和企业的景气指数下降，导致其借款、还款能力下降，进而引起商业银行的信用风险增加。仇高擎指出："总体上看，因人民币升值而明显受益的行业相对较少。"人民币升值会使国内部分行业和企业的景气指数下降，尤其是出口比重较大的行业（如：纺织、服装、电子、造船、医药）和进口替代（竞争）型的行业（如：煤炭、石油天然气开采、化工等）。如果人民币快速升值，还将对房地产行业造成不利影响（如外资撤资等）。上述行业通常占商业银行信贷的 30%—45%，因此，如果人民币升值过快，将会增加商业银行的授信业务的风险（仇高擎，2005）。雷达（2006）研究指出："人民币汇率升值对于企业外部融资、企业储蓄、家庭储蓄的增长都有抑制作用"，"3%—5%的升值对中国的金融部门的冲击是可以承受的，而升值20%—30%将直接导致宏观环境的恶化和金融部门的全面紧缩"，"甚至可能引发金融危机"。

（二）对金融和经济泡沫的影响

汇率调整以及本币汇率的高估或低估所引起的财富效应和国际"热钱"的流动效应，会导致一国资产价格的变化。在"羊群效应"的作用下，甚至会进一步引起该国金融和经济泡沫的形成或破灭。近年来，由于人民币强劲的升值预期，大量的"热钱"流入中国，而这些"热钱"往往以房地产和股票市场作为暂时的栖息地。中国人民银行《2006年中国房地产金融报告》显示，2006年第四季度境外资金占上海市全部购房资金的23%。在外资带领下，又往往会形成"羊群效应"，尤其是在本币升值预期下资金会向非贸易品（其中最为典型的就是房地产）和资本市场转移，这就是中国去年以来房地产和股票市场价格上涨的一个主要原因。资产价格的不断上涨，则有可能产生金融和经济泡沫。而人民币的快速升值后，又有可能引起国际"热钱"大量抽逃，带来房价和股市跳水的风险：2008年第四季度我国房价的下降部分原因来自国际"热钱"的撤离。

五　本节小结

（1）汇率是比价，更是杠杆和政策工具，并可根据经济发展的不同阶段，选择投资推动型均衡汇率或技术促进型均衡汇率，是"均衡汇率杠杆论"的中心思想，为人民币汇率的选择提供了新的思维和理论依据。

（2）根据汇率的杠杆属性，不同的汇率水平或调整方向具有不同的经济效应。一般情况下，较低的本币汇率则有利于本国经济增长速度和就业水平的提高，但容易导致粗放经营；相反，较高的本币汇率则不利于本国经济增长速度和就业水平的提高，但对低效率者会形成挤出效应，促使厂商对新技术和设备的使用，进而促使生产效率的提高和产业的升级换代。

（3）基于中国显著的二元经济结构特征、巨大的就业压力和内外均衡实现的需要，以及人民币升值的收益与成本的比较等，笔者认为，在今后较长时期内，人民币宜采取适当低估（或者说采取均衡汇率区间的上半部分），这是确保我国在较长时期内必须具有较高的经济增长速度，并解决就业问题的内在要求。然而，从外部失衡的压力和中国经济的可持续发展来看，又对人民币提出了升值的迫切要求。因此，权衡各种因素和利弊，今后较长时期内人民币汇率仍宜采取适当低估，并逐步升值的方略，即让人民币从目前比较低估的状态向比较不低估的状态进行缓慢升值，或者说由均衡汇率区间的上半部分逐步向下限移动，以达到在实现中国经济总量赶超的同时，兼顾增长质量和经济结构提升的目标。

第十章 人民币汇率改革的
中国金融市场效应

2005 年下半年以来,人民币汇改已成为促进我国金融市场改革与发展的重要因素:外汇市场创新和改革的"催化剂"、利率市场化和货币市场创新的"助推器"、股市的"鲶鱼"等,使人民币汇改仍将是推动我国金融创新与发展的重要力量。伴随人民币汇改及其改革的进一步深入,我国外汇市场、货币市场和资本市场的创新将会如雨后春笋,金融市场的深度和宽度都会得到拓展。但随着资本账户的进一步开放和汇率弹性的进一步增加,也会增加我国金融市场的不稳定性和金融风险。

第一节 人民币汇率改革对中国货币市场的影响

一 人民币汇改对银行借贷市场的影响

(一)利率市场化和货币市场创新的"助推器"

具备弹性的利率机制,具有调节汇率、打击投机性资金对汇率冲击的作用,即稳定机制。根据国际经验,一国货币汇率的弹性化、市场化改革往往要求其利率的市场化改革与之相配套。我国在 2005 年人民币汇改之前,已加快推进了人民币利率市场化改革的步伐,如:对外币利率初步实现了市场化,取消了对人民币存款利率下限和贷款利率上线的限制(信用社除外),已基本实现市场化的利率由银行同业拆借利率、国债招标利率和部分企业债券利率等组成。但是,我们也应该看到,在人民币汇改之时我国利率市场化程度仍然较低,绝大多数利率还是由央行决定(杨如彦,2005)。此次人民币汇制改革将引起我国利率市场化改革的加速推进,中国人民银行已宣布从 2007 年 1 月开始每日公布 8 个期限的"中国基准利率"(上海银行间同业拆放利率,Shibor),标志着我国利率市场化的进程又迈出了具有里程碑意义的一步。当然,我国利率市场化的推进也必将增加商业银行和企业的利率风险,增加商业银行和当事人风险管理的成本和难度,与此同时也会大力地促进我国货币市场的创新,尤其是利率避险工具的创新。人民币汇制改革后,已推出了银行间债券远期交易、人民币利率互换、人民币远期利率协定等利率避险工具。2007年2月2日,银行间市场还达成了首笔以上海银行间同业拆放利率(Shibor)为基准的人民币远期利率协议,该笔交易为银行市场成员之间为规避春节前短期利率波动而产生的自发的金融创新行为。我们可以预见,随着人民币汇制改革和利率市场化改革进程的进一步深入,利率避险工具的创新也将进一步加快,届时利率期权、利率期货等更高级的避险工具将会逐步推出,以供交易主体规避利率风险之选择。

(二)关于对利率水平的影响:"零利率流动陷阱"的可能性分析

在开放经济条件下,汇率与利率是互动的。关于这一点,蒙代尔—弗莱明模型已经给予了精辟的论述。虽然中国目前的市场条件尚不能完全满足蒙代尔—弗莱明模型,但资本账户部分开放与较低的利率市场化及较低的汇率弹性的组合,已形成中国特殊的汇率与利率的互动关系。

就人民币汇制改革之后的初期而言,市场利率(尤其是短期利率,下同)下行的压力和基准利率上调的压力共存,但利率会伴随基准利率的微调而缓慢上升:一方面,由于我国进出口贸易具有显著的加工贸易型特征,致使人民币升值对我国贸易收支失衡改善只具有低效率,再加上人民币升值尚未达到国外普遍的期望值等缘故,造成人民币升值的预期仍然存在,国际游资仍然会以净流入为主。央行为稳定汇率对外汇市场的干预,会形成巨额的国际收支顺差和外汇占款,导致央行的被动性货币投放居高不下,货币供应充裕。充裕的货币供应和人民币的升值预期均会形成市场利率下行的压力。另一方面,由于央行的被动性货币的高投放,导致市场流动性泛滥,形成经济过热和通货膨胀的压力,从宏观调控的角度出发,则形成基准利率上调的压力。基准利率上调后,市场利率会在新的起点上出现下行的压力,不过央行可通过公开市场业务(如发行央行票据等)引导利率上行。由于人民币升值的压力仍然较大,而且从2006年下半年开始美元进入降息周期等缘故,我国基准利率的上调只能是缓慢的,整个利率体系也只能随着基准利率的缓慢上调而缓慢上升。在人民币汇制改革之后的三年(2005年7月—2008年7月)里,我国利率的变化和调整,就与此十分相符。如:2006年的银行同业拆放利率、质押式债券回购利率等市场利率,在5月份以前均维持较低的水平,后受4月和8月的两次上调存、贷款基准利率和央行通过票据发行引导利率上行等的影响,从 6 月份开始逐步走高,银行同业拆放和质押式债券回购月平均加权利率分别由 5 月的 1.76%、1.55% 逐步上升到 11 月的 3.05%,但 12 月份却又回落到 2.25%、2.01%。

就近期而言(如 2010—2012 年,我们也可以称之为人民币汇制改革之后的中期),由于人民币升值的预期会依然存在,国际游资仍会以净流入为主,导致通货膨胀的压力仍然会持续。在这种环境下,市场利率(尤其是短期利率)下行的压力和基准利率上调的压力仍然会共存。不过,基准利率上调的压力会随着人民币升值压力的削减而递减,然后会进入一段基准利率的稳定时期。这一阶段持续时间的长短,与人民币汇制改革之后的人民币升值速度和汇率弹性化改革的速度成反相关关系,即如果人民币升值速度和汇率弹性化改革的速度较快,那么,这一阶段就会较快结束。

就中长期而言,当人民币升值的预期弱化后,尤其在国际游资流动出现逆转和人民币升值对经济的打压效应逐步显露以后,为刺激经济,基准利率则会出现不断下调的压力,整个利率体系的利率则可能会随着基准利率的缓慢下调而缓慢下降。蒙代尔甚至认为会出现"零利率流动陷阱"的可能性(蒙代尔,2005),他以"广场协议"后的日元升值所引起的日本在 20 世纪 90 年代以来出现的"零利率流动陷阱",来加以佐证。

近年来,我国一直维持低利率政策,尤其是当国内经济过热迹象和人民币升值压力同时出现时,央行都不能大胆加息:表 10—1、表 10—2 显示,在 2003—2006 年期间,自从 2003 年人民币出现升值压力以来,央行只在 2004 年 10 月和 2006 年 8 月两次进行人民币存款基准利率的微升,致使在 2003—2006 年的 4 年里人民币利率长期较大幅度的低于美元利率,其目的就是不使人民币汇率的升值压力进一步升级,结果导致国内通货膨胀的压力持续升温;进入 2007 年后,为了缓解中国国内的通货膨胀压力,央行注重对利率工具的运用,2007 年进行了 6 次升息,到 2007 年 12 月 21 日一年期存款利率升至 4.14%,一直维持到 2008 年 10 月,虽然缩小了人民币利率与美元利率的差异(在 2008 年甚至高于美元),但是人民币汇率的升值压力却还在强化,致使在 2007 年至 2008 年上半年期间进入中国的游资有增无减,国际储备增幅居高不下,通货膨胀的压力不降反升;进入 2009 年,由于人民币的利率高于美元的利率,人民币的升值压力和国际游资再度死灰复燃。

表 10—1　　　　　　2002 年后人民币一年期存款基准利率调整情况表

时间	2002—02—21	2004—10—29	2006—08—19	2007—03—18	2007—05—09	2007—07—21
利率	1.98%	2.25%	2.52%	2.79%	3.06%	3.33%
时间	2007—08—22	2007—09—15	2007—12—21	2008—10—19	2008—10—30	2008—11—27
利率	3.60%	3.87%	4.14%	3.87%	3.60%	2.52%
时间	2008—12—23	2009 全年				
利率	2.25%	2.25%				

资料来源:中国人民银行网站资料,经整理制表。

表 10—2　　　　　　2005—2009 年美国联邦基金利率变动情况表

时间	年份	2005						
	月、日	02—02	05—03	06—30	08—09	09—20	11—01	12—13
利率(%)		2.50	3.00	3.25	3.50	3.75	4.00	4.25
时间	年份	2006						
	月、日	01—31	03—28	05—10	06—29			
利率(%)		4.50	4.75	5.00	5.25			
时间	年份	2007						
	月、日	09—18	10—31	12—11				
利率(%)		4.75	4.50	4.25				
时间	年份	2008						
	月、日	01—22	01—30	03—18	04—30	10—08	10—29	12—16
利率(%)		3.50	3.00	2.25	2.00	1.50	1.00	0.25
时间	年份	2009 全年						
	月、日							
利率(%)		0.25						

资料来源:美联储官方网站资料,经整理制表。

综上所述,不难让人们联想到"零利率流动陷阱"是否将来也会在中国上演:国内通货膨胀压力↑→提高人民币基准利率→人民币汇率升值压力↑→国际游资本流入↑→人民币汇率进一步升值压力↑→中央银行干预→国际储备↑→货币供应量↑→市场利率↓→国内通货膨胀压力↑,导致如此的恶性循环,其祸根是人民币的升值压力。为了缓解人民币的升值压力,人民币实现低利率政策就在所难免了。就中长期而言,当人民币升值的预期弱化后,尤其在国际游资流动出现逆转和人民币升值对经济的打压效应逐步显露以后,为刺激经济,基准利率则会出现不断下调的压力。

二 人民币汇改对中国短期债券市场和票据市场的影响

就短期而言,人民币汇改会对中国债券市场带来利好的效应:一是资金效应,由于国际游资仍然看好人民币的升值预期,加上人民币汇制改革后我国的贸易顺差仍然在不断增加,在人民币汇率弹性仍然较小的情形下,央行为稳定汇率对外汇市场的干预,导致流动性充裕,人们对债券的购买力增强;二是升值效应,由于汇改之初人民币对美元只升值2%,远小于人们对人民币的升值预期,因此人们估计在今后一段时期内,人民币仍然会是处于升值阶段,这会吸引更多的国际游资投资中国的债券市场,尤其是短中期债券。另外从完善我国金融市场的结构本身来看,债券市场尤其是企业债市,目前仍然是我国较落后的金融市场之一,我国必将予以重点扶持。根据中国人民银行《2006年货币政策执行报告》、《2007年货币政策执行报告》和《2008年货币政策执行报告》:2006年银行间债券市场现券交易累计成交10.26万亿元,比上年同期增加4.24万亿元,日均成交409亿元,增长70.6%;2007年,银行间债券市场现券交易活跃,累计成交15.6万亿元,日均成交627亿元,同比增长53.4%;2008年银行间债券市场现券交易活跃,全年累计成交37.1万亿元,日均成交1479亿元,同比增长1.4倍,交易所国债现券成交2123亿元,比上年同期多成交922亿元。

关于人民币汇改对我国票据市场的影响,仍然是利大于弊:人民币汇率弹性的增加,会导致汇率风险的增加,企业规避外汇风险的意愿加强,从而会增加票据市场的流动性和交易量。根据中国人民银行《2006年货币政策执行报告》:2006年,企业累计签发商业汇票5.43万亿元,同比增长22.0%;累计贴现8.49万亿元,同比增长25.8%;累计办理再贴现39.9亿元,同比增加14.9亿元。期末商业汇票未到期金额2.21万亿元,同比增长12.8%;贴现余额1.72万亿元,同比增长6.7%;再贴现余额18.2亿元,同比增加632%。又如,根据中国人民银行《2008年货币政策执行报告》:2008年,企业累计签发商业汇票7.1万亿元,比上年增长20.7%;累计贴现13.5万亿元,同比增长33.6%;累计办理再贴现109.7亿元。年末,商业汇票承兑余额为3.2万亿元,同比增长 30.9% ;贴现余额为 1.9 万亿元,同比增长 50.4% 。

第二节　人民币汇率改革对中国股市大盘的影响

亚洲大多数国家的实践证明,本币汇率变动(或预期)与本国股价具有互为正向的影响:即本币汇率上升(或升值预期)期间,会引起外资流入的增加,从而推动本国股价的上扬,而股价的上扬又会进一步导致外资流入的增加,进而推动本币汇率的进一步上升;反之,本币汇率贬值(或贬值预期)期间,本国股价则走低。同时,国际游资大量进出股市,又常常造成一国股市的超常波动和震荡。

在 2005 年 7 月 21 日人民币汇改时,人民币对美元升值 2.1% ,由于大大低于国外普遍认为的人民币低估程度(20% 左右),因此汇率改革以来,人民币升值预期仍然强劲,加上人民币汇率的浮动区间仍非常小,使进入中国赌人民币进一步升值的国际"热钱"的风险成本几乎为零,大量的国际投机性资本仍然不断的流入中国,而且流入的路径越来越隐蔽。金三林(2006)指出,汇改后我国"巨额外贸顺差里面可能隐藏着伪装成贸易的资本流入"(如:高报出口价、低报进口价等)。据经济学家王明的计算,2005 年我国 1020 亿美元的贸易顺差中隐藏了大约 601 亿美元的非贸易资金的流入,真实的贸易顺差仅仅有 419 亿美元(金三林,2006)。而根据本人前面的计算,2006 年、2007 年我国真实的贸易顺差也大大低于名义贸易顺差,通过贸易途径流入的非贸易资金均超过 1000 亿美元,以赌人民币进一步升值。股市和房地产由于变现快而往往成为境外投机性资金的暂时栖息地,在人民币升值预期的情况下,以人民币计价的国内股票和房地产,还具有升值效应(以外币计算的价值增加)。尤其是 2006 年 7 月在中央(六部委)有关规范境外资金进入我国房地产的政策出台后,大量"热钱"更是蜂拥至股市。又由于投机性资金的大量流入,导致汇率改革后我国国际收支顺差和外汇占款仍然不断攀升,出现流动性泛滥,资金充裕,并在"羊群效应"的作用下,国内资金也纷纷进入股市,这就是 2006—2007 年 9 月我国股市价格"井喷"的主要原因。2007 年 9 月(中国股市高峰时)沪、深综合股指均比汇改前的 2005 年 6 月上涨 400% 以上(见表 10—3)。崔玉杰等(2006)利用 2005 年 7 月 21 日—2006 年 3 月 20 日的数据,来证明汇率(直接标价法)变化对上证 A 股指数的影响:用日数据和周数据计算出的相关系数分别为 -0.69为和 -0.78,说明 2006 年人民币升值对股指的拉动效应是非常

明显的。2007 年 11 月至 2008 年 12 月期间,一方面由于我国股市泡沫在 2007
年 10 月时已非常严重(平均市盈率已接近 70 倍),另一方面由于国际金融危
机的影响,致使国际游资大量从股市中撤离。可见,国际游资对我国 2008 年
的"股灾"又起到了推波助澜的作用。

表 10—3　　　　　汇改之前后中国股市有关指标对比表 *

时间	上市公司数(家)	成交总额(亿元)	股票综合指数		市盈率		总市值(亿元)	流通市值(亿元)
			沪证	深证	沪证	深证		
2005—06	1391	3086	1081	260.7	16	16.5	31590	10004
2007—09	1517	46288	5552.3	1532.7	63.7	75.5	253157	85556
变化 %	9.1	1400	413.7	487.9	298.1	357.6	701.4	755.3

　　资料来源:根据中国证监会网站的有关统计数据整理计算制表。* 表中上市公司数、成交总额、总
市值、流通市值均指沪、深两市 A、B 股之和。

　　就近期而言,估计人民币在今后一段时期内仍然是升值的预期,国际短期
资本仍然会以净流入为主,但流入量可能会逐步减少(如根据作者前面的计算
2010 年 1—3 月国际游资流入量只有 100 亿美元左右),加上我国目前的股市
的市盈率,较大幅度地高于西方国家,入市的风险较高,不过经过 2008 年的国
际金融危机后,目前的股指与 2007 年 10 月的最高点仍然相差较远。基于这
些因素和国内经济将逐步走出金融危机的阴影等考虑,认为:今后近 2—3 年
内我国的股市大盘仍然会以上涨为主要基调。
　　从中长期来看,一方面因为人民币升值的预期弱化,使国际投机性资本的
流动逆转,入市资金会减少;另一方面由于人民币升值对经济增长的负面效应
的逐步显现,届时我国股市大幅回调的可能性增加。

第三节　人民币汇率改革对中国外汇市场的影响

　　人民币汇率改革对中国外汇市场的影响,比对其他任何金融市场要直接
和迅速。

一　积极效应:外汇市场发展和创新的"催化剂"
　　人民币汇改以后,我国外汇市场的创新与发展取得了较大的成就。人

民币汇改后,为了配合人民币汇率机制的改革,央行和国家外汇管理局在外汇市场建设和外汇管理方面做出了一系列有益的改革和创新,这对于增加市场流动性,改善价格发现和避险功能具有较强现实的意义。包括:(1)扩大了即期、远期外汇市场的交易主体。(2)进一步完善汇率生成机制。如:交易方式的多样化和做市商制度的推进,并延长交易时间;稳步推进资本账户对外开放的步伐,推出 QDII 制度,鼓励企业到境外投资,放宽企业和个人的用汇管理等;中央银行外汇一级交易商制度正式启动;等等。(3)增加交易品种和避险工具、交易量逐步放大。银行间市场推出了人民币外币掉期业务;2006 年 3 月开始允许通过中国外汇交易中心,中国的金融机构和投资者可以交易 CME 不涉及人民币的汇率和利率产品,8 月 1 日还在银行间即、远期市场推出了英镑品种;等等。(4)监管和干预方式向市场化演进。主要体现在:对银行办理对客户的远期和掉期业务,由过去的审批制向备案制转变;扩大银行定价的自主权;逐步推进意愿结汇制;简化服务贸易售付汇凭证并放宽审核权限;放宽境内居民个人购汇政策;银行的结售汇全面实行权责发生制;中央银行外汇一级交易商制度正式启动;等等(详见第四章第三节)。

　　人民币汇改后,我国外汇市场成交量迅速增长。如 2007 年,人民币掉期市场成交量增长 5.2 倍,银行间远期市场成交量增长 59.2%,主要成交品种为美元/人民币。外币对交易量亦稳定增长。2007 年,八种"货币对"累计成交折合 898 亿美元,同比增长 18.7%。2008 年,人民币外汇掉期交易共 2.4 万笔,同比仍然增加近 40%。

二　消极效应:中国外汇市场的"振荡器"

　　随着汇率弹性的进一步增加,资本账户也必将进一步开放:"货币可兑换是确保外汇市场供求自由实现的重要条件,否则市场是不全面的,价格是扭曲的。"(景学成,2004)著名经济学家易纲也认为:"一般而言,对于一个资本账户未开放的国家,无论政府名义上宣布采取何种汇率制度,事实上它都将收敛于固定汇率制。"(易纲,2000)可见,人民币汇制的弹性化改革必将要求人民币资本账户的逐步开放。因此,就中长期而言,国内外资本的可替换程度也将进一步提高,国际游资的冲击也将随之增加。国际游资的大规模流动会导致一国汇率波动的幅度、频率加大,对一国外汇市场的稳定性形成冲击。

第十一章　新汇制的中国货币政策
独立性与有效性效应

实践证明,处于金融开放进程中的中国,实行稳定的汇率政策会冲击货币政策的独立性和有效性。人民币汇率改革旨在增加人民币汇率的弹性,那么新汇制是否能够有效地改善中国货币政策的独立性及有效性呢?

第一节　经典理论诠释的货币政策独立性与汇率制度的关系

一　M—F 模型所揭示的货币政策独立性与汇率制度的关系

蒙代尔—弗莱明模型(下称 M—F 模型),即开放经济条件下的 IS—LM 模型,揭示了在开放经济条件下,一国货币政策独立性及有效性与其所选择的汇率制度的关系。根据 M—F 模型,在开放经济条件下,由于资本的自由流动,国内外资本具有较完全的可替代性,利率平价成立,即国内利率 I_n 等于国际利率水平 I_f 与汇率的预期变化率 $(\triangle E/E)^{exp}$(直接标价法)之和(张宗新,2006):

$$I_n = I_f + (\triangle E/E)^{exp} \tag{1}$$

根据式(1),当一国实行固定汇率制,即 $(\triangle E/E)^{exp}$ 为零时,那么其利率水平 I_n 实际上是由国际利率水平 I_f 决定的。如果该国试图通过增加(或减少)货币供应量来调控利率,虽然开始时,利率会有所下降(上升),但是由于套利的原因会导致资本的流出(或流入)增加,在实行固定汇率制的情形下,无法通过汇率的浮动来调节资本的流动和外汇市场的供求缺口,相反央行为稳定汇率对外汇市场的干预,却导致外汇占款和被动性基础货币投放的减少(或增加),最终使货币供应量和利率均又回到原来的水平;或者说,如果该国试图通过提高(或降低)利率来紧缩(或扩张)银根,同样会引起套利资本的流动,当局为确保汇率的稳定而对外汇市场的干预,最终也会使货币供应量又向原来的水平回归。可见,M—F 模型揭示了在开放经济条件和固定汇率制下,货币政策是无效的,即丧失了货币政策的独立性。同理也可以得出,在开放经济条件和浮动汇率制下,货币政策是有效的,即具备货币政策的独立性。

后来,克鲁格曼将这理论发展成为著名的"永恒三角"原理,或称"三元悖论"。根据"三元悖论",一国不可能同时兼得汇率稳定、资本自由流动和货币政策独立性,只能取其二,或者说必须放弃其一。也就是说一国如果选择稳定的汇率制度,要想获得货币政策的独立性,就必须实行资本项目的管制;随着资本流动的自由度的逐步扩大,其货币政策的独立性和有效性也将随之逐步下降。国际经验也告诉我们,任何同时实现三个目标的尝试都有可能以货币危机的发生而告终。

二 M—F 模型和"三元悖论"在中国的适用性

(一)人民币自由兑换的进程逐步扩大

1. 人民币经常项目已实现自由兑换

众所周知,在 1980 年 4 月 17 日 IMF 正式恢复中国的合法席位时,中国就承诺在 20 世纪末,即 2000 年年底前实现人民币经常项目的自由兑换。然而,中国却在 21 世纪到来之前就已经提前实现了人民币经常项目的自由兑换。

2. 人民币资本金融项目可兑换的进程不断推进,但对关键项目仍然实行较多的限制和较严格的管制

由于 M—F 模型的前提条件是一国经济的全面开放,即资本自由流动,同时,利率要实现市场化,这与中国的现实有一定的差距。一方面,中国目前处在金融开放进程中,我国大约只有一半的资本项目交易已经可兑换,国家外汇管理局原局长郭树清在 2005 年 4 月 8 日《人民日报》上指出:根据 IMF 确定和分类的 43 个资本交易项目,到 2004 年年底,我国实现可兑换的项目有 11 项,有较少限制的 11 项,有较多限制的 15 项,严格管制的为 6 项。另一方面,中国的利率市场化程度仍然不高,由中央银行控制的存、贷款基准利率仍然是中国最主要的基准利率,利率市场化的传导机制也远未形成。

3. 人民币实际可兑换程度大于名义可兑换程度:基于资本流动的视角

就资本流动而言,我们提出人民币实际可兑换程度大于名义可兑换程度的命题。之所以提出这样的命题,主要是基于近年来进入中国的国际游资的规模不断扩大,而且种种迹象表明,贸易资金往来已演变成为国际游资进出中国的主要途径。之所以会出现这样的现象,主要原因在于加

工贸易和外商投资企业几乎占据我国货物进出口贸易的半壁江山,并且是我国贸易顺差的主要缔造者。加工贸易特征如此显著的贸易结构,外商投资企业完全可以通过高报(或者低报)进出口价格,从而可以使大量游资隐藏在贸易顺差中。如根据前面笔者对近年来中国的跨境游资的估算:2006 年、2007 年、2008 年隐藏在贸易顺差中游资分别在 600 亿—1400亿美元之间,游资总规模可分别高达 1000 亿—1700 亿美元之间。可见,基于资本流动的视角来看,人民币实际可兑换程度较大程度的大于名义可兑换程度的命题是成立的。

综上所述,我国虽然尚属于半开放、半利率市场化阶段,不能完全满足经典 M—F 模型的条件,但是随着我国资本项目开放进程和利率市场化进程的不断推进,尤其是在加工贸易特征显著的贸易结构下,往往导致人民币实际可兑换程度较大程度的大于名义可兑换程度,使我国越来越靠近经典 M—F 模型的条件。

姜波克等(2005)针对中国现阶段仍然受资本管制和利率市场化改革尚未完成的双重约束的国情,对经典 M—F 模型进行了修正,即在上述双重约束尚未解除的情形下,如果实现固定汇率制,当货币当局增加(减少)货币供应量时,由于利率市场化程度不高,利率下降(上升)的幅度不大,而且虽然受资本部分管制的约束,投机性资本的流动规模受到一定的限制,但随着我国资本项目开放进程和利率市场化进程的不断推进,套利机制已较大程度的成立,货币政策部分有效,即货币政策的有效性和独立性将会在较大程度上受到冲击。

第二节　汇改前的盯住制对中国货币政策独立性及有效性的冲击

如上节所述,我国虽然尚属于半开放、半利率市场化阶段,不能完全满足经典 M—F 模型的条件,但是随着我国资本项目开放进程和利率市场化进程的不断推进,尤其是在加工贸易特征显著的贸易结构下,往往导致人民币实际可兑换程度较大程度的大于名义可兑换程度,使我国越来越靠近经典 M—F模型的条件。也就是说,如果中国选择稳定的汇率制度,中国货币政策的有效性和独立性将会受到冲击。从 1994 年至 2005 年人民币汇改前,人民币实行事实上的盯住美元制对中国货币政策有效性和独立性的冲击可以分为三个阶段:

一　1994—1997 年期间:对"适度从紧"的货币政策的冲击

1994—1997 年期间,在人民币升值预期下,国际游资大量流入,使国际收支顺差和外汇占款迅速增加,从而对国内实行"适度从紧"的货币政策形成冲击。1994—1997 年,中央银行一直强调"适度从紧"的货币政策,尽管中央银行采取了一系列减少货币供应量,包括提高利率等的措施,但从实际绩效看,却没有达到理想的效果:1994 年 M1、M2 分别比上年增加 26.8% 和 34.4%,当年通货膨胀率高达 24.1%;1995 年、1996 年 M1 年增率又分别为 17%、19%,M2 也分别比上年增加 30% 和 25%,通货膨胀率仍然分别高达 17.1% 和 8.3%。造成这期间我国货币政策实际绩效与名义目标不一致的根本原因主要是:我国名义上实行有管理的浮动汇率制,但事实上人民币汇率的浮动区间仍然很小,成为事实上的盯住汇率制,中央银行仍然把稳定汇率作为货币政策的主要目标。而在 1994—1996 年期间,由于 1994 年的人民币汇率的大幅度贬值,造成出口强劲、FDI 和游资流入不断增加,中央银行为稳定汇率对外汇市场的干预,又使外汇储备和外汇占款大幅增加(见表 11—1),1994 年、1995 年、1996 年、1997 年外汇占款分别占当年基础货币增加额的 70%、64%、46%、82%,进而导致被动投放的基础货币大幅度增加,对原定的"适度从紧"的货币政策目标形成冲击。

二　1998—2002 年期间:对积极的财政货币政策的冲击

1998—2002 年期间,在人民币贬值压力下,大量资本外逃,从而对国内实行积极的财政货币政策形成冲击。由于 1997 年的东南亚金融危机,东南亚各国货币和日元普遍出现较大幅度的贬值,使人民币有效汇率下降,到 1998 年人民币实际有效汇率下降约 12%—15%(杨帆,2005)。由于盯住美元,人民币该降未降,造成人民币一定程度的高估,出现贬值的预期。其结果是:FDI 流入增速下降,1999 年甚至出现负增长,且投资收益汇出增加;短期资本外流也出现加速的趋势,根据国际收支平衡表,1998 年开始证券投资转为逆差,5 年累计达 -393 亿美元,而且资本外逃也出现空前的规模,1998—2001 年错误与遗漏项目累计达 -533 亿美元。根据杨海珍(2005)的研究计算,1998—2000 年三年资本外逃额分别为 627 亿、922 亿、1060 亿美元。由于大量的资本外逃等原因,使外汇占款增幅大幅度下降(见表 11—1),由 1997 年的 35% 下降到 1998 年的 3.5%,外汇占款增量占基础货币增量的比重也由 1997 年的 82% 下降到 1998 年的 12%,外汇占款的急剧减少而导致的基础货币投放的减少,对当时的通货紧缩起到了推波助澜的作用。有资料显示,在 1998—2002 年的 5 年间,我国的 GDP 平缩指数平均为 −1.4%(钟伟、张庆,2003)。

三 2003—2005 年汇改前:对中国紧缩性货币政策的冲击

从 2003 年至 2005 年汇改前,在人民币升值压力下,大量"热钱"涌入,导致国际储备迅速膨胀,进而对中国紧缩性货币政策形成冲击。进入 2002 年后,美元对日元、欧元的大幅度贬值,且联邦基金利率由 2001 年年初的 6.5% 降到 2002 年下半年的 1.25%,低于人民币当时 1.98% 的利率,导致盯住美元的人民币由贬值的预期转为升值的预期。在套汇和套利的双重利益的驱动下,国际投机性资本大量流入中国冲击人民币汇率。国际收支平衡表上的"错误与遗漏"从 2002 年开始由负转为正,2002—2005 年上半年的"错误与遗漏"累计达 532 亿美元;"证券投资"也从 2003 年起转为顺差,2003 年和 2004 年"证券投资"累计顺差达 205 亿美元;投资收益差额的逆差也出现大幅度减少。据不完全统计,到 2005 年 6 月末进入中国境内的国际游资已达 1450 亿美元,IMF 估计中国 2003 年至 2005 年上半年的外汇储备约一半的年增幅都是由投机性资金流入中国境内造成的。外汇储备的大幅猛增(从 2000 年年末的 1650 亿美元增至 2005 年 6 月的 7110 亿美元),一方面造成外汇占款的比率攀升(见表 11—1),严重影响货币政策的效率;另一方面尽管央行采取了大量的"冲销"措施回笼货币,2003 年、2004 年货币供应量的增幅仍过大,如 2003 年 M2、M1 分别增长 20% 和 19%,2004 年 M2、M1 也分别增长 15% 和 14%,形成通胀的压力:2003 年下半年后粮油、肉类等副食品价格大幅度攀升,2004 年 CPI 上升 3.9%,GDP 平减指数达 7.6%。

表 11—1 人民币汇改的前、后中国外汇占款对货币政策有效性的影响分析表

单位：百亿元

时间 （年份）	人民币汇制改革以前											
	1994	1995	1996	1997	1998	1999	2000	2001	2002	2003	2004	2005 1—6
名义货币政策	紧	紧	紧	紧	松	松	松	松	松	紧	紧	紧
M1 年增率（%）	27	17	19	17	12	18	16	13	17	19	14	11
M2 年增率（%）	35	30	25	17	15	15	12	14	17	20	15	16
外汇占款 年增量（C）	28	23	28	31	4	10	7	41	32	77	161	88
基础货币 年增量（D）	40	36	61	38	33	37	37	34	53	77	61	−19
C/D（%）	70	64	46	82	12	27	19	120	60	100	264	−463

时间 （年份）	人民币汇制改革以后						
	2005	2006	2007	2008 1—6	2008	2009	2010 1—6
名义货币政策	紧	紧	紧	紧	*	松	松
M1 年增率（%）	12	18	21	14	18	32	25
M2 年增率（%）	18	17	17	17	17	28	19
外汇占款年增量 （C）	162	223	308	191	345	255	135
基础货币年增量 （D）	54	135	238	138	277	148	102
C/D（%）	300	165	130	138	125	172	132

资料来源：根据中国人民银行网站《统计数据——各年货币当局资产负债表》的数据整理计算制表。

备注：* 2008 年的名义货币政策目标是前 3 季度"紧"，第四季度"松"。

第三节 新汇制对中国货币政策独立性及有效性改善效应分析

一 从外汇占款及其变化分析汇改对中国货币政策有效性的改善效应

表 11—1 显示了人民币汇改前、后中国外汇占款增量占我国基础货

币增量的百分比及其变化:尽管 2005 年 7 月我国进行了人民币汇制改革,但 2005 年中央银行为稳定人民币汇率,仍然增加了大约 1.62 万亿元的外汇占款,仍略高于 2004 年的 1.61 万亿元,是当年基础货币增量 0.54 万亿元的 3 倍;2006 年又增加了大约 2.23 万亿元的外汇占款,是当年基础货币增量 1.35 万亿元的 165%。从外汇占款增量占基础货币增量的比重来看,虽然 2006 年比 2004 年减少了大约 100 个百分点(2004 年是 264%),但从绝对值来看,2006 年外汇占款增量却是历史之最,比 2004 年、2005 年均多了约 0.62 万亿元,尽管为化解外汇占款剧增所引起的流动性过剩,2006 年中央银行采取了一系列的中和措施,但当年基础货币仍然净增了 1.35 万亿元,比 2005 年多增 0.79 万亿元,分别是 2004 年、2005 年基础货币增量的 2.21 倍和 2.5 倍;2007 年和 2008 年上半年更是变本加厉,外汇占款增量分别为 3.08 万亿元、1.91 万亿元,分别是 2005 年同期的 1.91 倍和 2.17 倍,尽管中央银行采取了一系列的中和措施,但当年基础货币仍然净增了 2.38 万亿元,比 2005 年多增 1.38 万亿元,分别是 2005 年同期的 4.91 和 8.26 倍。

中央银行在货币市场的中和措施是减少外汇占款的增加对货币政策产生有效性冲击的重要手段。我国自 2003 年开始运用多种货币政策工具,加强流动性管理,仅仅通过发行央行票据就对冲流动性约 3 万亿元,对缓解央行为稳定汇率造成外汇占款的增加而对货币政策有效性形成的冲击,具有一定的积极作用。然而,随着外汇占款的大幅度增加,在外汇占款额已经接近甚至超过了基础货币总量的严峻形势下,央行的对冲措施就显得越来越力不从心了。

如 2006 年,外汇占款额已占当年基础货币总量的 108%(2004 年、2005 年分别为 78%、97%),尽管央行加大了对冲力度:全年累计发行央行票据 3.65 万亿元,比 2005 年增发 0.86 万亿元;另外正回购交易也达近 2 万亿元,是 2005 年的 2.7 倍。但全年也只累计净回笼基础货币 0.79 万亿元(发行央行票据和正回购两项合计回笼为 5.64 万亿元,减去因逆回购操纵、央行票据到期和正回购到期投放的 4.85 万亿元),只中和了当年外汇占款增量 2.23 万亿元的 35.4%,致使 2006 年基础货币仍然净增了 1.35 万亿元,比 2005 年多 0.79 万亿元。由于外汇占款和基础货币的增长过快,尽管 2006 年央行采取了 3 次提高存款准备金率,两次提高存、贷款基准利率等积极的措施,但仍然难以有效化解流动性过剩和通货膨胀压力,造成货币政策实际绩效与原定的"适度从紧"的目标相悖:2006 年年末,金融机构超额存款准备金率仍达 4.8%,比 2005 年年末高 0.6 个百分点;M1、M2 增长率仍然分别达 17.5% 和 16.9%,也分别比 2005 年高 5.7 个和 0.6 个百分点;第四季度通胀压力加大,CPI 上升到 2%(第一、二、三季度分别仅为 1.2%、1.4%、1.3%),其中 12 月份达 2.8%。

又如 2007 年,外汇占款额已占当年基础货币总量的 113%(2004 年、2005年分别为 78%、97%),尽管央行加大了对冲力度:全年累计发行期限一年和一年以内的央行票据 4.07 万亿元,比 2006 年增发 0.42 万亿元;另外正回购交易也达近 1.27 万亿元,是 2005 年的 1.7 倍;重启 3 年期中央银行票据,对部分贷款增长较快、且流动性充裕的商业银行定向发行 3 年期中央银行票据 0.56 万亿元。但全年只累计中和了当年外汇占款增量 3.08 万亿元的 22.8%,致使2007 年基础货币仍然净增了 2.38 万亿元,比 2006 年多 1.03 万亿元。由于外汇占款和基础货币的增长过快,尽管 2007 年央行采取了 10 次提高存款准备金率(共 5.5 个百分点),6 次提高存、贷款基准利率等积极的措施,但仍然难以有效化解流动性过剩和通货膨胀压力,造成货币政策实际绩效与原定的"适度从紧"的目标相悖:2007 年年末,人民币贷款余额同比增长 16.1%,增速比上年高 1 个百分点;M1、M2 增长率仍然分别达 21.1% 和 16.7%,也分别比2005 年高 9.3 个和 0.4 个百分点;通胀压力加大,CPI 上升到 4.8%。

再如 2008 年上半年,外汇占款额已占当年基础货币总量的 116%,尽管央行加大了对冲力度:全年累计发行期限一年和一年以内的央行票据 2.94 万亿元,相当于 2007 年全年的 70%;另外正回购交易也达近 2.35 万亿元,相当于2007 年全年的 1.9 倍。但全年只累计中和了当年外汇占款增量 9.91 万亿元的 27.2%,致使 2008 年上半年基础货币仍然净增了 1.38 万亿元,是 2007 年全年的 58%。由于外汇占款和基础货币的增长过快,尽管央行采取了 6 次提高存款准备金率(共 4 个百分点),但仍然难以有效化解流动性过剩和通货膨胀压力,造成货币政策实际绩效与原定的"适度从紧"的目标相悖:通胀压力攀升,2008 年 1—6 月 CPI 上升到 7.9%。

从上述分析和 2005—2008 年上半年的相关数据来看(2009 年和 2010 年数据见表 11—1),2005 年的人民币汇改,并没有使中国货币政策的有效性和独立性得到根本改善。

二 从国际"热钱"流动看汇改对中国货币政策独立性及有效性的改善效应:几种游资计算方法的比较分析

(一)"错误与遗漏"(游资1)

目前,国际"热钱",即国际游资尚无统一的标准和计算方法。长期以来,人们常用国际收支平衡表中的"错误与遗漏"额来简单的估算国际游资的规模和流向,它通常可反映在一定的资本管制的情况下,一国非法跨境资本(多为短期的投机性资本,即"游资")的流动规模和方向:金额越大表示游资的规模越大,为"+"表示国际"热钱"的净流入,如:2002—2004年"错误与遗漏"均为正,而且金额从78亿美元增至270亿美元,说明有大量游资流入中国,且规模不断增加;为"-"则表示净流出,如:1998—2001年均为负,且1998年金额最大,说明出现资本外逃现象,其中1998年最为严重。从表11—2的游资1得知,汇改后我国国际收支的"错误与遗漏"由2004年的顺差转为逆差,其中:2005年下半年、2006年上半年分别为-117亿、-84亿美元(2006年下半年的数据尚未公布),如果仅仅从这一指标来看,说明人民币汇改对抑制游资冲击和改善我国货币政策的有效性具有一定的积极效应。然而,这与我国2006年的真实情况存在悖论。种种迹象表明:2006年的经济过热、股市房价攀高、流动性泛滥等经济现象均与大量的国际游资流入有关。造成"游资1"无法真实反映国际"热钱"的流动状况,主要是因为"错误与遗漏"仅能反映非法资金的流动情况,但在人民币经常账户已经实现可兑换和资本账户可兑换进程逐步扩大的今天,国际游资完全可以饶过管制,"合法"进入中国。

表11—2 汇改前后国际"热钱"流动对货币政策独立性的影响分析表

单位:亿元、%

年份		外汇储备		游资1	游资2		游资4	
		量(A)	年增量(B)	量	量	占B	量	占B
汇改前	2003	4033	1169	184	252	22	466	39.9
	2004	6099	2066	270	924	45	1166	56.5
	2005—01—06	7110	1011	-51	199	20	304	30.1

续表

年份		外汇储备		游资1	游资2		游资4	
		量(A)	年增量(B)	量	量	占B	量	占B
汇改后	2005—07—12	8189	1079	-117	-262	-24	442	41
	2006	10663	2474	-129	3	0.1	899—972	36.3—39.3
	2007	15282	4617	164	158	3.4	1656—1797	35.9—38.9
	2008	19460	4190	-261	-776	-18.5	680—1219	16.2—29.1
	2009	23992	3984	-435	1123	28.2	2208—2492	55.4—62.5
	2010—01—03	24	479	-219	100	20.8	106—259	22.1—54.0

备注：

1. 游资1 = 错误与遗漏额。游资2 = $\triangle FR - TB - FDI$；游资4 = $FFDI + FTB + K_f \cdot FDI$；其中，$\triangle FR$、$FDI$、$TB$、$K_f$、$FTB$ 分别指外汇储备增量、FDI实际利用额、贸易顺差、FDI的非货币投资比率[取韩继云(2007)的估算值40%]、伪装成贸易资本的投机性资本流入额。$FTB_t^{\perp} = Q_t \times (K_t - 2.14\%)$，$Q_t$、$K_t$ 分别为计算期外资企业进出口额、外资企业顺差占外资企业进出口的百分比。$FTB_t^F = FTB_t^{\perp} - Q_t^e \times 35\% \times \triangle e_t^e / (1 + \triangle e_t^e)$，$\triangle e_t^e$ 代表t期人民币对美元汇率比2004年平均升值的百分比数(详见表7-1)、Q_t^e 为计算期t期外商投资企业出口额(详见表7-17)。

2. "游资4"，由于在计算2006年以后的伪装成贸易资本的投机性资本流入额FTB_t时，考虑了上下限，即区间(详见第七章第四节和第八章第二节)，因此2006年以后的"游资4"是一个区间；在计算汇率改革以前的"游资4"时，FTB_t取0。

3. "占B"表示占当期外汇储备增量的百分比。

资料来源：作者根据国家外汇管理局网站《2002—2010年各年国际收支平衡表》的相关数据和中国人民银行网站各年各季度《中国货币政策执行报告》的相关数据整理计算并制表。

（二）"非FDI资本流入量"（游资2）

由于"错误与遗漏"公布不及时，每半年公布一次。为此，韩剑等(2006)提出用"非FDI资本流入量"来粗略估算国际游资的规模和流向。韩剑等"非FDI资本流入量"定义为：非FDI资本流入量 = 国际储备增量 - 贸易顺差额 - FDI实际利用额。表11-2显示，2005年上半年、下半年和2006年、2007年分别为199亿、-262亿、3亿和158亿美元，而这一数字在2003年和2004年则分别是252亿和924亿美元。如果仅仅从这一指标来看，表明新汇制对抑制游资冲击和改善我国货币政策的有效性具有一定的积极效应，但与2006年的现实却不太相符。究其原因,笔者认为,韩剑等的"非 FDI 资本流入量",没有考虑伪装成贸易资本的投机性资本流入额和 FDI 实际利用额中的非货币投资部分,致使在 2005 年以来当大量投机性资本伪装成贸易资本进入我国时,所计算出的结果与现实出现较大的偏差。

（三）"实际非 FDI 资本流入量"（游资 4）

金三林（2006）指出,汇改后我国"巨额外贸顺差里面可能隐藏着巨额的伪装成贸易的资本流入"（如:高报出口价、低报进口价等）。据经济学家王志浩的计算,2005 年我国 1020 亿美元的贸易顺差中隐藏了大约 670 亿美元的非贸易资金的流入,真实的贸易顺差仅仅为 350 亿美元左右（王志浩,2006）,即贸易顺差中的非贸易资金的流入率高达 66%。如果按此比例计算,2006 年我国 1775 亿美元的贸易顺差中,真实的贸易顺差也仅有约 610 亿美元,即通过贸易途径流入的非贸易资金高达 1165 亿美元以赌人民币进一步升值。韩继云等（2007）也指出,我国外商直接投资额中大约有 40% 为非货币投资,即非货币投资率为 40%。因此,为了使所估算的游资更符合实际,笔者提出用"实际非 FDI 资本流入量"对国际"热钱"加以测算。所谓"实际非 FDI 资本流入量"（下称"游资 4"）就是在上述"非 FDI 资本流入量"的基础上,增加伪装成贸易资本的投机性资本流入额（估算方法详见第七章第四节）和 FDI 实际利用额中的非货币投资部分[非货币投资率取韩继云（2007）的估算值为 40%],按照"实际非 FDI 资本流入量" = "非 FDI 资本流入量" + 贸易顺差额中的投机性资本流入额 + FDI 实际利用额×40% 的方法,计算出 2005 年汇改后我国的"实际非 FDI 资本流入量"（见表 11—2 游资 4）。表 11—2 显示,2005 年上半年、下半年、2005 年、2006 年、2007 年、2008 年、2009 年和 2010 年第一季度的"游资 4"分别为 304 亿、442 亿、746 亿、899 亿—972 亿、1656 亿—1797 亿、680 亿—1219 亿、2208 亿—2492 亿、100 亿—259 亿美元,从"游资 4"这一指标来看,2005—2009 年进入中国的国际游资并没有因为人民币的汇率改革而减少。从总量来看,2007 年达到 1700 亿美元的高峰,2008 年由于国际金融危机的效应出现了下降,但是 2009 年又有上升之势,2010 年第一季度则出现减缓的迹象;从游资占当年外汇储备增量的比重来看,也基本上维持在 40% 左右（除 2008 年和 2010 年第一季度外）。

可见,从"游资 4"这一指标来看,新汇制仍然没有有效遏制游资,为货币政策独立性释放的空间仍然不大。

三　从对利率工具使用的独立性和有效性来看新汇制对我国货币政策独立性和有效性的改善效应

从新汇制运行以来我国对利率工具使用的独立性和有效性来看,新汇制给我国货币政策的独立性释放的空间和货币有效性的改善效应仍然较小。在2005—2006年期间,当国内通货膨胀压力和人民币汇率升值压力共存时,由于担心提高人民币利率会缩小与美国的利差(当时美国的利差仍然大约比中国利率高2—3个百分点),进而加大人民币汇率的升值压力,而在加息面前裹足不前,只在2006年进行两次存款利率的加息(合计54个基点)。2007年,当国内通货膨胀压力和人民币汇率升值压力仍然共存时,中国试图大胆地运用利率工具,全年6次上调存款基准利率共计162个基点,一年期存款基准利率从年初的2.52%上调至年末的4.14%,而这时美国却为了应对金融危机开始下调利率,导致后来中美利率出现倒挂,国际游资进入中国在利息上还有收益,致使国际游资更加疯狂进入中国,国内通货膨胀压力和人民币汇率升值压力不但没有得到抑制,反而进一步强化。

利率与存款准备金率相比,利率具有灵活、影响面广的特点,理应是一国货币政策调整和宏观经济调控的常用货币政策工具,而存款准备金率政策通常称为货币政策工具中"猛药",一般情况下不应该常用,但是从近年来我国货币政策调整和宏观经济调控的实践来看,却成为我国货币政策调整和宏观经济调控大餐中的家常便菜,"猛药"变成了阿司匹林(见表11—3)。

对利率工具使用的独立性和有效性,通常作为判断一国货币政策独立性和有效性的主要指标和依据。从上述分析可见,2005年人民币汇改后,我国对利率工具使用的独立性和有效性仍然没有得到有效改善。可见,从新汇制运行以来我国对利率工具使用的独立性和有效性来看,新汇制给我国货币政策的独立性释放的空间和货币有效性的改善效应仍然较小。

表11—3　　　2003年以来我国利率和法定存款准备金率的调整情况

一年存款基准利率(%)			存款准备金率(%)		
调整时间	变化	调整后的利率	调整时间	变化	调整后的法定存款准备金率
2004—10—29	0.27	2.25	2003—09—21	1.00	7.00
2006—08—19	0.27	2.52	2004—04—25	0.5	7.50

续表

一年存款基准利率（%）			存款准备金率（%）		
调整时间	变化	调整后的利率	调整时间	变化	调整后的法定存款准备金率
2007—03—18	0.27	2.79	2006—07—05	0.5	8.00
2007—05—09	0.27	3.06	2006—08—15	0.5	8.50
2007—07—21	0.27	3.33	2006—11—15	0.5	9.00
2007—08—22	0.27	3.60	2007—01—15	0.5	9.50
2007—09—15	0.27	3.87	2007—02—25	0.5	10.00
2007—12—21	0.27	4.14	2007—04—26	0.5	10.50
2008—10—19	0.27	3.87	2007—05—15	0.5	11.00
2008—10—30	0.27	3.60	2007—06—05	0.5	11.50
2008—11—27	1.08	2.52	2007—08—15	0.5	12.00
2008—12—23	0.27	2.25	2007—09—25	0.5	12.50
			2007—10—13	0.5	13.00
			2007—11—26	0.5	13.50
			2007—12—25	1.00	14.50
			2008—01—25	0.5	15.00
			2008—03—25	0.5	15.50
			2008—04—25	0.5	16.00
			2008—05—20	0.5	16.50
			2008—06—15	0.5	17.00
			2008—06—25	0.5	17.50
			2008—09—25	−1.00	16.50
			2008—10—15	−0.50	16.00
			2008—12—05	−1.00	15.00
			2008—12—23	−0.50	14.50
累计（次）	12		累计（次）	25	

资料来源：根据中国人民银行网站关于中国人民银行调整利率和法定存款准备金率的公告相关数据整理制表。

四　结论

（1）根据经典 M—F 模型，在资本项目开放的条件下，一国实行固定汇率制，其货币政策是无效的，即独立性丧失。中国的实践也证明，实行稳定的汇率政策与人民币经常项目可兑换、资本项目半开放、低利率市场化等的政策组合,货币政策部分有效,即货币政策的效率和独立性部分丧失。

（2）从外汇占款增量和修正后的国际游资增量及它们占基础货币增量的比重等指标的变化来看,新汇制的弹性仍然不足以有效地改善中国货币政策的独立性及有效性。从新汇制运行以来我国对利率工具使用的独立性和有效性来看,也说明新汇制给我国货币政策的独立性释放的空间和货币有效性的改善效应仍然较小。究其原因主要是:由于我国进出口贸易具有显著的加工贸易型特征,致使人民币升值对我国贸易收支失衡的改善存在低效率,再加上人民币的升值远未达到国外普遍的期望值等缘故,造成人民币升值的预期仍然十分强劲,从而使人民币汇率的浮动区间仍非常小,使进入中国赌人民币进一步升值的国际"热钱"的风险成本几乎为零,于是大量的国际投机性资本仍然不断地流入中国,而且流入的路径越来越隐蔽和"合法化":2005 年以来"巨额外贸顺差里面可能隐藏着巨额的伪装成贸易的资本流入"(金三林,2006),另外,短期外债也出现明显的增长等。由于中国国际收支顺差的不断增加,从而进一步强化了人民币的升值压力。又由于利率弹性不足,也无法通过利率的变化来化解人民币的升值压力和游资的流动。在我国汇率弹性仍然偏小的情形下,央行不得不对外汇市场进行干预——购入大量的外汇以扎平外汇市场的超额外汇供应来稳定汇率,致使外汇占款攀升速度难以遏制,货币政策的独立性和有效性难以有效改善。可见,在经济(尤其是资本账户)开放程度不断增加的大背景下,逐步增加汇率和利率弹性是改善货币政策独立性和效率的有效出路。

第十二章 人民币汇率改革的中国经济增长效应

尽管自2005年汇改以来,人民币对美元已累计升值超过21%,但2005—2008年上半年,中国却出现了人民币升值与中国经济较大幅度升温共存的悖论。经典理论和传统思维均无法破解其核心"谜团",即净出口及其对经济增长的贡献剧增之迷。

第一节 "中国之谜":人民币升值与中国经济升温共舞之悖论

一 2005—2008年6月:人民币升值与中国经济升温共舞

表12—1 2002年以来中国汇率与经济增长速度、贸易额、贸易顺差的变化情况

年份	人民币名义汇率年平均值			经济增长（%）$\triangle Y_t$	对经济增长拉动（百分点）		净出口额（亿美元）		服务贸易差额（亿美元）		商品贸易差额（亿美元）	
	CNY/USD	升值（%）	累计升值（%）$\triangle E_t^\$$		消费+投资	净出口BC_t	金额B_t	增量$\triangle B_t$	金额SB_t	增量$\triangle SB_t$	金额GB_t	增量$\triangle GB_t$
2002	8.2770	0	0	9.1	8.4	0.7	374	93	−68	−9	442	102
2003	8.2770	0	0	10	9.9	0.1	361	−13	−86	−18	447	5
2004	8.2768	0	0	10.1	9.5	0.6	493	132	−97	−11	590	143
2005	8.1917	1.03	1.03	10.4	7.9	2.5	1248	755	−94	3	1342	752
2006	7.9718	2.75	3.82	11.6	9.4	2.2	2089	841	−88	6	2177	835
2007	7.6040	4.83	8.84	11.9	9.6	2.3	3075	986	−79	9	3154	977
2008	6.9479	9.44	19.12	9.0	8.2	0.8	3489	414	−118	−39	3607	447
备注	2002—2008年的商品贸易额IGT_t分别为6072亿、8319亿、11278亿、13908亿、17216亿、21246亿、25085亿美元。											

资料来源:根据国家统计局、国家外汇管理局、中国人民币银行等网站各年《统计年鉴》、《国际收支平衡表》等数据整理计算并制表。

众所周知，从 2005 年人民币汇改至 2008 年 6 月，中国经济出现了在人民币升值的同时，经济增长速度不但没有下降，反而有较大幅度的增加：一方面，由于 2005 年 7 月的人民币汇改，使人民币汇率不断升值，2005 年年末、2006 年年末、2007 年年末、2008 年 6 月末人民币对美元汇率交易中间价分别比上年年末升值 2.56%、3.35%、6.90%、6.50%，比汇改前的 8.2765 分别上升 2.56%、5.99%、13.30%、20.66%；另一方面，2002—2004 年中国经济年增长率分别为 9.1%、10%、10.1%，而在 2005—2007 年、2008 年上半年却突然增加到 10.4%、11.6%、11.9% 和 10.4%。出现了在 2005—2007 年期间，人民币升值与中国经济较大幅度升温的悖论（2008 年以来，由于国际金融危机的影响不断深入，外部条件发生了重大变化，经济增速才出现下降）。

二　净出口及其对经济增长的贡献剧增是"谜团"的核心

从表 12—1 的相关数据得知：2005 年至 2007 年中国经济的升温，主要是由于这些年份净出口对经济的贡献度突然大幅度增加所致：净出口对经济的贡献度在 2004 年及以前，基本上在 0.7 个百分点以下，而 2005 年后却突然增加到 2.2 个百分点以上（2008 年净出口对经济的贡献度下降，主要是受国际金融危机的影响）。从表 12—1 的相关数据还可以得知：自从 2005 年以后，中国的商品贸易顺差如脱缰之马，从 2001—2004 年的每年不足 600 亿美元，突然飙升到 2005—2008 年的 1342 亿、2177 亿、3154 亿、3607 亿美元，分别是人民币汇改前 2004 年 590 亿美元的 2.3 倍、3.7 倍、5.3 倍和 6.1 倍，分别比上年同期剧增 127%、62%、41%、14%，从年增量来看，也由 2004 年前的年均不到 100 亿美元，突然增加到 2005 年以后的 700 亿美元以上，大大超过同期的进出口贸易额年 23% 左右的增速；在这期间，中国服务贸易差额却基本上维持在 −60 亿至 −100 亿美元之间，变动量不大。可见，净出口的大幅度增加主要是由于商品贸易顺差大幅度剧增所形成的。

综上所述，2005—2008 年上半年净出口对中国经济的贡献度大幅度增加，主要是由于商品贸易顺差大幅度剧增所致。要破解人民币升值与中国经济较大幅度升温共舞的悖论之谜，必须首先破解人民币升值与中国商品贸易顺差大幅度剧增之悖论。

第二节　经典理论和常规思维难解中国货币升值 与经济增长升温的悖论之谜

本节我们将试图基于经典理论和常规思维析解中国货币升值与净出口的经济增长贡献度剧增及经济增长升温的悖论之谜。

一　基于"均衡汇率杠杆论"的分析：悖论之谜无解

根据"均衡汇率杠杆论"（姜波克，2006a），汇率不仅具有比价属性，还具有杠杆属性。汇率的杠杆属性首先体现在汇率能够影响一国的经济增长速度和就业水平。一国货币汇率上浮，不利于一国的经济增长速度和就业水平的提高。其传导机制主要有二：

（一）本币汇率上升的总需求和净出口抑制效应，进而抑制经济增长

一国货币汇率的上浮，使本国产品的国外价（外币价）上升，从而不利于出口，使出口产品的需求下降，同时又使外国产品的国内价（本币价）下降，从而有利于进口，使本国进口替代品的需求下降。出口需求和进口替代品的需求下降，进而使总需求的总量下降，最终导致总产出和就业水平的下降。

我们也可以用开放条件下一国 GDP 的恒等式来进一步分析。在开放条件下，一国 GDP 的计算公式（支出法）如下：

$$GDP = C + I + (X - M) = C + I + B \qquad (1)$$

其中，GDP、C、I、X、M、B，分别代表国内生产总值、国内消费总额（包括私人与政府消费）、国内投资总额（包括私人与政府投资）、商品和劳务出口总额、商品和劳务进口总额、商品和劳务净出口额。

从式（1）可以看出，消费、投资和净出口是拉动经济增长的三大动力。根据上述分析，本国货币汇率上浮，不利于出口，而有利于进口，如果一国满足马歇尔—勒纳条件，则商品贸易顺差下降或逆差增加；同理，本国货币汇率上浮，本国货币对外购买力相对增加，促使本国购买国外劳务增加，外国购买本国的劳务减少，劳务贸易顺差下降或逆差增加。商品和劳务贸易顺差下降或逆差增加，其结果使该国的净出口"B"下降，如果消费"C"和投资"I"不变，则 GDP 下降。

（二）本币汇率上升的资本形成与投资总量抑制效应，进而抑制经济

增长

一国货币汇率的上升，一方面不利于其吸收 FDI（其传导机制主要是通过相对生产成本上升和财富效应的作用），从而使该国的投资减少；另一方面由于进口产品的相对价格下降，导致进口消费的倾向上升，储蓄的倾向下降，不利于资本的形成和投资的增加。产出是投资的函数，总投资的减少进而使总产出和就业的下降。从式（1）也可以得知：假设"C"不变，"B"和"I"减少，则 GDP 下降。

可见，根据"均衡汇率杠杆论"，本币汇率上升对其经济增长具有抑制作用。"均衡汇率杠杆论"无法释解人民币升值与中国净出口剧增及经济增长较大幅度升温的悖论。

二 基于进出口贸易规模增长的推算：悖论之谜亦无解

近年来，不少学者通过实证证明，我国贸易收支与汇率变动的相关度较低，汇率不是中国贸易收支的 Granger 原因，例如：谢建国（2002）和许少强（2006c）均证明，汇率变动仅能解释中国贸易收支的 3%。为了便于分析，在此先不考虑人民币汇率变动的贸易收支效应，仅从贸易规模增长引起贸易顺差额的增长角度考虑。如果以 2004 年为基期，并假设 2005—2007 年商品贸易顺差占进出口贸易额的比重与 2004 年相同，那么贸易顺差额与进出口贸易额同步增加，按此假设并根据相关数据来粗略估算计算期 t 期（如 2006 年）的理论净出口值 TB_t^a、理论净出口增量 $\triangle TB_t^a$、理论净出口经济贡献度 TBCt、理论经济增长率 $\triangle TY_t^a$。由于在这期间中国服务贸易差额基本上维持在 -60 亿—100 亿美元之间，变动量不大，为了简化计算，在计算理论净出口增量 $\triangle TB_t^a$ 时，中国服务贸易差额完全取中国国家外汇管理局《国际收支平衡表》上数据，则可建立方程式：

$$TB_t^a = TGB_t^a + SB_t = GB_{2004}/IGT_{2004} \times IGT_t + SB_t \qquad (2)$$

$$\triangle TB_t^a = TB_t^a - TB_{t-1}^a \qquad (3)$$

$$TBC_t^a = BC_t \times \triangle TB_t^a / \triangle B_t（粗算法，下同）\qquad (4)$$

$$\triangle TY_t^a = \triangle Y_t - (BC_t - TBC_t^a) \qquad (5)$$

其中：TGB_t^a 为计算期 t 期的理论贸易顺差值；GB_{2004}、IGT_{2004} 分别代表 2004 年中国商品进出口贸易名义顺差值、商品进出口贸易额；IGT_t、SB_t、BC_t、$\triangle B_t$、$\triangle Y_t$ 分别代表 t 期商品进出口贸易额、服务贸易名义差额、名义净出口经济贡献度、名义净出口额增加值、名义经济增长率（本书的"名义"经济指标均指国家统计局等政府部门公布的相关经济指标，以区别本书相应的理论推算值)；TB^a_{2004}值取 2004 年名义净出口额。

根据式（2）—式（5）和表 12—1 的相关数据，可计算出 2005—2007 年的理论净出口值 TB^a_{2005}、TB^a_{2006}、TB^a_{2007}，其结果分别为 634 亿、813 亿、1033 亿美元，这比这期间的名义净出口值 1248 亿、2089 亿、3075 亿美元分别少 614 亿、1276 亿、2042 亿美元，这些"飞来"的"超"净出口，相当于这期间名义净出口额的比重分别高达 49%、61%、66%。进而计算出 2005 年、2006 年、2007 年的理论净出口经济贡献度 TBC^a_i，仅分别为 0.7 个、0.5 个、0.5 个百分点，分别比其名义净出口经济贡献度少 1.8 个、1.7 个、1.8 个百分点，按此贡献度可计算出 2005 年、2006 年、2007 年的理论经济增长率 $\triangle TY^a_i$ 分别仅为 8.6%、9.9%、10.1%。显然，基于贸易顺差额与进出口贸易额同步增加的假设，难解净出口剧增及经济增长升温之谜。

三 基于弹性理论的分析与推算：悖论之谜同样无解

根据弹性理论，一国货币汇率变动对贸易收支具备改善效应的条件是满足马歇尔—勒纳条件：其进、出口需求弹性之和大于 1，即当 EX + EM > 1 时，其货币贬（升）值可使出口收入增加（减少），进口支出减少（增加），贸易收支逆差（顺差）减少，从而改善贸易收支。否则，当 EX + EM = 1 或 EX + EM < 1 时，一国货币汇率的变动会分别导致其贸易收支差额不变和贸易差额进一步扩大。现在，我们假设我国的进出口需求价格弹性之和的绝对值小于 1，不符合马歇尔—勒纳条件，那么人民币的升值会导致我国进出口贸易顺差进一步扩大。下面以陈华（1998）所计算的进出口需求价格弹性和人民币对美元名义汇率的升值幅度为依据来推算 2005—2007 年人民币升值的中国贸易顺差和净出口最大可能的扩大效应，进而推算中国贸易顺差、净出口的经济增长贡献度和经济增长率的理论值。

之所以采取陈华所计算的进出口需求价格弹性和人民币对美元汇率变动为依据来推算，理由有三：首先，通过全文期刊网等检索得知，陈华所计算的我国进出口需求价格弹性之和的绝对值为最小，也就是说按照陈华所计算的进出口需求价格弹性所计算出的人民币升值导致的我国进出口贸易顺差可能增加的幅度是最大的；其次，在我国的进出口计价货币中，美元占 2/3 以上，人民币对美元汇率的变动对我国进出口影响较大；再次，从理论上讲，影响贸易收支的是有效汇率和实际汇率，但根据 BSI 的数据，到 2008 年不管是人民币名义有效汇率，还是实际有效汇率的升值幅度，均小于人民币对美元汇率的升值幅度。换句话说，如果按照陈华的我国进出口需求价格弹性的结论和人民币对美元汇率的升值幅度，所计算出的人民币升值对我国贸易顺差增加效应，仍然无法解释汇改后人民币升值与中国贸易顺差和净出口的经济增长贡献度剧增之谜。那么按照其他学者所计算出的进出口需求价格弹性值和其他汇率，就更无法破解贸易顺差和净出口的经济增长贡献度剧增之谜了。

　　假设人民币升值的国内外价格传导效率为100%，即人民币升值1%会引起出口外币价上升1%、进口商品的国内价下降1%，而且没有时滞效应。按照陈华（1998）所计算的我国进出口需求价格弹性之和的绝对值仅为0.5628，绝对值小于1，说明人民币汇率每升值1%，我国贸易顺差反而会增加0.4372%。设在考虑我国进出口需求价格弹性和人民币对美元名义汇率的升值幅度后，计算期 t 期的理论净出口值为 TB_t^b、理论增量为 $\triangle TB_t^b$、理论净出口经济增长贡献度 TBC_t^b、理论经济增长率为 $\triangle TY_t^b$，为了方便计算，本书简单地假设贸易顺差额与进出口贸易额同步增加，并以 2004 年为基期，即假设 2005—2007 年贸易顺差占进出口贸易额的比重与 2004 年相同，那么可以将 GB_t^b 定义为在进出口额增加使贸易顺差同步增加后的理论顺差值 TGB_t^a 的基础上，加上人民币对美元名义汇率升值所引起的贸易顺差理论增量，则：

$$TB_t^b = GB_t^a + IGT_t \times 0.4327\% \times \triangle E_t^\$ + SB_t$$

$$= TB_t^a + IGT_t \times 0.4327\% \times \triangle E_t^\$ \tag{6}$$

$$\triangle TB_t^b = TB_t^b - TB_{t-1}^b \tag{7}$$

$$TBC_t^b = BC_t \times \triangle TB_t^b / \triangle B_t \tag{8}$$

$$\triangle TY_t^b = \triangle Y_t - (BC_t - TBC_t^b) \tag{9}$$

　　其中：GB_t^a、SB_t、IGT_t、TB_t^a、BC_t、$\triangle B_t$、$\triangle Y_t$ 的含义与上面相同；$\triangle E_t^\$$ 代表 t 期人民币对美元汇率比 2004 年平均升值的百分点数（如表12—1，2006 年升值 3.82%，为则 $\triangle E_{2005}^\$$ 为 3.82）；TB_{2004}^b 值取 2004 年名义净出口额。

　　根据式（6）—式（9）和表12—1的相关数据，可计算出：2005—2007年的理论净出口值 TB_t^b 分别为 696 亿、1098 亿、1846 亿美元，分别比名义净出口值 1248 亿、2089 亿、3075 亿美元分别少 552 亿、991 亿、1229 亿美元；2005 年、2006 年、2007 年的理论净出口经济增长贡献度 TBC_t^b 分别为 0.7 个、1.1 个、1.7 个百分点，分别比名义净出口经济增长贡献度少 1.8 个、1.1 个、0.6 个百分点；按此贡献可进一步计算出 2005 年、2006 年、2007 年的理论经济增长率为 $\triangle TY_t^b$，分别为 8.6%、10.5%、11.3%，仍然分别有 1.8%、1.1%、0.6% 的经济增长率无法解释。

上述在计算 TB_t^b、$\triangle TB_t^b$、TBC_t^b、$\triangle TY_t^b$ 时，其至少有两点假设是超现实的。一是假设汇率变动的价格传递效率为 100%，但在现实中是不可能的，因为导致商品价格变化的因素是多方面的，如汇改后到 2007 年年底我国一般贸易进口商品的外币价累计上升已超过 10%，怎么能够保证进口商品国内人民币售价下降幅度能达到人民币汇率的升值幅度呢？另外，由于价格的刚性，价格的传递都有明显的时滞，不可能与汇率的调整同步。二是以陈华（1998）计算的进出口需求价格弹性为依据，是为了求解人民币汇率升值可能的最大贸易顺差效应。但是，陈华所计算的我国进出口需求价格弹性实际上是根据我国 1986—1996 年的数据为依据，与 2005 年已相隔 10 余年，先不考虑这弹性的当时正确性，但 10 余年来我国的进出口商品结构和价格体系均发生了较大变化，最近几年的学者计算出的我国进出口需求价格弹性都明显高于陈华（1998）所计算的我国进出口需求价格弹性（有的甚至大于 1）。基于这两点，上述所估算的各期 TB_t^b、$\triangle TB_t^b$、TBC_t^b、$\triangle TY_t^b$ 均明显偏大，按此结论，各期 TBC_t^b、$\triangle TY_t^b$ 中实际难解成分比上述计算结果要高得多。显然，同时基于弹性理论之中国不符合马歇尔—勒纳条件和贸易顺差额与进出口贸易额同步增加的假设，仍然难解中国人民币升值与净出口剧增及经济增长升温的悖论之谜。

四　引入进出口收入弹性的进一步分析：仍然难解悖论之谜

一些学者（例如：许少强等，2006a；殷德生，2004）在对人民币汇率变动对中国贸易收支冲击的实证研究中发现，人民币汇率冲击对我国贸易收支变化的解释力太小。因此，他们引入国内外收入冲击和进出口收入弹性进行分析。如许少强等利用 1994—2003 年数据研究证实，我国国际收支的变化，主要受国内实际 GDP、世界实际 GDP 变动的影响，其中：在我国贸易收支场合，实际国内 GDP 弹性为 -1.135，世界实际 GDP 弹性为 1.578（许少强等，2006a，第 114 页）。2004—2006 年中国经济的年增长率分别为 10.4%、11.6%、11.9%，而这三年世界经济增长率分别为 3.4%、3.9%、

3.7%。由于我国的经济增长率是世界经济增长率的 2 倍以上，按照上述我国国际收支的国内 GDP 和世界 GDP 弹性计算，我国的商品贸易顺差和净出口，以及净出口的经济增长贡献度等应该是减少，而不是大幅度上升，仍然无法解释汇改后人民币升值与净出口的经济增长贡献度剧增共舞之悖论。

第三节　创新思维寻谜解

本节我们将创新思维寻谜解：基于净出口中可能奄藏大量国际游资形成增长"水分"的假设与估算，以析解中国货币升值与净出口的经济增长贡献度剧增及经济增长升温的悖论之谜。

根据本章第一、二节所述，2005—2008 年上半年，中国经济出现了难解的人民币汇率升值与净出口及其对经济增长的贡献度剧增的悖论。从数据上看，主要是商品贸易顺差出现大幅度飙升的结果：中国商品贸易年顺差从 2004 年以前的不足 600 亿美元，突然飙升到 2005 年后的 1300 亿美元以上，出现了人民币汇率升值与中国贸易顺差飙升的悖论，对此在经典理论和常规思维中难寻谜解。在此我们不妨创新思维：是否可能有大量游资伪装成贸易资金进入我国（以赌人民币的进一步升值），进而导致净出口虚假增长，形成经济增长"水分"。

（一）基于外商投资企业的进出口贸易顺差突变视角对贸易顺差中游资和经济增长"水分"的估算

我们在第七章第四节"析解人民币升值与中国贸易顺差剧增之谜：游资估算视角"中，基于汇改前后中国加工贸易和外商投资企业的进出口贸易顺差情况及其变化，建立了一个方程式，来对隐藏在贸易顺差中的投机性资本额（用 FGB 表示）进行简单地估算：

$$FGB_t^a = Q_t \times (K_t - 2.14\%) \qquad (10)$$

其中，Q_t、K_t 分别为计算期 t 期外商投资企业进出口额、外商投资企业顺差占外商投资企业进出口额的百分比；根据笔者的计算，1998—2004 年外商投资企业顺差占其进出口的比重平均为 2.14%，那么我们假设 K 的正常值为 2.14%。根据式（10）可得 2005—2008 年隐藏在中国贸易顺差中的非贸易资金 FGB_{2005}^a、FGB_{2006}^a、FGB_{2007}^a、FGB_{2008}^a 分别为 392 亿、690 亿、1085 亿、1404 亿美元。

式（10）的 FGB_t^a 是根据商务部的统计口径计算的，而国家统计局在计算净出口对 GDP 的贡献时，是按照外汇管理局《国际收支平衡表》统计的，那么按相应比例将 FGB_t^a 转化为外汇管理局统计口径（FGB_t^b），则有：

$$FGB_t^b = FGB_t^a \times GB_t / BGB_t$$

$$= Q_t \times (K_t - 2.14\%) \times GB_t / BGB_t \qquad (11)$$

其中 GB_t、BGB_t 分别代表中国国家外汇管理局和商务部统计的 t 期商品贸易顺差额。

根据式（11）和表 12—1、表 7—17 的数据，可得 2005—2008 年隐藏在中国贸易顺差中的非贸易资金 FGB_{2005}^b、FGB_{2006}^b、FGB_{2007}^b、FGB_{2008}^b 分别为 516 亿、846 亿、1314 亿和 1658 亿美元。如果将它们从贸易顺差中扣除，那么 2004 年后 t 期的净出口理论推算值为 TB_t^c，则：

$$TB_t^c = B_t - FGB_t^b \qquad (12)$$

$$\triangle TB_t^c = TB_t^c - TB_{t-1}^c \qquad (13)$$

$$TBC_t^c = BC_t \times \triangle TB_t^c / \triangle B_t \qquad (14)$$

$$\triangle TY_t^c = \triangle Y_t - (BC_t - TBC_t^c) \qquad (15)$$

其中：B_t、$\triangle TB_t^c$、TBC_t^c、BC_t、$\triangle B_t$、$\triangle TY_t^c$、$\triangle Y_t$ 分别代表 t 期商品贸易名义差额、理论净出口增量、理论净出口经济增长贡献度、名义净出口经济贡献度、名义净出口额增加值、理论经济增长率、名义经济增长率（本书的"名义"经济指标均指国家统计局等政府部门公布的相关经济指标，以区别本书相应的理论推算值）；TB_{2004}^a 值取 2004 年名义净出口额。

根据式（12）—式（15）和表 12—1 的相关数据，可计算出：2005—2008 年的理论净出口值 TB_t^c 分别为 732 亿、1242 亿、1761 亿、1831 亿美元；2005—2008 年的理论净出口经济增长贡献度 TBC_t^c 分别为 0.8 个、1.3 个、1.2 个、0.1 个百分点，比其名义净出口经济增长贡献度分别少 1.7 个、0.9 个、1.1 个、0.7 个百分点；按此贡献度可进一步计算出 2005—2008 年的理论经济增长率为 $\triangle TY_t^c$，分别只有 8.7%、10.7%、10.8%、8.3%，也就是说 2005—2008 年的名义经济增长率中分别有 1.7 个、0.9 个、1.1 个、0.7 个百分点是由于净出口中隐藏巨额国际游资形成的"假增长"。

（二）添加人民币升值可能形成贸易条件改善的假设因素后的贸易中游资和经济增长"水分"估算

我们在第七章第四节"析解人民币升值与中国贸易顺差剧增之谜：游资估算视角"中，同样添加了人民币升值可能形成贸易条件改善的假设条件后对贸易中游资进行了估算，其结果是：2005—2008 年隐藏在中国贸易顺差中的非贸易资金分别为：392 亿、617 亿、944 亿、865 亿美元。如果将它们从各年贸易顺差中扣除，并按照式（11）—式（15）的原理和表 12—1 的相关数据，可计算出：2005—2008 年的 FGB_t^{b*} 分别为 516 亿、757 亿、1143 亿、1021 亿美元；理论净出口值 TB_t^{c*} 分别为 732 亿、1332 亿、1932 亿、2268 亿美元；2005—2008 年的理论净出口经济增长贡献度 TBC_t^{c*} 分别为 0.8 个、1.6 个、1.4 个、0.6 个百分点，比其名义净出口经济增长贡献度分别少 1.7 个、0.7 个、0.9 个、0.2 个百分点；按此贡献度可进一步计算出 2005—2008 年的理论经济增长率为 $\triangle TY_t^{c*}$，分别只有 8.7%、10.9%、11.0%、8.8%，也就是说 2005—2008 年的名义经济增长率中分别有 1.7 个、0.7 个、0.9 个、0.2 个百分点是由于净出口中隐藏巨额国际游资形成的"假增长"。

我们不妨建立 2005—2008 年的几个经济指标区间：

（1）2005—2008 年理论净出口经济增长贡献度区间（上限为 TBC_t^{c*}，下限为 TBC_t^c）：0.8—0.8 个、1.3—1.6 个、1.2—1.4 个、0.1—0.6 个百分点。

（2）相应的 2005—2008 年"假增长"区间：1.7—1.7 个、0.7—0.9 个、0.9—1.1 个、0.2—0.7 个百分点。

（3）2005—2008 年的理论经济增长率区间（上限为 $\triangle TY_t^{c*}$，下限为 $\triangle TY_t^c$）：8.7%—8.7%、10.7%—10.9%、10.8%—11.0%、8.3%—8.8%。

本章小结与结论

（1）"均衡汇率杠杆论"以及同时基于贸易顺差额与进出口贸易额同步增加和弹性理论之中国不符合马歇尔—勒纳条件的假设等经典理论和常规思维，均难解中国人民币升值与净出口经济增长贡献率剧增并导致经济增长较大幅度升温的悖论之谜。

（2）最后通过建立方程式对汇改后是否存在巨额游资伪装成贸易流入进行估算，其结果表明 2005—2008 年的名义经济增长率中分别有 1.7—1.7 个、0.7—0.9 个、0.9—1.1 个、0.2—0.7 个百分点是由于净出口中隐藏巨额国际游资形成的"假增长"。据此，净出口经济增长贡献度剧增，并导致经济增长较大幅度升温之谜终于得以破解。

第七部分

人民币升值的中国产业
升级与产业转移效应篇

第十三章　人民币升值的中国产业升级效应:理论与现实

　　汇率是比价,更是杠杆和政策工具。理论上人民币升值具备中国产业升级和经济增长方式改善效应,然而现实中却受制于中国国情、人民币升值的成本、产业结构与增长方式的刚性等,形成现实绩效远小于理论效应。人民币汇率政策的选择与调整必须坚持统筹兼顾、量变到质变的科学发展观。

第一节　人民币升值的中国产业结构升级效应:理论路径

一　出口成本上升的"推动效应"

　　汇率的杠杆属性不仅体现在汇率能够影响一国的经济增长速度和就业水平,而且还体现在汇率能够影响总需求的结构,以及总需求在国内外的配置,进而影响总产出结构,并改变产业结构,使汇率具备影响经济增长方式和质量的属性。当本币汇率低估或下浮时,使贸易品部门得到优先发展,相当于是给本国的出口品部门和进口替代品部门施加了一把无形的保护伞,降低了本国贸易品部门提高劳动生产率的竞争意识,导致粗放经营的后果。汇率对资源的配置效应,不仅可以体现在贸易品部门与非贸易品部门之间,还可以反映在贸易品部门的内部。本币汇率低估或下浮,使资源有利于收益相对较低的贸易品部门,从而阻碍技术进步和经济结构的升级。经验也证明一国货币贬值或低估会导致其贸易条件的恶化。相反,一国货币升值,一方面对那些低效率者和低效率产业(如:劳动密集型产业)具有"挤出效应",同时又会迫使其贸易品部门提高竞争意识和生产效率,进而有利于产业及产品的升级换代和贸易条件的改善。

二　先进设备进口成本下降的"拉动效应"

一国汇率变动的价格"穿透效应"或"传导效应",最直接、最快捷的是首先表现在进口产品的本币价格上:假设进口产品的外币价不变,一国汇率变动多少,其进口的本币成本就会向反方向相应变动多少。因此,一国货币的汇率升值,会使其企业进口先进设备的成本下降,换句话说,如果人民币升值,其"财富效应"就是同样的人民币资金可以进口更多的先进设备,从而对中国的产业及产品的升级换代具有拉动作用。

三　FDI 的产业升级的"带动效应"

由于东道国的货币(如我国的人民币)升值,外国直接投资(FDI)投资东道国的低效率产业(如劳动密集型产业)的利润下降,这种本国货币升值对 FDI 的低效率行业的"挤出效应",会促使外国直接投资转向东道国的高效率行业(如技术密集型产业)投资,促使外国直接投资者加大对新技术的利用。因此,从理论上说,人民币升值的 FDI 产业"转换效应"和技术"溢出效应",对我国的产业及产品的升级换代具有带动作用。

四　需求"转换效应"的中国经济增长方式"提升效应"

由于本币升值,会导出出口商出口的本币收入和利润下降。一方面,会降低出口商扩大出口的积极性;另一方面,出口商为了抵补本币升值所带来出口的本币收入和利润下降,出口商会提高出口产品的外币价,导致出口需求的下降,进而导致本国出口的减少,降低出口对本国经济增长的贡献率。对于中国而言,在经济增长的贡献中,消费长期位于较低水平(只有40%左右,而发达国家通常在60%以上),经济对出口的依存度过高(通常高达30%以上),因此提高消费在经济增长中贡献的比重,提升经济增长方式迫在眉睫。人民币升值导致出口需求的下降,即需求"转换效应"对中国扩大内需,改变经济增长方式形成"倒逼机制"。

第二节　人民币升值的中国产业升级效应的约束条件

一　长、短期经济目标,即经济增长速度和增长质量间的权衡

汇率的杠杆属性首先体现在汇率能够影响一国的经济增长速度和就业

水平。一国货币汇率的低估或下浮,有利于一国的经济增长速度和就业水平的提高。其传导机制,一是通过影响总需求的总量:一国货币汇率的低估或下浮,出口产品的外币价下降,进口成本增加,从而有利于出口和进口替代品的需求增加,最终导致总需求的总量增加,进而使总产出增加和就业水平提高;二是通过影响资本的形成和投资的总量来影响总产出:一国货币汇率的低估或下浮,有利于其吸收 FDI,从而使该国的投资增加,产出是投资的函数,总投资的增加进而使总产出和就业的增加。反之,本币汇率升值或高估对其经济增长具有抑制作用,不利于就业。

就短期目标而言,中国必须继续保持人民币汇率的适当低估,以确保较高的经济增长速度和就业水平,这是由我国仍然是世界第一大发展中国家的基本国情所决定的,中国近期的最大利益就在于保持经济的持续增长,并在持续的经济增长中逐步实现全社会的较充分就业。然而,目前国内粗放经营的增长模式,也必须引起我们的高度重视:单位 GDP 投入,中国大大超过发达国家。笔者根据《中国统计年鉴 2006》和刘宇(2008)的相关研究数据,计算得出 2005 年每万美元 GDP 的劳动和资源投入量,中国分别是美日英法德平均数的 33 倍、5.1 倍。如果人民币汇率长期过于低估,不利于经济结构的升级和增长方式的转变,即不利于长期内经济增长的可持续性和长期目标的实现。因此,就长期目标而言,需要人民币升值,但必须注重升值的节奏。如果升值过快,超过了我国经济的消化能力,届时就有可能会造成我国经济增速的大幅度下降和失业率攀升的负面效应。由于"广场协议"后日元的升值过快、幅度过大,导致日本的经济走向衰退,日本的失业也随之增加等一系列负面影响(俗称"日元升值综合症")。日本的经验教训值得我们深思。姜波克等指出:当经济增长处于初期阶段,要使汇率靠近均衡汇率区间的上限(本币汇率较低),即选择"投资推动型"均衡汇率;当经济增长到一定时期,再发挥汇率对技术和知识使用的促进作用,使汇率向均衡汇率区间的下半部分和下限移动(本币升值),即选择"技术促进型均衡汇率"(刘宇等,2008)。可见,人民币汇率的调整必须在短期的经济增长速度和长期的经济增长质量之间进行权衡。理性的做法就是让人民币逐步升值,使人民币从比较低估的状态向比较不低估的状态进行缓慢升值,即由"投资推动型"均衡汇率逐步向"技术促进型"均衡汇率缓慢过渡,以同时兼顾中国经济总量的赶超和增长质量的提升。

二 人民币升值的成本与收益间的衡量

（一）人民币升值的主要成本

1. 引起经济增长速度和就业水平的下降

如上所述，人民币升值会抑制出口需求，最终导致总需求的总量减少，进而引起经济增长速度和就业水平的下降。对于内需不足，长期严重依赖"需求输入"的中国经济而言，如果人民币升值过快，出口需求的快速下降，对经济增长速度和就业水平的负面效应不言而喻。雷达等（2006）研究也证明，人民币升值过快会降低中国 GDP 的增长速度，并对就业产生冲击：一次性 20% 以上的升值将导致严重的失业问题，并可能使中国经济进入萧条，甚至出现局部的经济危机。

2. 对金融安全产生的负面效应

首先，增加商业银行的信用风险。仇高擎（2005）指出："总体上看，因人民币升值而明显受益的行业相对较少。"人民币升值会使国内部分行业和企业的景气指数下降，尤其是出口比重较大的行业（如：纺织、服装、电子、造船、医药等）和进口替代（竞争）型的行业（如：煤炭、石油天然气开采、化工等）。如果人民币升值过快，将会使商业银行的呆坏账剧增，增加其授信业务的信用风险。

其次，人民币升值过快所引起经济增长速度和就业水平的下降，进而导致的国民收入和储蓄率下降，将会使我国脆弱的银行体系承受巨大的流动性危机的压力。

再次，对房地产和股市的影响。如果人民币快速升值或中长期进一步升值后，国际游资的大规模撤离，还将对中国的房地产行业和股市造成不利影响，带来房地产和股市价格跳水的风险。总之，正如雷达等（2006）所指出的："人民币升值 20%—30%（与汇改前比较）将直接导致宏观环境的恶化和金融部门的全面紧缩"，"甚至可能引发金融危机"。

（二）人民币升值的主要收益

1. 人民币升值对贸易条件和产业结构的改善效应

我国的"贫困化增长"，即贸易条件恶化问题不容忽视，根据中国海关编制的贸易条件指数，1993—2005 年中国的整体贸易条件下降了 12%（雷达等，2006）；因为人民币升值会导致出口价格上升和进口价格下降，从而使贸易条件改善。根据杨帆等的研究成果：在通货膨胀率不变的条件下，人民币升值的贸易条件改善系数为 0.37（杨帆，2005）。人民币升值具备的对低效率产业的"挤出效应"和进口先进设备的成本下降的"财富效应"，从而促进中国产业结构的升级换代。不过，人民币升值对贸易条件和产业结构的改善效应的释放却是一个缓慢而长期的过程。

2. 人民币升值对我国外部失衡的改善效应

人民币升值对我国外部失衡的改善效应是非常低微的:一方面，中国的高贸易顺差主要根源是国际产业的"迁移效应"，华盛顿国际经济研究所的一项调查报告也显示，中国对美国贸易顺差的 75% 来自 FDI 产生的"迁移效应";另一方面，中国进出口贸易具有显著的加工贸易型特征（曹垂龙，2006b），导致中国贸易收支与汇率变动的相关度极低，汇率变动仅能解释贸易收支的 3%（谢建国等，2002;许少强等，2006a）。汇改后的实际效应也进一步验证了人民币升值对贸易收支改善的低效率:截至 2008 年年底，人民币对美元已累计升值 21%，但中国总贸易顺差和中美贸易顺差却均不减反增（见表 13—1）。

由于人民币升值引起经济增长速度和就业水平下降等负面效应的释放速度较快，而人民币升值对产业结构的改善效应的释放却是一个缓慢而长期的过程，加之人民币升值对我国外部失衡的改善效应又非常低微。可见，近期人民币升值的成本明显大于收益，尤其是人民币的快速升值。所以人民币汇率政策的选择也必须对此予以充分考虑和权衡。

表 13—1　汇改后人民币汇率、中国贸易总顺差及中美贸易顺差情况的变化

年份		2005	2006	2007	2008
人民币汇率	期末汇率值（RMB￥/US＄）	8.0707	7.8087	7.3046	6.8346
	变化（%）	2.55	3.34	6.90	6.87
中国贸易总顺差	顺差额（亿美元）	1019	1775	2622	2955
	变化（%）	217.4	74	47.7	12.7
中美贸易顺差（中方统计数）	顺差额（亿美元）	1142	1443	1633	1709
	变化（%）	42.3	26.2	13.3	4.7

资料来源:根据中国人民银行、商务部网站数据整理计算制表。

本章小结与启示

启示一：本币升值理论上具有促进本国产业升级和增长方式提升效应。

汇率是比价，更是杠杆和政策工具。一国汇率水平及其变动会影响其经济结构的调整和经济增长的质量。本币升值或高估，会通过生产要素的"挤出效应"和"转移效应"传递：从低效率的企业和部门挤出，向高效率的企业和部门转移，增加企业和部门利用技术的压力和动力，从而推动一国产业结构的升级换代和增长方式的提升。

启示二：产业结构与增长方式具有刚性，现实绩效远小于理论效应。

综上所述：人民币升值的中国产业升级和经济增长方式的改善效应，现实中受制于中国国情、人民币升值的成本、产业结构与增长方式的刚性等因素，形成现实绩效远小于理论效应。一国的汇率政策必须坚持统筹兼顾、从量变到质变的科学发展观。坚持统筹兼顾、质变量变规律是"均衡汇率杠杆论"的主要思想：强调"内部均衡重要论"和"均衡汇率区间论"，一国汇率水平及其变动方向与速度应该充分考虑内外均衡的协调，并优先考虑内部经济目标的实现；应该充分考虑本国的国情，正确处理长、短期经济目标，即经济增长速度和增长质量间的关系，根据本国经济社会发展的不同时期，在均衡汇率区间内选择不同的位置，尤其在本币升值过程中要正确处理量变与质变的关系，坚持统筹兼顾、从量变到质变的科学发展观。

启示三：总体上人民币应坚持小幅度、慢性化、长期性升值的原则。

基于人民币升值的中国产业升级效应的各种约束条件，以及中国巨大的就业压力、内外均衡和产业升级实现的需要等，权衡人民币升值的收益与成本，笔者认为，在今后较长时期内，人民币宜采取适当低估，并坚持小幅度、慢性化、长期性升值的方略，以达到在实现中国经济总量赶超的同时，兼顾增长质量和经济结构提升以及外部失衡改善等目标。

第十四章 货币升值的产业升级与产业空心化双效应的博弈

根据汇率的杠杆属性，本币升值同时具备产业升级效应与产业空心化效应，但两种效应的释放速度不同。相对而言，较慢的升值速度则倾向有利于产业升级效应的释放；反之，较快的升值速度则容易导致产业空心化效应的放大。根据两种效应释放速度的差异，结合中国的基本国情和量变质变规律，应坚持人民币小幅度、慢性化、长期性升值的原则，以达到凸显人民币升值的产业升级效应和规避空心化效应之功效。

关于人民币升值的中国产业结构升级效应的理论路径，本书在第十三章第一节已经详细论述。人民币升值的中国产业结构升级效应的理论路径主要包括四个方面：出口成本上升的"推动效应"、先进设备进口成本下降的"拉动效应"、FDI的产业升级的"带动效应"、需求"转换效应"的中国经济增长方式"提升效应"。本章不再作具体论述。

第一节 本币升值的产业空心化效应的理论路径与国外实践

一 破快立慢、破多立少时导致的产业空心化效应

汇率的杠杆属性，即汇率变动的经济效应是通过一国汇率变动的价格"穿透效应"或"传导效应"，也就是引起贸易品部门与非贸易品部门之间、国内外之间相对价格的变化来实现的。首先，一国货币升值，如果外国商品的外币价不变，进口成本就会向反方向相应比例下降，从而导致进口需求上升，进而引起进口替代品的需求下降，对进口替代品的生产产生冲击。其次，一国货币升值，如果出口产品的外币价不变，出口产品的本币收入则就会向反方向相应比例减少，出口商的利润下降；如果出口商要维持其利润，要么提高出口商品的外币价，导致出口需求下降，要么提高劳动生产效率，

但劳动生产效率的提高却是渐进而缓慢的过程。可见，一国货币升值，通过相对价格的变化，导致出口需求和进口替代品的需求下降，使生产出口品和进口替代品的厂商利润下降，进而对贸易品部门中那些低效率者和低效率产业形成"挤出效应"。再次，本币汇率升值促使资源要素由贸易品部门向非贸易品部门转移：一国货币升值，导致出口需求和进口替代品的需求下降，进而使这些贸易品国内价格相对非贸易品下降，生产利润亦随之下降，促使资源要素由贸易品部门向非贸易品部门转移，形成"产业转换效应"，但"产业转换效应"却同样是渐进而缓慢的过程。如果一国货币升值的"产业转换效应"催生的新产业量小于"挤出效应"摧毁的旧产业量时，就会形成货币升值的产业空心化效应。

二　本币汇率升值的 FDI 效应导致的产业空心化效应

（一）相对生产成本效应

一般来说，对东道主国而言，本币汇率贬值或低估使外币的购买力相对增加，一方面，使得以外国货币表示的本国生产成本下降，或者说以外国货币所表示的出口价格下降，有利于出口，从而相应地提高了贸易品部门外国投资者的利润和回报率，促使 FDI 流入的增加和 FDI 流出的减少，进而使产业规模和经济总量增加。反之，本币汇率升值或高估，会减少出口导向型外国投资者的利润和回报率，不利于引进 FDI，但因本币汇率相对升值，部分贸易伙伴国的货币则相对贬值，使本国投资者投资他国的利润和回报率增加，从而有利于本国的对外 FDI，促使本国对外 FDI 的增加。可见，本币汇率升值或高估，由于相对生产成本变化，会导致 FDI 流入的减少和 FDI 流出的增加，以及本国对外 FDI 的增加，进而使产业规模和经济总量减少，从而诱发本币汇率升值的产业空心化效应。

（二）相对财富效应

本币汇率贬值或低估使外币的购买力相对增加，也使得外国投资者相对于东道国投资者而言，其财富相对增加了，即外国投资者可以用同样的非东道国货币表示的投资额却能获得以东道国货币表示的更多的股份，从而有利于其吸引 FDI，促使产业规模和经济总量的增加。反之，本币汇率升值或高估，会增加外商的投资成本，不利于引进 FDI，但因本币的购买力的相对提高，使本国投资者在对外投资时，其财富相对增加了，从而有利于本国的对外 FDI。著名的阿利伯理论也证明了，货币升值导致资本化率提高，从而增加对弱币国的直接投资（陈阳等，2004）。陈红等（2004）的研究也显示，自 20 世纪 70 年代以来，美国和日本的 FDI 与美元和日元汇率变动的关系密切：本币上升时期，对外 FDI 发展较快，外国对本国的 FDI 则减少；而本币贬值时期对外 FDI 则减少，外国对本国的 FDI 则增加。可见，本币汇率升值或高估，由于相对财富效应，会导致 FDI 流入的减少和 FDI 流出的增加，以及本国对外 FDI 的增加，进而使本国产业规模和经济总量减少，从而诱发本币汇率升值的产业空心化效应。

第二节　货币升值速度对两种效应的影响

一　两种效应的释放顺序

由于汇率变动的产业升级效应与产业空心化效应是通过贸易品部门与非贸易品部门之间、国内外之间相对价格的变化实现的。而汇率变动的价格"穿透效应"最直接、最快捷的是作用于进出口产品的价格上，使国内外之间相对价格首先发生变化，导致出口需求和进口替代品的需求下降，生产出口品和进口替代品的厂商利润减少，并且引起一些低效率者破产，称之为第一层次产业空心化效应的释放。为了应对本币升值带来利润减少等不利影响，一些厂商通过加大对先进技术和先进设备利用，对原有企业进行技术改造，促使产业内部结构的升级换代；而一些厂商则通过关停原有低效率的生产线，将要素转向技术含量相对较高的产业，形成"产业转换效应"，促使产业升级；产业内部结构的升级换代效应和"产业转换效应"构成了货币升值的第一、第二层次的产业升级效应。如果本币进一步升值，国内生产成本进一步上升，出口收入进一步下降，一些厂商则将资金转移到国外，即对外FDI，形成"产业转移效应"，使产业空心化效应进一步释放，称之为第二层次的产业空心化效应。可见，货币升值的产业空心化效应和产业升级效应释放顺序为：本币升值→第一层次产业空心化效应→第一层次产业升级效应→第二层次产业升级效应→第二层次的产业空心化效应→产业空心化效应与产业升级效应交织释放。

二　低区间升值速度则倾向有利于产业升级效应的释放

从上述分析得知，一国货币升值首先通过价格"穿透效应"作用于贸易品上，对贸易品的收入和利润带来不利影响，进而释放产业空心化效应。如果本币的升值速度（幅度）较小，那么货币升值引起贸易品的相对价格的变动以及对贸易品的收入和利润带来不利影响亦较小，况且厂商还可以通过加强管理和技术革新等降低成本，减少货币升值带来的负面效应，因而引起破产倒闭和向国外转移的企业也就不多，即释放的产业空心化效应较小。但是，货币升值的信号释放以后，虽然由于升值速度较慢而目前对厂商的不利影响较小，但会形成本币可能会进一步升值的预期，从而促使生产贸易品的厂商通过加强管理、技术革新、更新设备等措施，提高劳动效率，降低生产成本，增强产品的竞争力，以应对目前和将来货币升值带来竞争力下降和利润减少、甚至被"挤出"的风险，进而推动产业结构的升级，使货币升值的产业升级效应得以释放。可见，本币升值之所以具有产业升级效应，是由于一些生产贸易品厂商为了应对货币升值带来竞争力下降和利润减少的应急反应所致。由于产业结构的改善和升级是一个缓慢而长期的渐进过程，而本币较小的升值速度，在对本国的生产贸易品厂商带来较小冲击的同时，也为他们进行技术革新、更新设备、利用新技术等提供了较充足的时间和宽松的环境，有利于产业升级效应的释放。因此，在较小的本币升值速度下，产业升级效应大于产业空心化效应，或者说低区间升值速度则倾向有利于产业升级效应的释放。

三　高区间升值速度则容易导致产业空心化效应的放大

与上述较慢升值速度相反，如果本币的升值速度（幅度）较快，就会给本国进口替代品和出口品的生产形成较大的冲击，其收入和利润将会大幅度下降，进而将造成大量的生产这些贸易品的厂商倒闭，这不仅包括大量低效率的厂商，而且还可能包括一些相对较好效率的厂商，致使产业空心化效应的加速释放，进而将使国内经济和就业受到较大冲击；虽然，这同时也会推动厂商加速对新技术的利用，以减少本币升值带来的不利影响，或者将部分要素转移到技术含量或效率更高的行业，进而促进产业结构的升级换代。不过产业的升级换代是一个缓慢的过程，要有时间的缓冲，过快的升值速度带来的冲击，往往会超出厂商的应急反应能力，因此反而有可能会抑制产业升级效应的释放；如果本币进一步升值，一些厂商为了应对过快的升值带来的冲击，可能会将资金等要素向国外转移（对外 FDI），致使产业空心化效应放大。

四　当前汇率水平及其与均衡汇率区间的对应位置对两种效应的影响

我们可以把当前汇率水平假设为汇率升值的起点，并用其与均衡汇率区间 [e_1、e_2] 的对应位置来相对衡量汇率水平的高低。均衡汇率区间的上下限 e_1、e_2（直接标价法，e_1 时人民币汇率较低，下同）分别是与均衡经济增长区间的上下限 y_1、y_2 相对应的汇率，均衡增长区间的上下限 y_1、y_2 则分别对应的是一国能够承受的最大通货膨胀压力和最大失业压力的经济增长速度（姜波克，2006a）。当前汇率水平所处的位置不同，即汇率升值起点的高低不同，同样的升值速度所释放的产业升级效应和产业空心化效应则不同：当前本币汇率水平越低（在 e_1 之上或在 [e_1、e_2] 内越靠近 e_1 时），一方面意味着本币的升值空间较大，另一方面也意味着贸易品的厂商有较大调整成本的空间和较充分的利用新技术进行产业升级的时间，说明释放的产业升级效应的机会多于产业空心化效应；反之，汇率升值起点越高，产业空心化效应的释放速度越快，产业升级效应则较小。可见，随着本币汇率的起点，从 e_1 之上一直往 e_2 之下的方向，产业空心化效应的释放速度递增，而产业升级效应的释放速度则递减，而且这种递增或递减或许是加速度的。

五　日本的实践

我们可以把 20 世纪 70 年代以来的日元升值分为两个阶段，来观察其产业升级效应和产业空心化效应及其对比关系。

（1）1970—1984 年，日元汇率偏低并且缓慢升值：产业升级效应大于产业空心化效应。这期间，1 美元兑换日元汇率从 360 缓慢升至 240，年均升值率不足 3%。与此同时，日本的产业结构也顺利地从传统的资本密集型的重化工业向以电子技术为代表的技术密集型产业升级。

（2）1985 年以后，日元快速升值并在高位运行：产业空心化效应大于产业升级效应。"广场协议"后，日元汇率进入快速升值轨道，仅用 25 个月的时间，1 美元兑换日元汇率从 240 升至 120，年均升值率接近 50%。与此相应的日本对外 FDI 也同时进入快速扩张的快车道，年对外 FDI 从 1984 年的刚突破 100 亿美元飙升到 1989 年的 675 亿美元，此后尽管随着日元汇率的波动而有所波动，但基本上都维持在 400 亿美元以上。日本的对外 FDI 存量主要是在 1985 年日元大幅度升值后形成的，与此同时，日本的产业空心化也加速显露，经济增速和就业受到严重冲击，由"经济小兔子"迅速演变成为"经济小乌龟"。

第三节　凸显"升级效应"、规避"空心化效应"之策

一　第一大发展中国家的基本国情要求人民币较长时期适当低估

"均衡汇率杠杆论"强调内部均衡的重要性:"内部均衡是均衡汇率最主要的条件和判断标准,均衡汇率应该是经济增长的汇率条件,而不仅仅是国际收支平衡的汇率条件。"(姜波克等,2006b)众所周知,中国是世界第一大发展中国家,经济发展水平与发达国家仍然有较大的差距,尤其是中国是人口大国,有近 3 亿人口尚处在实际的或者潜在的失业状态,中国近期的最大利益就在于保持经济的持续增长,并在持续的经济增长中逐步实现全社会的较充分就业。可见,对于中国来说,现阶段"经济增长是压倒一切的任务"(姜波克等,2006b)。因此,在今后较长一段时期内,仍然必须坚持人民币汇率的适当低估,即在均衡汇率区间内使汇率靠近均衡汇率区间的上限(或上半部分),选择"投资推动型"均衡汇率,以确保我国具有较高的增长速度,以解决就业和经济赶超问题。

二　国内经济长远目标要求人民币适当升值

就短期目标而言,中国必须要继续保持人民币汇率的适当低估,以确保较高的经济增长速度和就业水平。然而,如果本币汇率长期处于较低水平,就会降低本国贸易品部门提高劳动生产率的竞争意识,导致粗放经营的后果,不利于经济结构的升级和增长方式的转变,即不利于长期内经济增长的可持续性和长期目标的实现(刘宇等,2008)。因此,就长期目标而言,需要人民币升值,即由投资推动型均衡汇率逐步向技术促进型均衡汇率缓慢过渡,以发挥汇率对技术应用的推动作用,并实现产业的升级换代。

三　不同升值速度形成两种效应对比关系不同的属性要求人民币缓慢升值

如上所述,升值速度不同,或起点(当前汇率)不同,形成两种效应的不同组合:一般情况下,较低的升值速度,或者在较低本币汇率基础上升值,则相对有利于产业升级效应的释放;反之,较高的升值速度,或者在较高本币汇率基础上升值,则相对倾向于产业空心化效应的扩大。根据这一属

性，一方面，需要人民币坚持小幅度、慢性化的升值原则，是为了在满足发挥本币升值的产业升级效应的同时，又能尽量规避产业空心化效应的需要；另一方面，在现阶段及今后较长一段时期内，仍然需要确保人民币处于较低的水平，处于均衡汇率区间的上半部分，如果某一时期由于国内外经济环境的变化（尤其是如金融危机等引起的突变），导致均衡汇率区间发生移动，就要及时调整本币汇率的升值速度，有时甚至不排除短期的贬值，然后再恢复缓慢的升值，以兼顾经济总量和质量的共同提升。

四　产业升级的量变质变规律要求人民币坚持长期性缓慢性升值的方略

马克思的唯物辩证发展观告诉我们，事物的发展具有从量变到质变的客观规律，因此通过人民币升值来促使中国的产业升级和经济发展方式的改变同样脱离不了从量变到质变的规律（曹垂龙，2009）。如果人民币升值过快，就会使大量低效率的企业和产业被"挤出"，导致大量的企业破产，而高效率的企业和产业却无法在短期内大量建立，正所谓旧的已破，而新的未立，从而引发大量的失业和社会稳定问题。同样，如果人民币升值过快，出口效益快速下降，将会使大量的企业从贸易品部门"挤出"，然而，中国的过剩产能长期靠"需求输入"来解决，过快的人民币升值将会导致出口需求大幅度下降，而内需却无法在短期内大幅度增加，从而引发大量的出口企业破产、失业率上升和社会不稳定问题。雷达等研究也证明，人民币升值过快会降低中国 GDP 的增长速度，并对就业产生冲击：一次性 10% 以上的升值将导致严重的失业问题，一次性 20% 以上的升值则可能使中国经济进入萧条，甚至出现局部的经济危机（雷达等，2006）。因此，通过人民币升值来促使中国的产业升级和经济发展方式的改变，必须遵循量变到质变的客观规律。

本章小结与启示

启示一：本币升值同时具备国内产业升级效应与产业空心化效应。

本币升值将使出口收入和进口成本下降，从而对出口品和进口品的生产产生不利影响，进而释放产业空心化效应：导致部分企业倒闭或者向国外转移。一些厂商为了自救，迫使他们通过增加新技术的使用、更新设备或转向更高效率的产业等措施，以增强竞争力，从而推动本国的产业升级。但两种效应的释放顺序、速度有差异。

启示二：升值速度不同或者当前汇率不同，两种效应的组合不同。

综上所述，较低的升值速度，或者说在较低本币汇率基础上升值，则相对有利于产业升级效应的释放；反之，较高的升值速度，或者说在较高本币汇率基础上升值，则相对倾向于产业空心化效应的扩大。

启示三：坚持长期性缓慢性升值的方略是强化升级效应、弱化空心化效应之良策。

基于中国巨大的就业压力、内外均衡和产业升级实现的需要等，权衡人民币升值速度和当前汇率水平对两种效应影响的差异，以及产业升级的量变质变规律。笔者认为，在今后较长时期内，人民币宜采取适当低估，并坚持小幅度、慢性化、长期性升值的方略，并且不断地根据国内外经济金融形势及其变化调整升值速度，以达到强化人民币升值的产业升级效应、弱化产业空心化效应之功效。

启示四：关于后金融危机时代人民币汇率政策的思考与建议：先适当贬值，然后再缓慢升值。

据国家统计局公布的数据，2009 年前三季度中国的经济增长率只有 7.7%，其中投资贡献了大约 5 个百分点，消费贡献了 2.9 个百分点，而净出口的贡献率为负，而且 CPI 为 - 1.1%，这说明当时经济形势还没有完全向好。7.7% 的增长率，说明经济增长已经小于均衡增长区间 $[y_1, y_2]$ 的下限 y_2，根据"均衡汇率杠杆论"也说明相应的人民币汇率已经超出了均衡区间 $[e_1, e_2]$ 的下限 e_2，就是说目前的人民币汇率偏高。因此，为了尽快走出国际金融危机的阴影，从 2008 年下半年开始起，人民币理应按年贬值率大约 1%—3% 的速度进行适当贬值，直到我国经济增速稳定在接近 10% 时，尤其是净出口的贡献率达到 0.5 个百分点以上时，再恢复人民币的缓慢升值历程。届时根据国内外经济金融形势可按每年 1%—3% 的速度升值，到 2015 年左右，使人民币对美元汇率缓慢升值到 6.5 左右，以满足人民币升值在改善外部均衡和产业升级的同时，又必须兼顾就业和稳定的大局，实现中国经济又好又快的科学发展。

第八部分

人民币汇制进一步改革
方案的设计与论证篇

第十五章 人民币汇率制度进一步改革方案的设计与论证

第一节 新汇率制度及其绩效的总体评价

一 BBC 模式与新汇制的性质

（一）BBC 模式

美国经济学家约翰·威廉姆森所倡导的"目标区"汇率管理体制，被理论界称为"BBC 规则"。在"BBC 规则"中，第一个 B 为 Basket，即篮子平价，通常选取在其经常项目交易中（尤其是商品和劳务贸易）占较大比重的国家的货币组成货币篮子，篮子的货币组成及其权重却不对外公布，也可以调整，从而确保其有效汇率的稳定，以保证其出口产品在国际上的竞争力。第二个 B 为 Band，就是区间浮动，即事先确定一个允许汇率浮动但不对外公布的区间（根据约翰·威廉姆森所倡导的，这个区间往往较宽，如 +/-5% — +/-15%；东南亚金融危机后，又提出把区间弱化为监督区，如 +/-5%）（张礼卿，2005）。在这个区间内允许汇率可以根据市场力量波动，从而赋予了汇率制度具有一定的承受外汇市场短期汇率波动的灵活性，为独立的货币政策释放一些空间，并为难以测定的本币均衡汇率水平提供一定的评估缓冲区间，而且由于区间和货币篮子都是不对外公布的，使外界难以准确预测其货币汇率的走势，在一定程度上可减少国际游资的冲击。不过为了使汇率保持在"监督带"内，货币当局可进行"逆风干预"，即如果汇率超出区间，货币当局可通过干预外汇市场，使汇率回到区间内以接近理想的汇率水平，但是当局却没有任何的汇率承诺。这样，在危机时，货币当局也可以放弃干预，让汇率远离平价，但却不会有背弃汇率承诺那样损害信心的效应（张礼卿，2005）。所谓 C 就是 Crawl，即汇率的爬行，或平价的爬行，意味着赋予了当局可根据国内外经济形势和内外均衡的需要，经常性地、小幅度地调整平价，如此，持续的市场压力就可引导货币逐步升（贬）值，从而经常性地、小幅度地释放货币升（贬）值的压力，以避免汇率的长期高估（或低估）以及突然大幅度调整的风险。

（二）对新汇制的理论解读

关于对新汇制的理论解读，虽有种种议论，但从央行的汇改公告和后续的相关报道来看，"BBC"型有管理的浮动汇率制较有说服力。首先，新汇制是参考不对外公布的一篮子货币计算人民币多边汇率指数的变化，对人民币进行管理和调节。周小川也只是说：现阶段的篮子货币的确定是在兼顾外债来源的币种结构和 FDI 等因素的基础上，以对外贸易权重为主（周小川，2005）。但是，到底是哪些货币以及权重都没有明说，新汇制的货币篮子构成至今仍是个谜。其次，新汇制是参考一篮子货币而不等于盯住一篮子货币，它还需要将市场供求关系作为另一依据，据此形成有管理的浮动汇率制。

（三）新加坡的成功经验

新加坡自 20 世纪 80 年代以来所实行的汇制就是典型的"BBC"型有管理的浮动汇率制。首先，选择篮子货币（不对外公布、周期性调整）作为新元汇率的参照：根据新加坡银行 2001 年的测算，新元的货币篮子构成共包括 19 种货币，其中与美元相关的货币权重之和为 52.8%，与日元相关的货币权重之和为 28.3%，与欧元相关的货币权重之和为 18.9%（韩复龄，2005）；其次，对汇率进行"软性"的"监督带"管理：只有在名义有效汇率超出"监督带"（不对外公布和承诺）时，当局才会进行"逆风干预"，有时甚至有意将汇率停留在政策带之外一定的时间，以加大市场对于汇率波动区间投机的难度；再次，中心汇率和"监督带"的爬行变动：通常每三个月对篮子的组成和"监督带"进行小幅调整，使汇率能够基本反映经济基本面的长期变化。在资本账户开放的情形下，新加坡当局将这种相对灵活的汇率制度，与灵活而稳健的货币政策以及稳健的财政政策搭配，再辅以充足的外汇储备，使新加坡较好地规避了"第一次"、"第二次"、"第三次"的货币危机，并且实现了汇率与货币政策之间"一半的稳定性与一半的独立性的组合"（曹勇，2005）。

二　新汇制的汇率弹性方面的表现：有喜有忧

（一）新汇制的积极表现：总体盘升，汇率弹性有所凸显

图 15—1 显示了人民币汇制改革五年以来的表现，基本呈现出"大涨小跌"的盘升的走势，基本实现了双向浮动，汇率弹性已有所显现。

1. 总体盘升之势

从 2005 年 7 月 21 日汇改至 2010 年 7 月 21 日，银行间外汇市场共有 1221 个交易日，只有 2 个交易日低于 8.11，最低为 2005 年 7 月 27 日的 8.1128，比 8.11 贬值 0.03%，最高为 2010 年 7 月 12 日、16 日的 6.7718，比 8.11 升 19.76%（与汇改前的 8.2765 相比升 22.23%），累计波幅为 19.79%，其中 2010 年 7 月 21 日为 6.7802，比人民币汇改之初始值 8.11 升 19.61%，比汇改前的 8.2765 升 22.06%，但比最高的 2010 年 7 月 12 日、16 日的 6.7718 贬 0.12%。图 15—1 显示了人民币汇率的盘升之态。

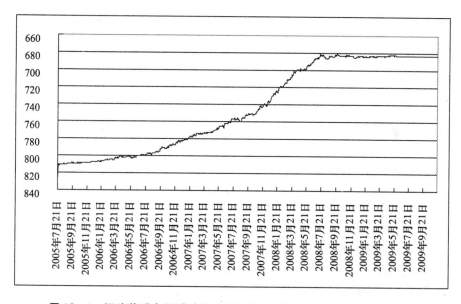

图 15—1 汇改革后人民币对美元汇率变动曲线图（2005.07—2009.11）

资料来源：根据中国人民银行网站登载的中国人民银行公布的人民币汇率交易中间价整理计算制图。

2. 实现了双向浮动，汇率弹性有所凸显

例如：人民币对美元的交易中间价，与上一个交易日对比，人民币在 2005 年 7 月 22 日至 2010 年 7 月 21 日的 1221 个交易日中有 647 个交易日上浮，585 个交易日下浮，9 个交易日持平。人民币汇制改革后的前三年

（2005 年 7 月—2008 年 8 月），汇率弹性渐进扩大（见图 15—1 和表 6—1，2008 年 9 月—2010 年 7 月由于国际金融危机的影响，汇率弹性渐进失去弹性）。

（1）人民币对美元交易中间价的日均波幅的逐步扩大：由 2005 年 7 月 22 日至 2005 年年底的 17 个基点→2006 年第一季度的 24 个基点→2006 年第二季度的 44 个基点→2006 年全年的 40 个基点→2007 年的 62 个基点→2008 年上半年的 79 个基点。

（2）单日最大升值幅度也是逐步扩大：2005 年下半年的 56 个基点（0.07%）→2006 年的 124 个基点（0.16%）→2007 年的 310 个基点（0.41%）→2008 年上半年的 246 个基点（0.35%），2008 年 1—6 月的单日最大升幅虽然比 2007 年略小，但却是 2006 年的 2 倍多，2005 年下半年的 4 倍多，总体上体现了逐步扩大之势。

（3）单日最大贬值幅度也在逐步扩大：2005 年下半年的 55 个基点（0.07%）→2006 年的 203 个基点（0.26%）→2007 年的 223 个基点（0.30%）→2008 年上半年的 162 个基点（0.23%）→2008 年下半年的 156 个基点（0.23%），2008 年的单日最大降幅虽然比 2007 年略小，但却是 2005 年下半年的 3 倍多，总体上也体现了逐步扩大之势。

（4）年波幅逐步扩大：2005 年下半年的 1.40%→2006 年的 3.35%→2007 年的 6.96%→2008 年上半年的 12.84%。

可见，在 2005 年 7 月至 2008 年 7 月期间，即人民币汇制改革后的前三年里，人民币对美元汇率的交易中间价，不仅实现了双向浮动，汇率弹性凸显，而且汇率弹性渐进扩大，不过在 2008 年 9 月以后的国际金融危机时期人民币汇率弹性呈现收缩，如 2009 年 1—6 月，人民币对美元汇率交易中间价单日最大升值幅度由 2008 年的 0.35%（246 个基点）缩小为 0.07%（50 个基点），单日最大贬值幅度也由 0.23%（162 个基点）缩小为 0.07%（50 个基点）；又如 2010 年 1—6 月，日均波幅由 2008 年上半年的 79 个基点进一步缩小不足 7 个基点，日波幅超过 3 个基点的只有 7 个交易日，也就是说 94% 以上的交易日的日波幅为 2 个基点或以下，只是到了 6 月 20 日后，在外部压力不断升级的情况下，日均波幅才突然扩大，并且使人民币汇率升值到破 6.8 的水平。

（二）新汇制表现的不足：盯住制色彩仍浓，"BBC" 特征很少

1. 汇率带宽太窄，汇率仍然难以浮动起来

人民币汇改之初，人民币对美元的日波幅仅仅限制在0.3%范围内，虽然2007年5月扩大到0.5%，但仍然大大低于布雷顿森林体系下1%的波幅，这也意味着央行必须每天都关注外汇市场供需缺口，并将缺口填平，以熨平汇率短期波动的轨迹。在较小的浮动空间和较强的升值预期下（如2005年7月—2008年6月期间），汇率可能会形成单边上升的态势，表15—1显示，各季度期末值与期初值的变化幅度与该季度最高、最低汇率值的波幅十分接近，说明人民币对美元汇率虽然具有了一定的"双向浮动"，但是浮动幅度不大，"单边向上"特征十分明显（见图15—1）。一旦人民币升值预期弱化时，人民币汇率的运动轨迹又可能会演变成为一条直线，重温"硬"盯住的旧梦。例如：2008年下半年和2009年上半年，在欧元、英镑等货币均对美元出现较大幅度贬值，人民币也出现贬值的预期时，人民币仍然维持与美元汇率的稳定，该贬却未贬（见图15—1），人民币名义有效汇率和实际有效汇率均不但不降反而进入快速升值轨道（见表7—4）。

2. 美元在货币篮子中的权重似乎过大，盯住美元制的色彩仍浓

（1）在人民币汇制改革刚刚宣布不久，德累斯顿佳华货币策略师雅各布斯称，中国允许人民币兑非美元货币日波幅是人民币兑美元日波幅的5倍（现在已扩大到10倍），表明美元的权重应该在70%以上（韩复龄，2005）。

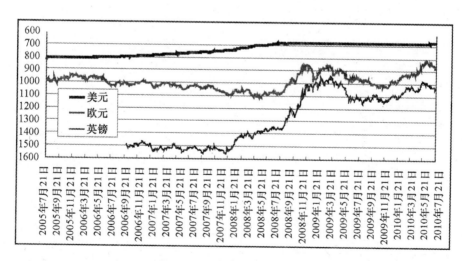

图15—2　汇改后人民币对美元、欧元、英镑汇率变化比较图

资料来源：中国人民银行网站：2005年7月1日至2010年7月21日中国人民银行《人民币汇率交易中间价公告》数据整理制图。单位：100外币兑人民币元。

（2）从新汇制五年的表现来看，人民币对日元、欧元等非美元货币汇率的年波幅均大大超过人民币对美元的年波幅（见第五章第一节，并见图15—2）。如第五章所描述的，新汇制第1—5年的人民币对日元汇率的运动轨迹不但经历了五个大起大落的倒"V"字形，而且其年波幅大致分别为10%、11%、12%、21%、16%，均是同期人民币对美元的年波幅的3倍以上。又如图15—2所示，人民币对英镑汇率的波动幅度则更大，如在2007年11月至2009年3月大约16个月的时间里，人民币对英镑飙升了65.97%，折合年升值率达49%之高；在2009年11月18日至2010年5月19日6个月期间，人民币对英镑的波幅也达18%。再如人民币对欧元汇率，在2008年4月23日至2008年10月28日的6个月期间，由1115.86急升至848.9，人民币升31.44%（折合年率达60%以上）；在2009年11月26日至2010年6月7日的大约6个月的时间里，人民币对欧元汇率的波幅也达27%。显然，美元在篮子中的权重远大于欧元、日元和英镑。

表15—1   2005年7月—2010年6月人民币汇率交易中间价季度波幅统计表

时间		最高、最低汇率值（RMB￥/1US＄）			期初、期末汇率值（RMB￥/1US＄）		
年份	季度	最高值	最低值	变化（%）	期初值	期末值	变化（%）
2005	三	8.0871	8.1128	0.31	8.1046	8.0920	0.15
	四	8.0702	8.0924	0.27	8.0896	8.0702	0.24
2006	一	8.0170	8.0705	0.66	8.0702	8.0170	0.70
	二	7.9956	8.0284	0.41	8.0210	7.9906	0.30
	三	7.8998	8.0024	1.29	7.9924	7.9087	1.00
	四	7.8087	7.9174	1.39	7.9103	7.8087	1.30
2007	一	7.7303	7.8135	1.07	7.8073	7.7342	0.90
	二	7.6195	7.7349	1.51	7.7306	7.6155	1.50
	三	7.5050	7.6135	1.44	7.0675	7.5108	1.30
	四	7.3046	7.5232	2.99	7.5102	7.3046	2.70
2008	一	7.0130	7.2996	4.08	7.2996	7.0190	4.00
	二	6.8591	7.0292	2.47	7.0218	6.8591	2.40
	三	6.8009	6.8665	0.96	6.8608	6.8183	0.60
	四	6.8240	6.8527	0.42	6.8321	6.8346	0.04

续表

时间		最高、最低汇率值（RMB￥/1US＄）			期初、期末汇率值（RMB￥/1US＄）		
年份	季度	最高值	最低值	变化（％）	期初值	期末值	变化（％）
2009	一	6.8359	6.8399	0.05	6.8367	6.8359	0.01
	二	6.8201	6.8370	0.24	6.8349	6.8319	0.04
	三	6.8271	6.8352	0.11	6.8325	6.8290	0.05
	四	6.8267	6.8287	0.03	6.8270	6.8282	0.02
2010	一	6.8261	6.8281	0.03	6.8281	6.8263	0.03
	二	6.7890	6.8284	0.06	6.8261	6.7909	0.05
结论		汇改五年的 20 个季度波幅（最高、最低汇率值的波幅）：大于 2％ 的季度数为 3 个，占15％；小于 2％ 的季度数为 17 个，占 85％（其中：小于 1％ 的季度数为 12 个，占 60％；小于 0.5％ 的季度数为 10 个，占 50％）。					

资料来源：笔者根据中国人民银行网站：2005 年 7 月 21 日至 2009 年 9 月 30 日中国人民银行《人民币汇率交易中间价公告》数据整理计算制表。

（3）杜晓蓉通过对 2005 年 7 月 21 日—9 月 30 日人民币汇率日波动的实证研究，其结果显示，人民币汇制改革后，人民币实质在高频上盯住美元（回归方程的拟合度达 0.75）（杜晓蓉，2006a）。尽管尔后汇率弹性在渐渐扩大，但浮动区间和波幅仍然较小。

（4）从实际绩效看，在人民币汇改以后的大部分时间里，人民币汇率制度仍然具有浓郁的"其他传统的固定盯住美元汇率制"或者"爬行盯住制"特征。按照 IMF 1999 年根据实际绩效来划分汇率制度的精神，将汇率制度分为 8 种：按照弹性的大小分别是无独立法定通货的汇率安排、货币局制度、其他传统的固定盯住制（水平盯住制）、水平区间盯住制、爬行盯住制、爬行区间盯住制、管理浮动、独立浮动。其中："水平盯住制"是一国将本国货币盯住另一货币或一篮子货币，汇率可以在围绕中心汇率上下 1％ 的范围内波动，或将汇率最高值和最低值维持在中心汇率的 2％ 范围内至少 3 个月；"水平区间盯住制"则是本币对外币仍然规定固定平价，但波动的幅度相对"水平盯住制"大，为平价上下至少 1％ 的范围，或将汇率最高值和最低值可超过 2％ 的范围波动；"爬行盯住制"则是在"水平盯住制"的基础上对中心汇率经常作小幅度调整；"爬行区间盯住制"则是在"区间盯住制"的基础上对中心汇率经常做小幅度调整。

　　表 15—1 显示，在统计人民币汇改以后的 2005 年 7 月至 2010 年 6 月的
20 个季度里，季度波幅（最高、最低汇率值的波幅）大于 2% 的季度数只有
2007 年第 4 季度和 2008 年第 1、2 季度 3 个季度，只占 15%；小于 2% 的季
度数为 17 个，占 85%，尤其是其中小于 1% 的季度数为 12 个，占 60%，小
于 0.5% 的季度数为 10 个，占 50%。按照这些数据，充其量也只有 2007 年
4 季度和 2008 年 1、2 季度 3 个季度勉强称得上"水平区间盯住制"，其他
17 个季度都具有浓郁的"其他传统的固定盯住美元汇率制"特征。这在
2005 年 7 月—2006 年 6 月和 2008 年 7 月以后各季的"其他传统的固定盯住
美元汇率制"特征表现的特别明显（IMF 2006 年也仍然将中国的汇率制度
纳入事实上的其他传统的固定盯住单一美元），尤其是 2008 年 7 月以后已经
完全演变成为"硬"盯住美元（人民币对美元汇率的运动曲线在图 15—1 上
几乎已变成了一条直线）。由于在 2006 年 7 月至 2008 年 6 月期间，人民币
对美元汇率在不断的上升，从这方面来讲这期间的人民币汇率制度又具有一
定的"爬行"特征。

三　新汇制的中国外部经济均衡绩效的总体评价

　　关于新汇制对改善中国外部经济均衡的绩效问题，我们在第五部分
（第七章和第八章）用了大量的篇幅进行了分析和研究，在此我们只再
作简单的总结性评价。总的来看，新汇制对改善中国外部经济均衡的绩
效并不理想：

　　（一）游资冲击仍然难以有效抑制

　　正如第八章所分析的那样，基于修正后的游资估算方法，即"实际
非 FDI 资本流入量"，并适当考虑人民币升值的贸易条件改善效应等因
素，对 2005 年人民币汇率改革以后中国跨境游资进行估算，2005 年下
半年、2006 年和 2007 年、2008 年、2009 年、2010 年 1—3 月进入中国
的游资区间分别为 442 亿、899 亿—972 亿、1656 亿—1797 亿、680
亿—1219 亿、2208 亿—2492 亿和 106 亿—259 亿美元（见表 8—3 游资
4）。其结果表明，与人民币汇改前相比，并没有出现明显的游资抑制效
应。其原因是：一方面，我国"双顺差"局面的继续维持，尤其是贸易
顺差的连创新高，特别是进入 2006 年以后，加上美元的贬值和人民币汇
率的弹性仍然较小，从而形成较强的人民币升值的预期；另一方面，汇
改之初，人民币对美元的日波幅仅限制在 0.3% 范围内，虽然 2007 年 5

月扩大到 0.5%，但仍然大大低于布雷顿森林体系下的 1% 的波幅，这也意味着央行必须每天都关注外汇市场供需缺口，并将缺口填平，以熨平汇率短期波动的轨迹。在较小的浮动空间和较强的升值预期下（如 2005年 7 月—2008 年 6 月期间），汇率可能会形成单边上升的态势，即使人民币升值预期弱化时（如 2008 年第 4 季度至 2009 年），由于汇率难以有效的浮动起来，人民币汇率向下的空间较小，甚至又会演变为重温"硬"盯住的旧梦，使国际游资本进入中国套汇的成本（汇率风险）几乎为零，导致游资冲击仍然难以有效的抑制。

表 15—2　　　　2005 年以来进入中国的"实际非 FDI 资本"统计表

单位：亿美元

时间	2005. 7—12	2006	2007	2008	2009	2010. 1—3
实际非 FDI 资本流入额	442	899—972	1656—1797	680—1219	2208—2492	106—259

资料来源：笔者根据自己拥有的有关数据整理计算并制表。

（二）货物贸易收支的顺差不降反而剧增

正如第六章所分析的那样，伴随人民币汇率体制的改革，人民币汇率，不管是人民币对美元名义汇率，还是人民币名义有效汇率和实际有效汇率，均出现了较大幅度的升值：2008 年年底与人民币汇改前相比，基本达到或者超过了 20%，但是，不管是中国的货物贸易总顺差，还是中美的货物贸易顺差，均出现不降反而大幅度剧增的悖论（见表 15—3、表 7—4）。其原因是多方面的、深层次的，例如：国际产业转移的贸易效应、中国独特的加工贸易特征显著的货物贸易结构、储蓄—投资缺口的内外差异（中国的过高储蓄率）、汇率变动的价格传递的低效率、中国劳动力的低成本刚性、贸易收支中的非贸易资金（国际游资）等因素共同作用的结果（见第七章）。其结果至少表明，仅仅靠人民币升值，既不能解决中国的贸易收支失衡问题，也不能解决中美贸易收支失衡问题，更不能解决整个国际失衡问题，那些指责中国由于操纵人民币导致这些问题和提高人民币汇率就能解决这些问题的言论是缺乏根据的；人民币汇率改革应该重在机制，而不是像西方国家某些人希望人民币快速升值的那样。

表 15—3　　　　2005 年前后中国汇率与货物贸易顺差、外汇储备的变化情况表

年份	期末 人民币名义汇率值			当期 人民币名义汇率平均值			商品贸易差额 （亿美元）			外汇储备额 （亿美元）		
	RMB ¥/ 1US $	升值 （%）	累计升 （%）	RMB ¥/ 1US $	升值 （%）	累计升 （%）	金额	同比 增量	同比 （%）	金额	同比 增量	同比 （%）
2002	8.2770	0	0	8.2770	0	0	304	79	35	2864	742	35.0
2003	8.2770	0	0	8.2770	0	0	255	− 26	− 8.6	4033	1169	40.8
2004	8.2765	0	0	8.2768	0	0	321	66	25.6	6099	2066	51.2
2005	8.0702	2.59	2.59 *	8.1917	1.03	1.03	1019	698	217.4	8189	2090	34.3
2006	7.8087	3.35	5.59	7.9718	2.75	3.82	1775	756	74.0	10663	2474	30.2
2007	7.3046	6.90	13.3	7.6040	4.83	8.84	2622	847	47.7	15282	4619	43.3
2008	6.8346	6.88	21.1	6.9479	9.44	19.1	2955	333	12.7	19460	4178	27.3
2009	6.8282	0.09	21.2	6.8311	1.71	21.16	1961	− 994	− 33.6	23992	4532	5.6
2010 1—6	6.7909	0.54	21.9	6.8251	0.09	21.27	553	− 417	− 43.0	24543	551	2.3

　　资料来源：根据国家统计局历年《统计年鉴》、《统计公报》；海关总署网站、商务部网站、中国人民银行网站等相关数据及整理计算。＊2005 年的人民币升值率包括了 2005 年 7 月 21 日人民币汇改时的一次性升值 2.1%。

四　新汇制下中国内部经济均衡绩效的总体评价

　　关于新汇制对改善中国内部经济均衡的绩效问题，我们在第六部分（第九、十、十一、十二章）用大量的篇幅进行了分析和研究，在此我们只是再作简单的总结性评价。总的来看，新汇制对改善中国内部经济均衡的绩效并不理想：由于汇率弹性仍较小，新汇制下"米德冲突"仍然很严峻，为货币政策的独立性释放的空间仍然较小。

　　在中国国际收支"双顺差"和人民币汇率弹性仍然较小的局面下，央行的被动干预，导致外汇储备的增加：截至 2010 年 6 月底，我国外汇储备已经高达 24543 亿美元，比人民币汇率改革前的 2005 年 6 月末的 7110 亿美元增加 15652 亿美元，其中 2006 年、2007 年、2008 年、2009 年、2010 年 1—6 月我国外汇储备分别增加了 2474 亿、4619 亿、4178 亿、4532 亿、551 亿美元（见表 15—3）。在 2005 年 7 月—2008 年 8 月期间，由于外汇储备的大幅增加导致外汇占款的猛增和基础货币的被动投放，加剧了国内金融体系的流动性泛滥，进而导致通货膨胀的压力，

中央银行货币政策的独立性和有效性下降。例如：2006 年，我国的外汇储备增加 2474 亿美元，M1 和 M2 分别上升 18% 和 17%。宽松的货币供应大大刺激了国内银行的放贷冲动，全年全部金融机构本外币贷款余额达 23.8 万亿元，同比增长 14.6%，增速比上年高 1.8 个百分点。其中，人民币贷款余额 22.5 万亿元，同比增长 15.1%，比年初增加 3.18 万亿元，同比多增 8265 亿元。在巨额信贷支撑下，国内经济出现过热：2006 年，全社会固定资产投资为 11 万亿元，同比增长 24%。为了消除通货膨胀的压力，人民银行不得不加大公开市场对冲操作力度：全年累计发行央行票据 3.65 万亿元，同比多发行 8600 亿元。然而，在汇率仍缺乏弹性（区间太窄）和人民币升值预期强劲的情形下，央行虽然已经判断经济过热，却无法大胆加息（只是在 2006 年 8 月 19 日上调 27 个基点，见表 15—4），因为在美联储的加息基本告一段落的情况下，央行进一步加息会缩小和美国的利差，其结果可能会导致更多的"热钱"流入我国，进而加剧人民币升值的压力。

又如：2007 年，我国的外汇储备增加 4619 亿美元，比 2006 年仍然多增加 2145 亿美元，导致被动性货币投放猛增，通货膨胀压力进一步升级。为此，人民银行不得不加大调控的力度：一方面加大中央银行票据发行和正回购力度，2007 年中国人民银行累计发行中央银行票据 4.07 万亿元，年末中央银行票据余额为 3.49 万亿元，比年初增加 4600 亿元；正回购交易也达近 1.27 万亿元，是 2005 年的 1.7 倍。另一方面加大上调存款准备金率和利率的力度，全年 10 次上调存款准备金率共计 5.5 个百分点；全年 6 次上调存贷款基准利率共计 162 个基点（见表 15—4）。尽管如此，也只累计中和了当年外汇占款增量 3.08 万亿元的 22.8%，致使 2007 年基础货币仍然净增了 2.38 万亿元，比 2006 年多 1.03 万亿元，造成货币政策实际绩效与原定的"适度从紧"的目标相悖。2007 年年末，人民币贷款余额同比增长 16.1%，增速仍比上年高 1 个百分点；M1、M2 增长率仍然分别达 21.1% 和 16.7%，也比 2005 年高 9.3 个和 0.4 个百分点；通胀压力加大，CPI 上升到 4.8%。2008 年上半年，我国通胀压力更是到了高峰，2008 年 1—6 月 CPI 上升到 7.9%。

从新汇制运行以来我国对利率工具使用的独立性和有效性来看，新汇制给我国货币政策独立性释放的空间和货币有效性改善的效应仍然较小。在 2005 —2006 年期间，当国内通货膨胀压力和人民币汇率升值压力共存时，由于担心提高人民币利率会缩小与美国的利差（当时美国的利差仍然大约比中国利率高 2—3 百分点），进而加大人民币汇率的升值压力，而在加息面前裹足不前，只在 2006 年进行了一次存款利率的加息（合计 27 个基点）；2007 年，当国内通货膨胀压力和人民币汇率升值压力仍然共存时，央行试图大胆地运用利率工具，全年 6 次上调存款基准利率共计 162 个基点，一年期存款基准利率从年初的 2.52% 上调至年末的 4.14%，而这时美国却为了应对金融危机开始下调利率，导致后来中美利率出现倒挂，国际游资进入中国在利息上还是有收益，致使国际游资更加疯狂进入中国，国内通货膨胀压力和人民币汇率升值压力不但没有得到抑制，反而进一步强化。利率与存款准备金率相比，利率具有灵活、影响面广的特点，理应是一国货币政策调整和宏观经济调控的常用货币政策工具，而存款准备金率政策通常被称为货币政策工具中的"猛药"，一般情况下不应该常用，但是从近年来我国货币政策调整和宏观经济调控的实践来看，却成为我国货币政策调整和宏观经济调控大餐中的家常便饭，2006—2008 年调整次数达 23 次之多，"猛药"变成了"阿司匹林"（见表15—4）。

表 15—4   2003 年以来我国利率和法定存款准备金率的调整情况

一年存款基准利率			存款准备金率		
年份	调整次数	调整方向与幅度（%）	年份	调整次数	调整方向与幅度（%）
2003	0	0	2003	1	6.00→7.00，+1.00
2004	1	1.98→2.25，+0.27	2004	1	7.00→7.50，+0.50
2005	0	0	2005	0	0
2006	1	2.25→2.52，+0.27	2006	3	7.50→9.00，+1.50
2007	6	2.52→4.14，+1.62	2007	10	9.00→14.50，+5.50
2008	4	4.14→2.25，−1.62	2008	10	14.50→17.50→14.50，先 +3.00、后 −3.00
2009	0	0	2009	0	0
合计	12（次）			25（次）	

资料来源：根据中国人民银行网站登载中国人民银行《关于调整利率和法定存款准备金率的公告》的相关数据整理计算制表。

　　综上所述可知，新汇制给我国货币政策的独立性释放的空间仍然较小，对我国货币政策有效性的改善效应仍然不大。

第二节　人民币汇制进一步弹性化改革的理由和依据

一　更好地抑制游资和为货币政策独立性释放更大空间的需要

　　如上所述，从新汇制实行五年的表现来看，尽管汇改以后的前三年，人民币汇率的弹性渐显，但是由于汇率带宽太窄，汇率仍然难以真正浮动起来，游资冲击仍然难以有效抑制，给我国货币政策的独立性释放的空间仍然较小，因此通过扩大汇率浮动区间等方式进一步适当增加汇率弹性已成当务之急。因为在一个较大的浮动空间内，或者说增加汇率弹性会促使汇率的双向走势，使投机进出资金的风险成本加大，这会给投机资金带来一定压力和风险，从而抑制其投机操作，这将会对抑制游资冲击和释放更多货币政策独立性的空间带来积极的效应。

二　人民币升值压力的持久性

　　（一）国际收支的持续巨额顺差是导致人民币汇率中、短期升值预期的主要因素

　　一方面，人民币汇制改革以后，我国国际收支顺差，尤其是贸易收支顺差出现不减反增：正如前面所述的根据国家统计局、商务部和海关总署公布的数据，2005 年、2006 年、2007 年、2008 年我国的货物贸易顺差连创新高，分别达 1019 亿、1775 亿、2620 亿、2955 亿美元，分别是 2004 年 321 亿美元 3.2 倍、5.5 倍、8.2 倍、9.2 倍；另一方面，人民币汇制改革以后，我国的资本项目继续维持较大的顺差，引进的 FDI 同样不减反增：2005 年、2006 年、2007 年、2008 年、2009 年引进的 FDI 也分别达 603 亿、630 亿、827 亿、924 亿、900 亿美元，分别是 2004 年 606 亿美元的 1.00 倍、1.05 倍、1.36 倍、1.52 倍、1.5 倍。在巨额"双顺差"和中央干预的作用下，我国的国际储备也不断飙升，到 2010 年 6 月末已达约 2.28 万亿美元，是人民币汇改前（2005 年 6 月）0.71 万亿美元的 3 倍多。根据我们前面对我国贸易高顺差的深层次根源研究和人民币汇率改革对我国引进 FDI 影响的分析，我国国际收支的这种巨额的"双顺差"将会维持较长时期。根据国际收支对汇率的影响，

一国顺差会引起外汇市场上外汇的供应大于需求，外汇汇率下降，本币汇率上升。因此，我国国际收支的持续巨额顺差将是导致人民币汇率中、短期升值预期的主要因素。

（二）从长期来看，良好的经济增长态势支撑人民币汇率走强的预期

改革开放 30 多年来，中国的经济增速居同期世界之首，1979—2004 年年均增速高达 9.6%，大大高于美国和世界其他国家同期的增长速度（见表 15—5）。中国经济 2006 年、2007 年和 2008 年分别实现 11.6%、11.9% 和 9.0% 的高增长。即使是 2009 年国际金融危机时期，中国经济增长率仍然比世界平均水平高 9%。综合各方面因素，估计今后较长时期里（如 5—10 年）中国经济仍然有可能实现年均 8% 以上的增长速度。根据"巴萨假说"，如果一国在较长时期内其经济增长速度高于其对比国（贸易伙伴国），该国可贸易品部门相对不可贸易品部门（也称非贸易品部门）的生产率提高速度（幅度），也往往高于经济发展速度较慢的对比国，进而能够导致本国货币实际汇率升值的趋势。可见，中国良好的经济增长态势将支撑人民币汇率较长时期走强的预期。

表 15—5　　　　　中国与世界、美国经济增长速度的比较

单位:%

年份	2001	2002	2003	2004	2005	2006	2007	2008	2009	2010*
中国（A）	8.3	9.1	10	10.1	10.4	11.6	11.9	9.0	8.5	9.5
美国（B）	0.8	1.6	2.7	4.2	3.5	3.4	2.2	1.3	-2.4	2.7
世界（C）	2.5	3.0	4.0	5.1	4.5	4.8	5.2	3.4	-0.8	4
A-B	7.5	7.5	7.3	5.9	6.9	8.2	9.7	7.7	10.8	6.8
A-C	5.8	6.1	6.0	5.0	4.9	6.7	5.6	9.3	5.5	

资料来源：中国国家统计局网站（http://www.stats.gov.cn）；各年《统计年鉴》、《关于我国国内生产总值历史数据修正结果的公告》；商务部网站：国别数据网数据；IMF《世界经济展望》，2010 年 1 月；中国人民银行网站：《2009 年第四季度中国货币政策执行报告》。*2010 年的数据为 IMF 2010 年 1 月期《世界经济展望》的预测数。

（三）美元等"国际货币"发行泛滥和流动性过剩，是人民币升值压力形成的又一主要原因

作为世界第一大"国际货币"的美元，在美国持续的巨额"双赤字"带动下，发行泛滥和流动性过剩：1985—2000 年美国的物质生产只增加了

50%，而货币却增加了3倍；2001—2005年增加了近3万亿美元的国债，国债总额达8.3万亿美元；近几年来美国的财政赤字仍然居高不下：2005年虽然比2004年的4130亿美元有所下降，但仍高达3190亿美元，占GDP的2.6%，仍是美国历史上第三大财政赤字年度；2006年、2007年财政年度虽然继续有所下降，但仍然分别为2477亿、1628亿美元，各占GDP的1.9%、1.2%；2008年又上升到4550亿美元，占GDP的3.2%；2009年进一步上升为1.42万亿美元，占GDP的10%；在2008—2009年期间，为了应对金融危机，美联储甚至决定动用1.1万亿美元来收购"毒资"。美国的高贸易赤字更是世人皆知，2006—2008年基本上保持在8000亿美元左右，分别为8176亿、7945亿、8000亿美元，均高于2004年、2005年的6504亿、7666亿美元；2009年也达3807亿美元。由于美国对外债务已不再受其黄金储备约束，美国可以更肆无忌惮地为了自己的利益，大量举债和通过贸易逆差大量输出美元，随意享受凭一纸借条（或债券）换取其他国家商品的好处，而不用担心债务过大（超过黄金储备）和美元危机等问题，美国可以通过这样的高贸易逆差不断向世界输送大量的美元。美元发行的泛滥和流动性过剩进一步造成美元的走弱：2002年以来，美元对欧元、日元等货币贬值达20%以上；美元汇率指数由2005年7月21日的89.34点下滑至2006年7月21日的86.41点，相对贬值3.28%；到2009年3月以来，美元汇率指数更是基本维持在80点以下。由于美元在人民币汇率的篮子货币中占有主要权重，于是美元的疲软就导致人民币升值的效果大打折扣，进而形成人民币持续升值的压力。

综上所述可知，不管是从短期还是从中长期来看，人民币汇率仍然会是升值的预期。因此，人民币汇率的动态稳定是减少政策成本的较优办法。

三　外汇市场的建设已小有成就，避险工具和途径逐步增加

汇改以来，我国外汇市场在增加流动性、改善汇率形成的市场化、增加避险工具和途径等方面做了不少有益的改革，为人民币汇制的进一步改革创造了一定条件。

（1）交易主体的增加和多元化。央行于2005年8月扩大了即、远期市场的交易主体的范围。

（2）交易方式的多样化和做市商制度的推进。在银行间外汇市场实行的做市商制度和引入询价交易方式（OTC），并延长交易时间。根据中国人民

银行公布的《2006 年第一季度中国货币政策执行报告》，OTC 方式的交易量已是撮合市场的 30 倍，已成为我国银行间即期外汇市场的主体。

（3）交易品种尤其是避险工具和避险途径的逐步增加。央行先后推出了人民币与外币的不涉及利率互换的掉期业务；扩大远期结售汇业务；允许银行间开展远期和掉期业务；推出人民币利率掉期交易试点；通过中国外汇交易中心，中国的金融机构还将可以通过交易 CME 全球电子交易平台交易汇率和利率产品等。

（4）监管和干预方式向市场化演变。主要有：银行办理对客户的远期和掉期业务，已由过去的审批制向备案制转变；扩大了银行定价的自主权，并允许银行挂牌汇率一日多价；提高了境内机构经常项目外汇账户的可保留现汇的比例；取消经常项目外汇账户开户事前审批并提高经常项目外汇账户限额；简化服务贸易售付汇凭证并放宽审核权限；放宽境内居民个人购汇政策；银行的结售汇制度全面实行权责发生制；中央银行外汇一级交易商制度正式启动等。

四　微观经济主体的外汇风险意识和避险的能力有所增强

人民币汇率改革以来，我国企业的外汇风险意识和避险的能力不断增强。如根据 2006 年中国人民银行货币政策司对 10 省市的 323 家外向型企业进行调查所形成的《企业规避汇率风险情况调查》显示：经过一年的洗礼，我国企业的外汇风险意识和避险能力有所增强，汇改后企业在普遍使用贸易融资和金融衍生产品进行汇率避险的同时，想方设法通过各种方式积极应对汇率波动，汇率避险意识不断提高，避险方法更加多样化，对汇率波动的适应性增强；不过，调查同时也发现，企业避险工具使用规模仍然偏小，避险能力有待进一步提高，商业银行相关金融服务有待进一步改进。

又如，中国人民银行《2007 年中国货币政策执行报告》中"关于'微观经济主体对汇率变动承受能力'的调查与分析"（下称"调查与分析"）指出：自 2005 年 7 月 21 日人民币汇率形成机制改革以来，我国外贸企业加快转变贸易增长方式，着力调整产品结构，提高技术管理水平。经过两年多的调整，大部分外贸企业基本适应了人民币汇率波动，生产、经营、就业保持平稳，综合竞争力稳步提高，对人民币汇率变动的调整能力和承受能力明显高于预期。2007 年 1 月至 11 月，全国 39 个主要行业的销售利润率为 6.47%，同比上升 0.48 个百分点，比 2005 年（人民币汇改当年）同期上升

0.7 个百分点。与此同时，企业换汇成本持续下降，亏损面缩小，就业人数有所增加。但以出口为主的企业则会出现一定的汇兑损失，如电子信息业。中国人民银行"调查与分析"认为，人民币汇改以来，企业通过多种方式应对人民币升值压力：提高生产效率、降低生产成本，积极促进产品升级换代等，一定程度上消化了人民币升值压力。如纺织业是我国的传统出口部门，由于是劳动密集型产业，出口附加值偏低，利润率也较低，对汇改的承受力相对较弱，但人民币汇改以来，纺织企业在多重压力下，采取多种方式和方法应对人民币升值压力，取得一定成效。

（一）加快产业结构调整，注重品牌建设

据中国人民银行调查，纺织企业 2007 年第四季度已有 64.2% 的样本企业采用了提高产品档次、技术含量和产品附加值等经营策略。调查还显示：近年来，随着出口产品升级换代加快，我国纺织服装出口国外的销售对象已逐步从一些大众化的超市零售商提升至中高档零售商及品牌专卖店。部分纺织企业通过自主研发或嫁接先进技术等方式增强品牌开发能力，由原先的贴牌加工生产转向品牌设计和研发合作。目前约 1/3 的纺织企业将提高品牌影响力或创立自主品牌作为经营策略。

（二）增强出口议价能力，提高出口产品价格

人民币汇改以来，大部分纺织出口企业通过提高出口价格来分摊人民币升值压力。据中国人民银行调查，2007 年上半年约有 55% 的纺织企业出口价格有所上升。一些纺织出口龙头企业，依靠完整的产业链、产品质量和整体配套能力等竞争优势，在国际市场上形成了较强的议价能力。通过不断提高出口价格，有效地缓解了生产成本上升、人民币升值以及出口退税率下调的不利影响。

（三）采取多元化经营方式，积极拓展新的市场

"调查与分析"还指出：近年来，我国纺织企业积极调整战略思路，采取了多元化经营策略。一方面大量增加进口设备和纺织原料，并适当增加了内销比重，另一方面，在投资领域上也更加多样化，加大了对高科技产品、造船、房地产和金融领域的投资力度。同时，纺织企业还大力开拓新的出口市场，在继续保持传统欧美市场的前提下，重视对东盟、澳大利亚、新西兰、南美洲、非洲等市场的开发，与外商建立新的战略伙伴关系。

（四）进一步整合行业优势，有序推动区域转移

"调查与分析"还指出：在面临众多压力的情况下，我国纺织行业积极

淘汰落后产能，使一些龙头企业凭借雄厚的技术实力加速产业整合。行业优势逐渐集中，有效地促进了资源的优化配置和整体技术水平的提升。同时，积极进行产业区域转移，纺织业投资出现由沿海向内陆梯度转移的趋势。

（五）积极运用金融手段规避汇率风险，风险管理能力有所增强

"调查与分析"认为：纺织企业除调整资产负债币种结构、改变贸易结算方式和采用非美元货币结算外，还运用多种金融工具规避汇率风险。据中国人民银行 2007 年第四季度对纺织企业调查，样本企业中有 29.7% 的企业运用远期结售汇工具避险，15.8% 的企业使用贸易融资工具，分别比上年同期提高 2.5 个和 0.2 个百分点。

综上所述可知，人民币汇率改革以来，我国企业的外汇风险意识和避险的能力不断增强。我国微观经济主体的外汇风险意识和避险的能力的增强，为人民币汇率的进一步弹性化改革创造了有利的条件。

五　人民币资本账户可兑换进程的启动和稳步推进的要求

根据 2005 年 4 月 8 日《人民日报》刊登的国家外汇管理局局长的谈话内容，我国超过一半的资本项目交易已经可兑换：按 IMF 确定和分类的 43 个资本交易项目，到 2004 年年底，我国实现可兑换的项目有 11 项，有较少限制的 11 项，有较多限制的 15 项，严格管制的只有 6 项，严格管制项目数量只占项目总数的 13.9%。汇改以来，我国虽然仍然保持对资本账户关键项目的管制，但资本账户对外开放的步伐明显加快，例如：允许部分资本项目办理远期结售汇业务；允许境内机构和居民个人委托境内商业银行在境外进行金融产品投资；允许符合条件的银行、保险、基金以其各自的方式运用外汇从事境外投资；鼓励到境外投资，放宽境外投资的用汇管理等。从长远来讲，人民币资本账户可兑换是中国经济和金融进入全球化的内在要求，继续平稳地推进人民币资本账户可兑换的进程，是我国金融业的必然选择。然而，东南亚金融危机的教训告诫我们，如果实行较为灵活汇率的步伐大大落后于资本项目的开放，很可能诱发金融风暴。

第三节　人民币汇制进一步改革方案的设计与论证

由于汇率目标区制是具有"蜜月效应"和"平滑移动"的汇率内在稳定机制，实施人民币汇率目标区管理具有：增强游资抑制效应，缓解人民币

汇率的单向升值运动和升值压力；增强汇率弹性和汇率政策的有效性；增强我国货币政策的独立性及有效性等现实意义。因此，我们提出完善实施和汇率目标区制作为我国近中期人民币汇制进一步改革的基本方案。下面将就人民币汇率目标区的货币篮子设计进行了多方案比较分析和论证，并且就中心汇率的确定及调整等目标区设计的关键问题进行探索。

一　人民币汇制进一步改革的基本原则

（一）继续坚持弹性化改革方向的原则

我们强调坚持弹性化改革方向的原则，并不是说浮动汇率制就一定比固定汇率制好，其实没有哪一种汇率制度是绝对优越的，只有适合本国经济内外均衡需要的汇率制度才是较优的选择。我们之所以提出要继续坚持弹性化改革方向的原则，是基于"不可能三角"的基本原理、中国经济内外均衡和发展趋势的需要。首先，中国是一个拥有超过世界 1/5 的人口，2010 年 GDP 排名世界第二的大国，因此保持货币政策的独立性和有效性是难能可贵的；其次，中国资本与金融账户开放和人民币国际化的进程在不断加快，这是提高中国将来在世界政治经济格局中的地位的需要；再次，随着资本与金融账户开放程度的扩大，要保持货币政策的独立性和有效性就必须提高汇率制度的灵活性，这是"不可能三角"原理的具体运用，是不可能违背的经济规律。

（二）继续坚持主动性、可控性和渐进性改革的原则

我们强调坚持弹性化改革方向的原则，并不是说马上就要实现完全的浮动汇率制（自由浮动），"弹性化"强调的就是一个过程。至于"弹性化"的速度，必须同中国的金融市场的建设速度、金融监管的完善程度、人民币自由兑换的进程等相适应。尽管如上所述，我国外汇管理和外汇市场的改革对汇制的进一步改革创造了一定的条件。然而，基于我国外汇市场所提供的价格发现和避险功能仍然非常有限，一个高效的、健全的、功能型的外汇市场的建设，仍需时日；我国货币当局的金融监管能力仍然不尽如人意；我国企业的外汇风险意识和避险能力仍然有待提高，但由于金融体系的脆弱性等原因，一次性让人民币大幅度升值，或者使人民币立即实行完全市场化的浮动汇率制，均是不可取的，必须继续坚持主动性、可控性和渐进性改革的原则。

二　汇率目标区基本理论及人民币汇率实施目标区管理的现实意义

（一）克鲁格曼模型下的"蜜月效应"和"平滑移动"效应：目标区制内在稳定机制的分析

克鲁格曼（Krugman，1987）建立了在理性预期基础上的目标区制下汇率调整的标准模型。该模型假设目标区的完全可信，即市场参与者认为政府有能力维持目标区，不存在目标区崩溃或重组的预期；政府干预在市场汇率接近目标区边界时进行，并且只存在这种边界干预。根据该模型，汇率目标区制具备内在稳定机制：在目标区完全可信和存在政府的边界干预的情形下，当市场汇率接近目标区边界（E1 或 E2）时，由于央行干预的可能性很大，交易者会预期汇率将停留在目标区边缘甚至会自动向中心汇率 E0 靠拢，这种预期会导致即使政府不干预，汇率变动也不会超出目标区间［E1，E2］的范围，从而形成汇率的相对稳定机制，即"蜜月效应"（见图15—3）；同时，在此种预期的作用下，当市场汇率接近目标区边界（E1 或 E2）时，汇率对外在冲击的反应将变动非常不敏感，汇率变动曲线 CD 与目标区边界 E1、E2 相切，即具备"平滑移动"效应（见图15—3）（许少强等，2006a）。而在汇率自由浮动的情况下，由于基本因素变化所引起的外部冲击导致的汇率变动轨迹是一条直线，如图15—3 的 AB 线。研究人员还发现，即使在目标区内部，市场汇率的波动同样要小于基本因素的冲击，即小于自由浮动下

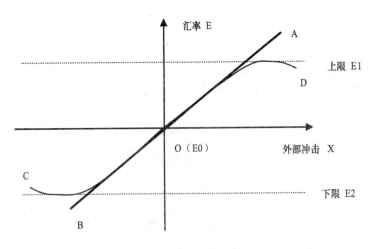

图15—3　汇率目标区的"蜜月效应"和"平滑移动"效应

的汇率波动（CD 线的斜率小于 AB 线的斜率）（许少强等，2006a）。可见，汇率目标区制具有相对的内在汇率稳定机制，兼有固定汇率和自由浮动之优势。

（二）约翰·威廉姆森的"BBC 规则"：可调整的汇率目标区制

美国经济学家威廉姆森所倡导的汇率目标区管理体制，被理论界称为"BBC 规则"。其 B、B、C 分别代表 Basket、Band、Crawl，即篮子平价、浮动区间、平价爬行，实际为目标区可调整的汇率目标区理论（详见：曹垂龙，2007a）。如果说克鲁格曼的关于汇率目标区的标准模型，静态地分析了目标区的汇率稳定机制，那么威廉姆森的"BBC 规则"，则较好地解决了当局如何根据国内外经济形势和内外均衡的需要，经常性地、小幅度地调整平价，促使汇率与经济基本面长期保持基本一致，以避免汇率的长期高估（或低估）以及突然大幅度调整的风险，使汇率目标区制更具可操纵性。

（三）实施人民币汇率动态目标区管理的现实意义

1. 增强游资抑制效应，缓解人民币的升值压力和人民币汇率的单向升值运动

实践证明，人民币汇改后的前 22 个月人民币对美元的日波幅一直仅限制在 0.3% 范围内，在如此小的浮动空间和较强的升值预期下，容易形成汇率单边上升的态势，游资冲击仍然难以有效抑制（曹垂龙，2006a；曹垂龙，2007e）。尽管从 2007 年 5 月 21 日起，由 0.3% 扩大到 0.5%，但仍然大大小于布雷顿森林体系下的 1% 允许波幅。而实行汇率目标区制，可使汇率的浮动空间进一步适当扩大，在这样一个相对较大的浮动空间内，形成汇率的双向走势，使投机进出资金的风险成本加大，这会给投机资金带来一定压力和风险，从而抑制其投机操作，这将会对抑制游资冲击和缓解人民币的升值压力带来积极的效应。另外，由于中国目前的外汇储备已超过 2.2 万亿美元，加上中国的"强政府"，可使目标区具备可信度，"蜜月效应"和"平滑移动"效应成立。

2. 增强人民币汇率的弹性和汇率政策的有效性

近两年的实践证明，尽管汇改使人民币汇率的弹性较汇改前有所增加，但弹性仍然较小，央行为维持人民币对美元的 0.3% 或 0.5% 的日波幅，不得不随时干预外汇市场，购入大量多余的外汇供应，使央行处于非常被动的地位。而实行汇率目标区制，可使汇率的浮动区间适当拓宽，而且汇率目标区制具备一定的内在汇率稳定机制（如"蜜月效应"和"平滑移动"效应），可大大缓解央行干预市场的压力。由于允许汇率在目标区间内可以根

据市场力量自由波动，从而赋予了汇率制度具有一定的承受外汇市场短期汇率波动的灵活性，可为央行释放更多的平衡内外均衡的政策空间，并为难以测定的本币均衡汇率水平提供一定的评估缓冲区间。而根据威廉姆森的"BBC 规则"，中心汇率可根据经济基本面的变化和内外均衡的需要经常性、小幅度"爬行"，如果人民币汇率实行"BBC 规则"的目标区管理，可实现人民币汇率从目前比较低估的状态向比较不低估状态缓慢升值的方略，使人民币汇率逐步达到均衡汇率水平。

　　3. 为央行的相机干预释放更多的政策空间，增强我国货币政策的独立性和有效性

　　实践证明，新汇制对我国货币政策独立性及有效性的改善效应不大。2005 年人民币汇制改革以来，人民币升值压力一直强劲（2008 年第四季度和 2009 年由于国际金融危机的影响除外），人民币汇改并没有对国际"热钱"的流入形成有效的抑制效应（曹垂龙，2006a；曹垂龙，2007e）；加上人民币的升值也没有使我国的贸易顺差（尤其是中美贸易顺差）下降，相反却出现大幅度的增加（部分是由于国际"热钱"伪装成贸易资金流入所至），在人民币汇率的弹性仍然较小的情况下，央行为维持 0.3% 或 0.5% 的日波幅而不得不在外汇市场大量购进外汇，以扎平超额的外汇供应来稳定汇率，进而导致外汇储备和被动性投放基础货币的迅速膨胀，形成通胀的压力。中国的外汇储备已从汇改前 2005 年 6 月底的 7110 亿美元，增加至 2009 年 9 月底的 22760 亿美元，增加了 15000 多亿美元，同时也相当于通过此途径被动投放了近 11 万亿元人民币的基础货币，严重威胁我国货币政策的独立性和有效性。2006 年 1 月—2008 年 6 月期间，央行为中和这些被动投放的基础货币和抑制流动性泛滥，已先后 19 次提高法定存款准备金率，7 次提高存贷款基准利率，但效果仍然不够明显：流动性泛滥、通胀压力和经济过热等隐患仍然难以化解。2007 年 CPI 上升 4.8%，2008 年上半年上升 7.9%。如果实行汇率目标区制，汇率的自由浮动区间相对增大，央行的相机干预的自主权也相对增加，即使在人民币持续升值的预期下，也不必为维持一个过于狭窄的区间（或称之为固定的汇率水平）而时时被动地吸纳多余的外汇供应，进而被动地增加外汇储备和基础货币投放。而且，目标区制所兼备的汇率内在稳定机制和汇率的相对灵活性，具有一定的抑制游资、缓解人民币升值压力、弱化"米德冲突"等效应，从而能缓解央行干预市场的压力，并增加央行干预市场的政策效率，提高货币政策的独立性和有效性。

三　近期、中期和远期的渐进式汇制改革方案

我们将按照主动性、可控性和渐进性的原则，根据近期、中期和远期设置不同的改革方案，从构建和完善汇率目标区管理机制，到最终实现完全的浮动汇率制。

（一）近期方案："软硬兼施"的"BBC"型汇率目标区管理模式

关于近期方案，我们建议：

1. 适当调低美元在篮子中的权数

表 15—6 和表 15—7 分别显示了 2005 年和 2009 年 1—9 月中国前 7 大贸易伙伴占中国出口贸易总额比重，以及占前 7 大贸易伙伴内部的比重（以中国对前 7 大贸易伙伴的出口贸易总额为 100%）。两表表明：中国对前 7 大贸易伙伴出口贸易总额占中国出口贸易总额的比重稳定在 70%—75% 之间；中国对前 7 大贸易伙伴各自的出口，不管是占中国出口贸易总额的比重还是占前 7 大贸易伙伴内部的比重，年度间的差异均较小。因此，以中国前 7 大贸易伙伴的货币作为人民币汇率参考的货币篮子，以及以中国对前 7 大贸易伙伴的贸易权重作为人民币汇率货币篮子中各货币的参考权重，具有一定的合理性。由于中国香港实现的是联汇制，是典型的"硬"盯住美元；东盟各国长期的汇率政策的实践也表明，东盟各国是实际上的"硬"盯住或"软"盯住美元。如果将中国香港和东盟与美元的关联性考虑在内，美元（含与美元相关的货币，下同）的贸易权重为 45% 左右，如果再考虑到目前美元在我国的对外经贸计价和外汇储备中的比重仍在 80% 以上、外汇市场的避险功能仍然不够完善、微观经济主体的避险能力仍然有待提高等因素，美元在中国货币篮子中的权重应高于其贸易权重，但是如果太高就等于失去了"参考一篮子货币调节"的意义。基于这些情况，我们建议近期美元在我国货币篮子中的权重可控在 60% 左右，以后再逐步降低美元在货币篮子中的权重。

表 15—6　　　　　　　　2005 年中国前 7 大贸易伙伴比重 *

单位：亿美元、%

	欧盟	美国	日本	中国香港	东盟	韩国	中国台湾	合计	美国＋香港＋东盟
金额	2173	2116	1845	1367	1304	1119	912	10836	4787
比重 A	15.3	14.9	13.0	9.6	9.2	7.9	6.3	76.2	33.2
比重 B	20.1	19.5	17.0	12.6	12.0	10.3	8.5	100	44.2

资料来源：根据中国商务部网站、中国海关网站的统计数据整理计算制表。* 比重 A 为占中国

全部进出口额的比重；比重 B 是以 7 大贸易伙伴为 100% 的占比。

表 15—7 　　　　　2009 年 1—9 月中国前 7 大贸易伙伴比重 ＊

单位：亿美元、%

	欧盟	美国	日本	东盟	中国香港	韩国	中国台湾	合计	美国＋香港＋东盟
金额	2601	2119	1622	1470	1207	1105	736	10860	4796
比重 A	16.7	13.6	13.0	10.4	9.2	7.7	4.8	70.0	30.8
比重 B	23.9	19.5	14.9	13.5	11.1	10.2	6.8	100	44.4

资料来源：根据中国商务部网站、中国海关网站的统计数据整理计算制表。＊ 比重 A 为占中国全部进出口额 15578 亿美元的比重；比重 B 是以 7 大贸易伙伴的 10860 亿美元为 100% 的占比。

2. 适当放宽日波幅，实行公开的日波幅和不透明的汇率目标区管理相结合，形成"软硬兼施"的汇率目标区管理机制

建议将人民币对美元的日波幅放宽到 1%，目标区间设定为 +/－3%—4%。中国高居世界第一的外汇储备和对资本项目的管制为汇率目标区管理创造了有利的条件。实行具有一定宽度的日波幅限制，再辅之以不透明的、具有一定宽度的汇率目标区间管理，既能减少汇率的过度波动和避免升值过快，又能为央行管理汇率减压，并为抑制游资提供一个相对较好的机制。

（二）中期方案："软性"的"BBC"型汇率目标区管理模式

关于中期方案，我们建议：

1. 进一步适当降低美元在货币篮子中的权重

美元在货币篮子中的权重可逐步降低至 50% 左右。

2. 取消日波幅限制，逐步扩大目标区间，实行不透明的区间管理

伴随资本项目的进一步开放，维持一个仍然不算太大的日波幅的成本和难度将会变得越来越高。随着外汇市场避险功能的不断完善和微观经济主体的避险能力的不断提高，使得放弃日波幅限制和逐步扩大浮动区间具备了可能性。根据渐进性原则，区间可先扩大到 +/－5% 左右，然后再扩大到 6% 以上，甚至 10% 以上。

在近期和中期方案中，均涉及中心汇率的设定和调整，央行可根据测算的均衡汇率设定中心汇率，每半年微调一次，即根据中国经济内外均衡实现的需要，使人民币汇率带作经常性的、小幅度的调整。另外，许少强建议，将人民币兑美元的实际汇率作为中心汇率，以 2006 年 1 月为起点，并假设

在未来 5 年中国的通胀率比美国每年高 1 个百分点，那么人民币兑美元的实际汇率则保持每年上升 1 个百分点，由此测算出 2006 年 1 月到 2010 年 7 月的实际汇率，详见表 15—8（许少强，2006c）。

表 15—8　　　　　人民币兑美元实际汇率推算表（2006—2010 年）

时间	人民币汇率	时间	人民币汇率	时间	人民币汇率
2006 年 7 月	8.03	2007 年 1 月	7.93	2007 年 7 月	7.83
2008 年 1 月	7.74	2008 年 7 月	7.64	2009 年 1 月	7.55
2009 年 7 月	7.45	2010 年 1 月	7.36	2010 年 7 月	7.27
2010 年 12 月	7.19				

资料来源：参见许少强，2006c。

（三）远期方案：建立完全市场化的汇率制度

"在资本项目开放的情况下，只有完全市场化的汇率才是有效而保险的。"（易纲，2000）因此，远期方案就是要实现人民币的自由浮动，建立完全市场化的汇率制度。随着外汇市场避险功能和价格发现功能的日趋完善、微观经济主体避险能力的不断提高、国内金融体系和金融市场的日益健全和人民币资本项目可兑换的实现，较理想的汇率制度是完全市场化的汇率制度——自由浮动汇率制度，这也是人民币汇制改革的最终目标。

四　人民币汇制进一步改革方案的再论证：近中期人民币汇率目标区的设计及多方案比较分析

（一）关于货币篮子设计的多方案比较分析

周小川指出：现阶段的篮子货币以对外贸易权重为主（周小川，2005）。表 15—9、表 15—10 显示了 2006 年和 2009 年 1—9 月中国主要贸易伙伴占中国对外贸易总额的比重，根据上述思想，可选择 2009 年 1—9 月中国前三、前五、前七、前十、前十七大贸易伙伴（2009 年 1—9 月与中国货物进出口贸易额在 100 亿美元以上的经济体），从而构成五组货币篮子，而货币的权重又可按该经济体与中国的进出口贸易额占中国进出口贸易总额的比重来计算（见表 15—11 的方案一、三、五、七、九），也可按该经济体与中国的进出口贸易额占前 N 大贸易伙伴与中国的贸易总额的比重来确定（见表 15—11 的方案二、四、六、八、十），可设计出 10 种不同的货币篮子的初始方案进行比较分析。考虑到东盟主要国家货币仍是事实上的盯住美元,港元也是实行联汇制,与美元保持"硬盯住",因此所有方案均将它们的比重加到美元的权重上。在方案一、三、五、七、九中考虑到,由于目前美元仍占我国对外贸易计价结算的 80% 以上和外汇交易的 98% 左右,保持美元汇率的稳定,对我国对外贸易和经济的稳定与发展至关重要,因此将其他项的百分比也加到美元的权重上,以提高美元的权重(见表 15—11)。

表 15—9　　　　　　　　2006 年中国前 10 大贸易伙伴比重*

单位:亿美元、%

	欧盟	美国	日本	中国香港	东盟	韩国	中国台湾	俄罗斯	澳大利亚	印度	其他	合计
金额	2723	2627	2074	1662	1608	1343	1078	334	330	249	3580	17607
比重	15.5	14.9	11.8	9.4	9.1	7.6	6.1	1.9	1.9	1.4	20.3	100

资料来源:笔者根据中国商务部网站数据整理计算并制表。* 比重为占中国全部进出口额的比重。

表 15—10　　　　　　　2009 年 1—9 月中国前 10 大贸易伙伴比重*

单位:亿美元、%

	欧盟	美国	日本	东盟	中国香港	韩国	中国台湾	澳大利亚	印度	巴西	其他	合计
金额	2601	2119	1622	1470	1207	1105	736	428	310	305	3675	15578
比重	16.7	13.6	13.0	10.4	9.2	7.7	4.8	2.7	2.0	2.0	23.6	100

资料来源:笔者根据中国商务部网站数据整理计算并制表。* 比重为占中国全部进出口额的比重。

表 15—11　　　　　　人民币汇率货币篮子设计的多方案比较分析表

单位:%

方案	选择篮子货币的依据	占中国贸易额比重	中美贸易额占比 A	中美贸易额占比 B	美国+香港+东盟占比	美+香港+东盟+其他占比	篮子中美元的权重	结 论
方案一	前三大伙伴	40.7	13.6			72.9	72.9	不适合
方案二	前三大伙伴	40.7		34.5	34.5		34.5	不适合
方案三	前五大伙伴	57.9	13.6			72.9	72.9	不适合
方案四	前五大伙伴	57.9		23.5	53.2		53.2	不适合

续表

方案	选择篮子货币的依据	占中国贸易额比重	中美贸易额占比 A	中美贸易额占比 B	美国+香港+东盟占比	美+香港+东盟+其他占比	篮子中美元的权重	结论
方案五	前七大伙伴	70.0	13.6			61.1	61.1	近期适合
方案六	前七大伙伴	70.0		19.5	44.2		44.2	中期适合
方案七	前十大伙伴	76.4	13.6			56.8	56.8	近期适合
方案八	前十大伙伴	76.4		17.8	40.3		40.3	中期适合
方案九	前十七大伙伴	85.9	13.6			46.8	46.8	中期适合
方案十	前十七大伙伴	85.9	13.6	17.2	38.5		38.5	中后期适合

说明：

1. 表中的百分比均根据 2009 年 1—9 月的中国的对外贸易数据计算而得；前三大贸易伙伴指欧盟、美国、日本；前五大贸易伙伴指再增加东盟、中国香港；前七大贸易伙伴指再增加韩国、中国台湾；前十大贸易伙伴指再增加澳大利亚、印度、巴西；前十七大贸易伙伴指再增加加拿大、俄罗斯、沙特、伊朗、阿联酋、安哥拉、墨西哥（所有 2009 年 1—9 月与中国进出口贸易额在 100 亿美元以上的经济体）。

2. 中美贸易额占比 A、B 分别指中美贸易额占中国进出口总额和中国与前 N 大贸易伙伴贸易额的比重；"美国+香港+东盟占比"指中国与美国、中国香港、东盟三者的贸易和占中国与前 N 大贸易伙伴贸易额的比重；"美+港+东盟+其他占比"指占中国进出口总额的比重。

资料来源：作者根据中国商务部网站《商务统计——进出口统计》中 2009 年 1—9 月数据整理计算并制表。

判断所设计的货币篮子是否合理，可以从下面三个方面来分析：首先，所选择的贸易伙伴经济体是否具有代表性，应该占中国进出口贸易总额的 70% 以上。其次，货币种类数量的适度性，不能太多，也不能太少，笔者认为 5—15 种比较合适。再次，美元权重的合理性，过大会失去目标区制的意义（相当于盯住单一美元），太小会导致人民币兑美元汇率的过度波动。考虑到美元在我国的对外结算和外汇交易中的大份额，以及我国金融市场尤其是外汇市场的欠完善性，保持人民币与美元汇率的稳定是我国经济稳步发展的内在要求，为此，美元的权重在近期方案中应该在 50%—60% 之间，中远期可缩小到 40%—50% 之间。

表 15—11 显示：按照上述标准，方案一至方案四不能满足第一条和第二条要求，即所选择的贸易伙伴缺乏代表性，只占中国外贸总额的 42% 或 60%，篮子货币也只由美元、欧元、日元三种货币组成，过于简单；而方案

六、八、九、十，虽然能够满足第一和第二条要求，但是就近期而言不能满足第三条要求，即美元的权重只在38%—45%之间，如果作为人民币汇制改革的中期方案是可行的；方案五和方案七，可满足近期改革方案的上述三个标准。方案五，选择中国的前七大贸易伙伴作为人民币货币篮子制定的基础，货币篮子由美元、欧元、日元、韩元、新台币组成，欧元、日元、韩元、新台币的权重分别按其在我国对外贸易中的比重，即分别为15.5%、11.8%、7.6%、6.1%；将中国香港的9.4%、东盟的9.1%和其他项的25.5%全部加到了美元的权重上，使美元的权重达59%；在初始货币篮子确定后，每半年或三个月根据我国对外贸易的变化，对篮子货币的权重进行一次微调，以确保货币篮子与我国经济基本面长期保持基本一致。方案七，选择中国的前十大贸易伙伴作为人民币货币篮子制定的基础，篮子货币比方案五增加了俄罗斯新卢布、澳元、印度卢比，各篮子货币权重的确定和调整的方法同方案五，美元、欧元、日元、韩元、新台币、新卢布、澳元、卢比的权重分别53.8%、15.5%、11.8%、7.6%、6.1%、1.9%、1.9%、1.4%。方案五由于相对简单，易操纵，可作为近期方案的初期使用，待央行积累了一定的管理目标区的经验后，可转向方案七，以使篮子货币构成更为多样化和更具代表性。待汇改进入中期后，可转向在方案六、八、九、十中选择，以逐步减少美元的权重。

（二）中心汇率的确定及调整的再探索

下面以方案五的中心汇率的确定及调整为例进行讨论。

设某时期（如2009年下半年）人民币对美元、欧元、日元、韩元、新台币的平均市场汇率分别为 A_1、A_2、A_3、A_4、A_5；按方案五的方法所确定的美元、欧元、日元、韩元、新台币在篮子货币中的权重分别为 W_1、W_2、W_3、W_4、W_5；中心汇率为 EO_n；则有：

$$EO_n = A_1 \times W_1 + A_2 \times W_2 + A_3 \times W_3 + A_4 \times W_4 + A_5 \times W_5 \qquad (1)$$

如：可以2009年下半年的数据计算出的中心汇率 EO_1，作为目标区初始中心汇率值，即作为2010年上半年的目标区的中心汇率。在"BBC规则"中，中心汇率 EO_n 一旦确定后，在一定时期内（如3个月或6个月）是保持不变的。如果中心汇率的调整周期为6个月，同理，可用2010年上半年的有关数据计算出新中心汇率值 EO_2，作为2010年下半年的目标区的中心汇率的参照值，依次类推。如此，通过定期调整篮子货币的组成和中心汇率，使其与我国的贸易格局和经济基本面长期趋于一致。

从理论上讲，最理想的状态是中心汇率为均衡汇率，但均衡汇率的计算却是一大难题，目前尚无一种方法所计算出的均衡汇率具备较高的可信度。因此现实中，汇率目标区制并不严格强调中心汇率为均衡汇率，相反，汇率目标区还可为难以测定的本币均衡汇率水平提供一定的评估缓冲区间，即通过汇率在区间内的自由浮动和中心汇率的定期调整，使中心汇率逐步趋向均衡汇率。根据姜波克等（2006b）的均衡汇率新论——"均衡汇率杠杆论"，均衡汇率是多重的，均衡汇率是一个区间；当经济增长处于初期阶段，要使汇率靠近均衡汇率区间的上限（本币汇率较低），即选择投资推动型均衡汇率；当经济增长到一定时期，再发挥汇率对技术和知识使用的促进作用，使汇率向均衡汇率区间的下半部分和下限移动（本币升值），即选择技术促进型均衡汇率。目前，内部均衡要比外部均衡更重要，经济增长是压倒一切的任务。因此，理性的做法是，在今后较长时期内人民币汇率仍宜采取适当低估，并逐步升值的方略，即让人民币从目前比较低估的状态向比较不低估的状态进行缓慢升值（曹垂龙，2006c）。根据上述思想，我们在设计汇率目标区时，可以近期的汇率的平均水平作为中心汇率计算的基础，并按缓慢升值的方略，使汇率逐步向均衡汇率靠拢，或者说逐步向均衡区间汇率的下半部分移动（本币升值）即可。据雷达等（2006）的不完全统计，汇改前，包括国内外20名知名学者研究认为，人民币低估平均水平为17.5%，包括15名投资家和政治家认为人民币低估平均水平为22.3%。截至2010年6月底，人民币兑美元汇率的交易中间价已升至6.7909，与汇改前的8.2765相比已升21.88%，已超过上述国内外20名知名学者对人民币均衡汇率估算的平均水平，也基本接近上述15名投资家和政治家对人民币均衡汇率估算的平均水平。因此，在2010年，如能确保中心汇率基本稳定，甚至适当贬值，待经济增长的速度接近10%左右后，再每年按1%—2%的速度缓慢升值，即可实现让人民币缓慢升值的方略，以在满足就业和稳定的大局的同时，又兼顾改善外部均衡和产业升级的需要。不过，我们这里所说的每年1%—2%的速度缓慢升值，是指一个总的升值趋势，绝不是说每年都要升值，或者说升值速度也一成不变，而且不排斥部分年份的适当贬值。是升值或是贬值，以及升（贬）值的速度大小，关键是要综合考虑当时的经济增长速度是否处于均衡经济增长区间内及其所处的位置、国家的宏观政策目标、国家的经济实力、国民经济内外均衡的需要等因素。

在具体操作上，实际执行的中心汇率 EO_n^* 可以在上述计算所得的 EO_n

的基础上，根据国家政策调整的需要，加上国家计划的本币年升（贬）值率（%）即可：

$$EO_n^* = EO_n \cdot (1 - E_r) \tag{2}$$

其中，E_r 为国家计划的当期本币年升（贬）值率（%），升值时为"+"，贬值时为"-"；EO_n^*、EO_n 均为直接标价法。

（三）区间大小及透明度设计的再论述

关于区间的透明度，我们提出使用不透明方式。不过，从我国的实际情况来看，由于在当前和今后一段时期内，我国仍将会对资本账户中的关键项目实行较大程度的管制，因此在近期方案中，初期也可使用透明的目标区，以尽可能地发挥"蜜月效应"和"平滑移动"效应的作用来稳定汇率，但是随着我国资本账户对外开放度的逐步扩大，应该转向不透明模式，以增加投机的难度，并提高央行的政策调控的机动性。如果考虑到政策的连贯性，也可以从一开始就实行不透明的目标区制。

关于区间的大小，前面已有详细论述：即在近期方案中取 ±2.25% 的小区间；在中期方案中先取 ±5% 左右的中区间，然后逐步扩大，以逐步向远期方案的自由浮动过渡，不过在危机时期，根据国际经验，还可以将浮动区间暂时扩大到 +/-10%—15%，等危机过后再恢复到原来的区间（曹垂龙，2007b）。

第十六章　近中期人民币汇率政策的思考与建议

　　汇率具有杠杆属性，均衡汇率区间受制于均衡经济增长区间。在今后较长时期内，人民币汇率政策仍然必须坚持在优先满足就业和稳定大局的同时，还必须兼顾改善外部均衡和产业升级的需要。

　　尽管自 2005 年汇改以来，人民币对美元已累计升值超过 21%，但如今，在国际金融危机的影响不断深入之时，美国一些人再次抛出中国"控制汇率论"，今后人民币汇率政策的选择等问题，再次成为人们关注的焦点。因此，站在科学发展观的高度对五年来人民币汇率升值速度进行反思，并对今后人民币汇率的调整方向和速度进行探索，提出建设性建议，具有十分重要的现实意义。

第一节　人民币汇率政策选择和调整的依据

一　汇率的杠杆属性："均衡汇率杠杆论"的诠释

（一）汇率对经济增长速度和就业的影响

"均衡汇率杠杆论"（姜波克，2006a）指出：汇率不仅仅具有比价属性，还具备杠杆属性。汇率的杠杆属性首先体现在汇率能够影响一国的经济增长速度和就业水平。一国货币汇率的低估或下浮，有利于一国的经济增长速度和就业水平的提高。其传导机制，一是通过影响总需求的总量：一国货币汇率的低估或下浮，有利于出口和进口替代品的需求增加，最终导致总需求的总量增加，进而使总产出增加和就业水平的提高。二是通过影响资本的形成和投资的总量来影响总产出：一国货币汇率的低估或下浮，有利于其吸收 FDI，从而使该国的投资增加。产出是投资的函数，总投资的增加进而使总产出和就业的增加。反之，本币汇率升值或高估对其经济增长具有抑制作用，不利于就业（姜波克，2006a）。

（二）汇率对经济增长质量的影响

汇率的杠杆属性还体现在汇率能够影响总需求的结构，以及总需求在国内外的配置，进而影响总产出结构，并改变产业结构，使汇率具备影响经济增长方式和质量的属性。本币汇率低估或下浮，使贸易品部门，尤其是收益相对较低的贸易品部门，得到优先发展，降低了本国贸易品部门提高劳动生产率的竞争意识，导致粗放经营的后果。经验也证明，一国货币贬值或低估会导致其贸易条件的恶化。相反，一国货币升值，对那些低效率者具有"挤出效应"，会迫使其贸易品部门提高竞争意识，同时，汇率高估（或升值）有利于先进设备的进口，进而有利于产品的升级换代和贸易条件的改善（姜波克，2006a）。

（三）汇率对物价的影响

汇率的物价效应主要体现在三个方面。一是通过汇率的贸易收支效应的作用：一国货币汇率低估或下浮，出口增加，进口减少；二是通过汇率的FDI效应的作用：经验证明，一国货币汇率低估或下浮，有利于FDI的流入，而不利于对外FDI；三是通过汇率的国际游资效应的作用：一国货币汇率低估，就往往形成升值的预期，导致国际游资向该国转移。其结果往往导致国际收支顺差扩大，如果央行为稳定汇率对外汇市场的干预就会造成外汇储备的猛增和央行的被动性货币投放的扩大，形成通胀的压力。反之，一国货币高估或升值一方面会造成该国贸易顺差的下降，另一方面使FDI和国际游资流入减少，流出增加，从而形成物价下降甚至是通缩的压力。

（四）汇率对国际收支平衡的影响

通常情况下，一国货币汇率低估或下浮，国际收支顺差扩大（或逆差减少）：有利于出口，不利于进口，如果该国能满足马歇尔—勒纳条件，其贸易顺差扩大；有利于FDI的流入，而不利于对外FDI，且国际游资流入增加，进而资本项目顺差上升。反之，一国货币汇率高估或上浮，国际收支逆差扩大（或顺差减少）。

二　汇率的杠杆属性在中国的具体体现：以人民币汇率升值的成本与收益为例

（一）人民币升值的主要成本

1. 引起经济增长速度和就业水平的下降

如上所述，人民币升值会抑制出口需求，最终导致总需求总量的减少，进而引起经济增长速度和就业水平的下降。对于内需不足，长期严重依赖"需求输入"的中国经济而言，如果人民币升值过快，出口需求的快速下降，对经济增长速度和就业水平的负面效应不言而喻。如：1998—2002 年期间，由于东南亚金融危机的影响，人民币出现贬值预期，但由于人民币盯住美元，形成该贬未贬，导致实际汇率升值或高估，对我国当时的通货紧缩起到了推波助澜的作用，这 5 年间，我国的 GDP 缩减指数平均为 - 1.4%（钟伟、张庆，2003）。雷达等（2005）研究也证明，人民币升值过快会降低中国 GDP 的增长速度，并对就业产生冲击：一次性 20% 以上的升值将导致严重的失业问题，并可能使中国经济进入萧条，甚至出现局部的经济危机。

2. 对金融安全产生的负面效应

首先，增加商业银行的信用风险。仇高擎（2005）指出："总体上看，因人民币升值而明显受益的行业相对较少。"人民币升值会使国内部分行业和企业的景气指数下降，尤其是出口比重较大的行业和进口替代（竞争）型的行业。如果人民币升值过快，将会使商业银行的呆坏账剧增，增加其授信业务的信用风险。其次，人民币升值过快所引起经济增长速度和就业水平的下降，进而导致的储蓄率下降和国际游资的大规模撤离，还会使我国脆弱的银行体系承受巨大的流动性危机的压力，也会带来房地产和股市价格跳水的风险。总之，正如雷达等所指出的："升值 20%—30%（与汇改前比较）将直接导致宏观环境的恶化和金融部门的全面紧缩"，"甚至可能引发金融危机"（雷达等，2006）。

（二）人民币升值的主要收益

1. 人民币升值对产业结构和贸易条件的改善效应

我国的"贫困化增长"，即贸易条件恶化问题不容忽视，根据中国海关总署编制的贸易条件指数，1993—2005 年中国的整体贸易条件下降了 12%（雷达等，2006）；因为人民币升值会导致出口价格上升和进口价格下降，从而使贸易条件改善。根据杨帆等的研究成果：在通货膨胀率不变的条件下，人民币升值的贸易条件改善系数为 0.37（杨帆等，2005）。人民币升值具有对低效率产业的"挤出效应"和进口先进设备成本下降的"财富效应"，从而会促进中国产业结构的升级换代。不过，人民币升值对贸易条件和产业结构改善效应的释放却是一个缓慢而长期的过程。

2. 人民币升值对我国外部失衡的改善效应

人民币升值对我国外部失衡的改善效应是非常低微的：一方面，中国的高贸易顺差主要根源是国际产业的"迁移效应"。华盛顿国际经济研究所的一项调查报告也显示，中国对美国贸易顺差的75%来自FDI产生的"迁移效应"。另一方面，中国进出口贸易具有显著的加工贸易型特征（曹垂龙，2006b），导致中国贸易收支与汇率变动的相关度极低，汇率变动仅能解释贸易收支的3%（谢建国等，2002；许少强等，2006c）。汇改后的实际效应也进一步验证了人民币升值对贸易收支改善的低效率：截至2008年年底，人民币对美元已累计升值21%，但中国总贸易顺差和中美贸易顺差却均不减反增（详见表16—1）。

表16—1　汇改后人民币汇率、中国贸易总顺差及中美贸易顺差情况的变化

时间		2005	2006	2007	2008
人民币汇率	期末汇率值（RMB￥/US＄）	8.0707	7.8087	7.3046	6.8346
	变化（%）	2.55	3.34	6.90	6.87
中国贸易总顺差	顺差额（亿美元）	1019	1775	2622	2955
	变化（%）	217.4	74	47.7	12.7
中美贸易顺差（中方统计数）	顺差额（亿美元）	1142	1443	1633	1709
	变化（%）	42.3	26.2	13.3	4.7

资料来源：根据中国人民银行、商务部网站数据整理计算并制表。

由于人民币升值引起经济增长速度和就业水平下降等负面效应的释放速度较快，而人民币升值对产业结构和贸易条件的改善效应的释放却是一个缓慢而长期的过程，加之人民币升值对我国外部失衡的改善效应又非常低微。可见，近期人民币升值的成本明显大于收益，尤其是人民币的快速升值。人民币汇率的选择与调整也必须对此予以充分考虑和权衡。

三　均衡汇率区间与当前汇率水平的合理性

根据"均衡汇率杠杆论"，一国的均衡汇率是一个区间：一国的经济政策目标是一个经济均衡增长区间 $[y_1, y_2]$，均衡增长区间的上下限 y_1、y_2 分别对应的是一国能够承受的最大通货膨胀压力和最大失业压力的经济增长速度，使经济增长维持在均衡经济增长区间 $[y_1, y_2]$ 内的汇率就是均衡汇率，与均衡经济增长区间的上下限 y_1、y_2 分别对应的汇率 e_1、e_2 就构成了均

衡汇率区间的上下限 e_1、e_2（直接标价法，下同），"在闭区间 $[e_1，e_2]$ 内的汇率都是均衡汇率"（姜波克等，2006b）。根据中国改革开放 30 年经济发展的经验与教训，笔者认为，今后一段时间内中国的均衡经济增长区间为 $[10\%、8\%]$，因为高于 10% 的经济增长率就有可能出现通货膨胀压力，而低于 8% 的经济增长率时则有可能出现就业的压力。按此标准可以判断汇率是否处于均衡水平，如果某时期经济增长速度高于 10%，说明汇率位于均衡汇率区间上限 e_1 之上，即本币汇率低估，应该让本币升值到 e_1 之下；反之，如果某时期经济增长速度低于 8%，说明汇率位于均衡汇率区间下限 e_2 之下，即本币汇率高估，应该让本币贬值到 e_2 之上；如果某时期经济增长虽然位于均衡经济增长区间 $[y_1，y_2]$ 内，但粗放经营现象严重，且存在较大的贸易顺差，一国为了提高经济增长的质量和改善外部失衡，可以让汇率从 e_1 向 e_2 升值，使经济增长由"投资推动型"向"技术推动型"过渡，以满足同时兼顾经济总量的赶超和增长质量的提升以及外部失衡的改善等需要。

四　国内外经济金融形势及其变化

（一）中国的基本国情

中国的基本国情就是，中国是仍然是世界第一大发展中国家，在今后较长时期内，中国仍然将处于社会主义初级阶段，其主要矛盾是人民日益增长的物质文化需要与落后的社会生产之间的矛盾。这一基本国情决定了中国在今后较长期时期内，第一要务是发展，实现充分就业问题，这也决定了在今后较长时期内，人民币宜采取适当低估，或者说要使汇率靠近均衡汇率区间的上限 e_1（本币汇率较低），即选择"投资推动型"均衡汇率。

（二）国内外经济金融形势的变化

国内外经济金融形势在不断地变化，一国的汇率政策也必须不断地适应这些变化。首先，国内外经济金融形势的变化。尤其是一些大的突发事件（如国际金融危机等）会影响均衡汇率区间上下限 e_1、e_2，使现行汇率水平可能会脱离均衡汇率区间 $[e_1，e_2]$，形成高估或低估，或者造成现行汇率水平与国家经济目标（内外均衡）的实现不相符合，形成汇率调整的压力。其次，国内外经济金融形势的变化会影响矛盾的主、次方面的转换。例如：人民币汇率的调整必须兼顾增长速度与增长质量间的矛盾，在经济发展的初级阶段，需要把"速度"放在首位，但当经济发展到一定的阶段后，就必须更关注"质量"，发挥汇率对技术和知识使用的促进作用，使汇率从 e_1 向 e_2

方向移动（本币升值），即转向选择"技术促进型"均衡汇率（姜波克等，2006b）；又如：人民币汇率的调整必须兼顾内部均衡与外部均衡的矛盾，根据"均衡汇率杠杆论"，一国应优先关注内部均衡，然而当外部失衡严重时，就必须发挥汇率对外部失衡的改善效应，对汇率进行调整。再次，国内外经济金融形势和政策的变化会导致汇率预期的改变。如 2002 年美国的弱势美元政策使人民币由贬值预期突然转为升值预期，形成人民币升值调整的压力。

五　中国二元经济结构特征下人民币汇率的"二元难题"

我国国际收支长期的巨额"双顺差"，导致我国外部经济的严重失衡，形成人民币强劲的升值预期。据雷达等的不完全统计，汇改前，包括国内外 20 名知名学者认为人民币低估平均水平为 17.5%；包括 15 名投资家和政治家认为人民币低估平均水平为 22.3%（雷达等，2006）。而截至 2009 年 11 月底，人民币同汇改前相比累计已升值 21%，与国内外对人民币低估程度的估算基本相当。但是，汇改后我国贸易顺差的不降反增，进一步导致人民币升值压力的挥之不去。

根据巴拉萨—萨谬尔森假设，经济快速增长的国家实际汇率上升。按此假设，中国改革开放以来的经济快速增长也会给人民币汇率带来升值的压力。然而，如果将中国经济典型的二元结构特征考虑在内，就会导致巴拉萨—萨谬尔森效应在中国不显著甚至不成立。由于中国经济具有典型的二元经济结构的特征，致使我国的劳动力可近乎无限制的向制造业部门（包括非贸易品部门）供给，导致我国非贸易品部门的劳动力平均工资增长速度不快，在贸易品价格外定的情形下，使非贸易品的价格相对于贸易品上升的速度较慢。雷达等（2006）也证明：如果考虑"城乡差别"、"贸易条件"、"就业状况"等与二元经济结构有关的变量，人民币实际有效汇率是高估了，而不是低估。另外，人民币的贬值压力还来源于：货币供应增速过快，导致通货膨胀和贬值的压力。江春（2006）指出："根据货币主义的汇率理论，人民币存在贬值压力。因为：货币供应量的增长率一直高于国外，而且长期以来（1979—2004），我国 M2 的年均增长率比 GDP 和物价年均增长之和平均高出 7.79 个百分点，形成了严重的超额货币，2004 年 M2 同 GDP 间的比率高达 185%，大大超过其他国家，为全球最高（多数国家在 100% 以下）。"

人民币的这种一方面是强势货币，而另一方面则给中央银行带来通货膨胀和贬值压力的属性，称之为"人民币的二元难题"，人民币的汇率政策必须对此予以充分考虑和权衡。

六　小结

（一）汇率具有杠杆属性

一国汇率的调整会影响其经济的增长速度和增长方式；影响其就业和通货膨胀的变化；影响其国际收支的平衡。一国汇率及其调整必须权衡经济增长的速度和质量、内部均衡和外部均衡等。

（二）均衡汇率是一个区间，且受均衡经济增长区间 $[y_1, y_2]$ 的制约

一国汇率水平的选择和调整，受制于均衡经济增长区间 $[y_1, y_2]$，受制于其基本国情和国内外经济金融形势及其变化，受制于其汇率调整的具体成本与收益间的比较。

（三）人民币宜较长时期取适当低估，坚持小幅度、慢性化、长期性的升值方略

首先，人民币汇率政策必须在中国经济的内、外均衡间权衡。就中国的外部均衡而言，对人民币仍然提出了升值的要求。然而，众所周知，中国是个人口大国，有近 3 亿人尚处在实际的或者潜在的失业状态，中国近期的最大利益就在于保持经济的持续增长，并在持续的经济增长中逐步实现全社会的较充分就业。可见，对于中国来说，现阶段"内部均衡要比外部均衡更重要"，"经济增长是压倒一切的任务"（姜波克，2006a）。因此，在今后较长一段时期内，仍然必须坚持人民币汇率的适当低估，以确保我国具有较高的增长速度和解决就业问题。理性的做法就是坚持人民币小幅度、慢性化、长期性升值的原则，以达到优先考虑内部均衡，同时又兼顾外部经济失衡调整的需要。

其次，人民币汇率政策必须在中国经济的长、短期经济目标，即经济增长速度和增长质量间权衡。就短期目标而言，必须要继续保持人民币汇率的适当低估，以确保较高的经济增长速度和就业水平，这是由我国仍然是世界第一大发展中国家的基本国情所决定的。然而，近年来的人民币汇率的过于低估，却形成国内粗放经营的模式，不利于经济结构的升级和增长方式的转变，即不利于长期内经济增长的可持续性和长期目标的实现。因此，就长期目标而言，需要人民币升值，但如果升值过快，超过了我国经济的消化能力，届时就有可能会造成我国经济增速的大幅度下降和失业率攀升的负面效

应。20 世纪 80 年代中期以后，日本由于执行"广场协议"后日元升值过快、幅度过大，导致日本的经济走向衰退，造成日本的失业也随之增加等一系列负面影响（俗称"日元升值综合症"）。日本的经验教训值得我们深思。姜波克等指出：当经济增长处于初期阶段，要使汇率靠近均衡汇率区间的上限（本币汇率较低），即选择投资推动型均衡汇率；当经济增长到一定时期，再发挥汇率对技术和知识使用的促进作用，使汇率向均衡汇率区间的下半部分和下限移动（本币升值），即选择技术促进型均衡汇率（曹垂龙，2007c）。可见，人民币汇率的调整必须在短期的经济增长速度和长期的经济增长质量之间进行权衡。理性的做法就是让人民币逐步升值，使人民币从比较低估的状态向比较不低估的状态进行缓慢升值，即以 2005 年汇改为起点，坚持小幅度、慢性化、长期性的升值方略，使汇率从区间的上限 e_1，向区间的下限 e_2 逐步而缓慢升值，由投资推动型均衡汇率逐步向技术促进型均衡汇率缓慢过渡，以同时兼顾中国经济总量的赶超和增长质量的提升。

第二节　反思汇改后人民币升值速度

一　2005 年汇改以来人民币汇率升值情况简介

图 16—1 显示，自 2005 年汇改以来，人民币对美元汇率已由 8.2765 升至 6.79，累计升值超过 21%，其调整过程大致可以分为四个阶段：

（1）2005 年 7 月—2006 年 6 月：人民币进入缓慢盘升轨道。截至 2006 年 6 月 30 日，人民币对美元汇率为 7.9956，只比汇改初始值 8.11 升值 1.43%，包括 2005 年 7 月 21 日的 2%一次性升值，合计大约只升值 3.5%。

（2）2006 年 7 月—2007 年 6 月：人民币进入中速升值轨道。这期间人民币汇率由 7.9956 升值到 7.6155，年升值率上升到 4.99%。

（3）2007 年 7 月—2008 年 7 月：人民币进入快速升值轨道。这期间人民币汇率由 7.6155 升值到 6.8205，年升值率上升到 10.76%，比汇改前累计升值达 21.34%。

（4）2008 年 8 月—2010 年 7 月：人民币进入平滑轨道。图 16—1 显示，自 2008 年 8 月以来，人民币汇率曲线图几乎是一条直线，人民币对美元汇率基本上在 6.80—8.40 狭小的区间内波动，为了应对国际金融危机的影响，人民币基本停止升值。

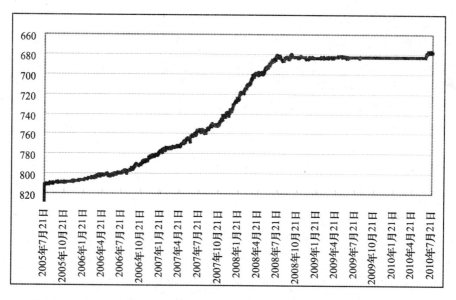

图16—1　汇改后人民币对美元汇率变动曲线图（2005 年 7 月—2010 年 7 月）

资料来源：根据中国人民银行网站 2005 年 7 月 21 日至 2010 年 7 月 21 日中国人民银行《人民币汇率交易中间价公告》数据整理计算制图（单位：100 美元兑人民币元）。

二　对汇改后人民币升值速度的评析

如上所述，人民币必须坚持小幅度、慢性化、长期性升值的原则。然而，"小幅度、慢性化"的内涵，尚无标准的答案。理论界通常把 3% 的通货膨胀率（也有的认为是 5%）界定为温和式通货膨胀，因此本书试图将此方法借鉴到汇率调整的理论与实践中，提出将"小幅度、慢性化"升值的内涵定义为年升值 3% 左右。参照此标准，结合近年来国内外经济金融形势及其变化，对汇改后人民币的升值速度进行反思，提出如下一些分析意见。

（1）2005 年 7 月—2007 年 6 月：基本符合"小幅度、慢性化"的升值方略。汇改后的第一、第二年，人民币按 3%—5% 的速度升值，基本符合"小幅度、慢性化"的升值原则，与国内外经济金融形势对人民币提出的升值要求是基本相符的。

（2）2007 年 7 月—2008 年 7 月：不切实际的过快升值。进入 2007 年 7 月后，人民币突然进入快速升值轨道，年升值率竟然高达近 11%，尤其是 2008 年上半年，国际金融危机对中国经济的影响已开始显现，但是我国货币当局仍然没有意识到金融危机的危害，甚至还进一步提高升值速度（2008 年 1—7 月，人民币的年升值率提高到 12.17%），显然是违背了科学发展观的。导致大量外向型企业在国际金融危机加深（国外出口需求下降）、人民币升值（出口收入下降）和国内贷款利率上升（成本上升）等"三座大山"的重压下，纷纷不堪重荷，甚至倒闭，进而导致失业率迅速上升等不良后果。

（3）2008 年 8 月—2009 年 6 月：人民币该贬未贬。2008 年 8 月后，由于国际金融危机的影响不断深入，出口需求遭受重创，进而导致通货紧缩，人民币出现贬值的预期和要求。但是自 2008 年 8 月以来，人民币对美元汇率却基本维持在 6.82 左右，而在 2008—2009 年期间欧元、英镑等国际主要货币对美元出现较大贬值的情形下，人民币对美元汇率存在该贬未贬之嫌。

第三节　今后人民币汇率调整方向与速度的建议

关于近中期的人民币汇率政策，基于适应国内外经济金融形势、中国经济基本面、基本国情和内外经济均衡等的需要，建议近期仍采取先保持人民币汇率基本稳定，中期实行小幅度、慢性化、长期性的升值方略，以实现中国经济又好又快的科学发展。

据国家统计局 2010 年 10 月 21 日公布的数据：2010 年前三季度中国的经济增长率为 10.6%（其中第三季度增长率为 9.6%），在拉动经济增长的"三驾马车"中仍然以投资和消费为主，全社会固定资产投资名义同比增长 24.0%，社会消费品零售总额名义同比增长 18.3%，，但净出口的贡献率仍然为负（贸易顺差为 1206.0 亿美元，比上年同期减少 149.0 亿美元），9 月份 CPI 为 3.6%。分析上述数据可以得出：如果仅从经济增长率来看，中国的经济形势似乎已基本向好，似乎说明人民币汇率又可以进入升值的轨道；然而，如果我们仔细分析其增长的动力结构，不难发现这仍然带有很深的投资驱动型的烙印，而且净出口的经济增长贡献率仍然为负，因此从这方面来讲人民币汇率应该适当贬值；但是从国际因素来看，伴随克鲁格曼 2009 年 10 月对人民币汇率政策指责言论的发表，尤其是 2010 年 9 月 24 日美国众议院"汇率法案"的通过，美国政府要求人民币升值的呼声日涨，可以说让人民币适当贬值的时机已经消失。

表 16—2 假设了四种不同的人民币升值方案：方案 A、方案 B 假设人民币分别按年均 1%、2% 的升值速度进行升值，到 2005 年末，人民币对美元汇率分别升至 6.4292、6.0900，分别比 2010 年 6 月末累计升值 5.63%、

11.51%，分别累计比 2005 年汇改前的 8.2765 升 28.73%、35.90%；方案 C、方案 D 假设人民币分别按年均 3%、5% 的升值速度进行升值，到 2015 年末，人民币对美元汇率分别升至 5.7713、5.1910，分别比 2010 年 6 月末累计升值 17.67%、30.82%，分别累计比 2005 年汇改前的 8.2765 升 43.41%、59.44%。从表 16—2 的预测数据来看，很显然方案 C、方案 D 升值过快，不适应中国的国情；方案 A、方案 B 的人民币温和升值，比较有利于凸显人民币升值的"产业升级效应"和规避"空心化效应"之功效。

表 16—2　　人民币汇率水平预测多方案比较表（2010 年 6 月—2015 年 12 月）

时间（月末）		2010—06	2010—09	2010—12	2011—03	2011—06	2011—09	2011—12	2012—03
汇率	方案 A	6.7909	6.7740	6.7571	6.7403	6.7235	6.7068	6.6902	6.6735
	方案 B	6.7909	6.7571	6.7237	6.6902	6.6405	6.6243	6.5919	6.5591
	方案 C	6.7909	6.7403	6.6905	6.6407	6.5916	6.5433	6.4956	6.4473
	方案 D	6.7909	6.7071	6.6252	6.5435	6.4636	6.3857	6.3097	6.2318
时间（月末）		2012—06	2012—09	2012—12	2013—03	2013—06	2013—09	2013—12	2014—03
汇率	方案 A	6.6569	6.6404	6.6240	6.6074	6.5910	6.5749	6.5584	6.5421
	方案 B	6.5266	6.4945	6.4626	6.4305	6.3985	6.3671	6.3359	6.3044
	方案 C	6.3996	6.3527	6.3064	6.2595	6.2132	6.1676	6.1227	6.0771
	方案 D	6.1558	6.0816	6.0092	5.9350	5.8626	5.7920	5.7230	5.6523
时间（月末）		2014—06	2014—09	2014—12	2015—03	2015—06	2015—09	2015—12	累计升（%）
汇率	方案 A	6.5258	6.5096	6.4935	6.4773	6.4612	6.4452	6.4292	5.63
	方案 B	6.2732	6.24236	6.2117	6.1808	6.1502	6.1199	6.0900	11.51
	方案 C	6.0322	5.9880	5.9444	5.9001	5.8566	5.8136	5.7713	17.67
	方案 D	5.5834	5.5161	5.4505	5.3832	5.3176	5.2535	5.1910	30.82

备注	1. 2010 年以 2010 年 6 月末 6.7909 为基数，2011—2015 年分别以上年末的汇率值为基数，采用简单平均法，根据各方案设定的月均升值率计算。 2. 方案 A、B、C、D：分别假设年升值率为 1%、2%、3%、5%，即月均升值率分别为 0.0833%、0.1667%、0.25%、0.4167%。 3. 汇率单位：人民币元/1 美元；人民币变动率 =（旧汇率 - 新汇率）/ 新汇率 * %。 4. 方案 A、B、C、D 所预测的人民币汇率，到 2015 年末分别比 2005 年 7 月 21 日汇改前的 8.2765 升值 28.73%、35.90%、43.41%、59.44%。

资料来源：作者根据自己设定方案计算的数据制表。

　　因此，综合考虑国内外因素和内外均衡的需要，建议近期的人民币汇率政策宜采取以稳定和缓慢升值为主调，即可先让人民币对美元汇率稳定在 6.6—6.8 左右，直到我国净出口的年经济增长贡献度转正后，再按每年 1%—3% 的速度缓慢升值，到 2015 年年末，使人民币对美元汇率累计比目前汇率水平缓慢升值 10% 左右，即升至 6.0—6.2 左右，以满足人民币升值在改善外部均衡和产业升级的同时，又兼顾规避产业空心化，确保就业和稳定的大局，实现中国经济又好又快的科学发展。

主要参考资料

一　主要参考资料

[1] 毕玉江等:《人民币汇率变动的价格传递效应：基于协整与误差修正模型的实证分析》,《财经研究》2006 年第 7 期。

[2] 陈彪如:《人民币汇率研究》,华东师范大学出版社 1992 年版。

[3] 陈飞翔:《我国收入贸易条件变动分析：1995—2004》,《经济经纬》2005 年第 5 期。

[4] 陈红等:《汇率与 FDI 的实证研究及传导路径》,《吉林财税高等专科学校学报》2004 年第 3 期。

[5] 陈华:《人民币汇率对国际收支影响的实证分析》,《国际经贸探索》2005 年第 8 期。

[6] 陈玲:《人民币新汇制改革的贸易效应之谜——基于我国对外经济贸易特征视角的协整研究和脉冲分解》,《国际经贸探索》2008 年第 8 期。

[7] 陈学彬等:《中国出口汇率传递率与盯市能力的实证研究》,《世界经济》2007 年第 12 期。

[8] 陈志昂:《人民币汇率与浙江出口变动实证研究》,《商业经济与管理》2001 年第 4 期。

[9] 查贵勇:《中国外贸条件和实际汇率关系实证分析》,《国际贸易问题》2005 年第 8 期。

[10] 仇高擎:《人民币汇制改革对我国商业银行的影响及其对策》,《新金融》2005 年第 11 期。

[11] 崔津渡等:《中国对外贸易条件：1995—2004 年状况分析》,《国际经济合作》2006 年第 4 期。

[12] 崔玉杰等:《人民币升值与上证指数的相关分析》,《统计教育》

2006 年第 9 期。

[13] 曹垂龙（1998a）:《从韩国模式得到的启示——反思金融危机》,《港澳经济》1998 年第 10 期。

[14] 曹垂龙（1998b）:《论发展中国家汇率政策的选择》,《经济体制改革》1998 年第 5 期。

[15] 曹垂龙:《关于盯住汇率制的利弊与实证分析》,《国际经贸探索》1999 年第 3 期。

[16] 曹垂龙（2007a）:《新汇制的绩效及进一步改革的建议》,《经济体制改革》2007 年第 1 期。

[17] 曹垂龙（2007b）:《论人民币升值对中美贸易失衡的改善效应》,《贵州社会科学》2007 年第 1 期。

[18] 曹垂龙（2006a）:《人民币汇改对中国跨境资本流动的影响》,《经济纵横》2006 年第 11 期。

[19] 曹垂龙（2006b）:《论人民币汇制改革对我国进出口贸易的影响》,《财经问题研究》2006 年第 7 期。

[20] 曹垂龙（2007c）:《论汇率的杠杆属性与人民币汇率政策》,《东南学术》2007 年第 2 期。

[21] 曹垂龙（2007d）:《全球失衡、美元霸权及其对人民币汇改的影响》,《国际经贸探索》2007 年第 8 期。

[22] 曹垂龙（2007e）:《析解人民币升值与中国贸易顺差骤增之悖论》,《生产力研究》2007 年第 12 期。

[23] 曹垂龙（2007f）:《论人民币汇改的国际游资抑制效应：兼新时期游资估算方法之修正》,《上海金融》2007 年第 12 期。

[24] 曹垂龙:《论人民币升值的中国产业升级效应：现实与理论之悖论》,《亚太经济》2009 年第 6 期。

[25] 曹勇:《小型开放经济体的汇率制度的选择：以新加坡为例》,《国际金融研究》2005 年第 3 期。

[26] 丁凯:《论完全弹性下马歇尔—勒纳条件及其在中国的实证分析》,《兰州学刊》2006 年第 10 期。

[27] 丁剑平:《关于现行的人民币汇率机制的可持续性研究》,《国际金融研究》2003 年第 5 期。

[28] 董天新:《从亚洲外汇市场演变看人民币国际化进程》,《华东经济

管理》2005 年第 7 期。

　　［29］杜晓蓉（2006a）:《人民币汇率制度改革对东亚国家汇率制度博弈格局的影响分析》,《亚太经济》2006 年第 1 期。

　　［30］杜晓蓉（2006b）:《人民币汇率波动对美国进口价格的不完全传递》,《山西财经大学学报》2006 年第 4 期。

　　［31］丁志杰等:《全球汇率安排新动向》,《中国金融》2006 年第 21 期。

　　［32］戴祖祥:《我国贸易收支的弹性分析》,《经济研究》1997 年第 7 期。

　　［33］Feinberg R. M. , 1991. "The choic of Exchange—Rate Index and Domestic Price Passthrough" Joumal of Industrial Economics （4）,

　　［34］Menon. J, 1995. "Exchange—Rate Pass—through" Journal of Economics surveys Vol. 9 , pp. 197—231.

　　［35］冯光华:《对我国企业债券市场发展的几点认识》,《中国货币市场》2005 年第 2 期。

　　［36］冯菊平:《国际游资本与汇率风险》,中国经济出版社 2006 年版。

　　［37］范金等:《完善人民币汇率形成机制对中国宏观经济的影响的情景分析：一般均衡分析》,《管理世界》2004 年第 7 期。

　　［38］国家外汇管理局:《关于放宽境内机构保留经常项目外汇收入有关问题的通知（汇发［2005］58 号）》,国家外汇管理局网站。

　　［39］国家外汇管理局:《关于调整银行结售汇综合头寸管理的通知（汇发［2005］69 号）》,国家外汇管理局网站。

　　［40］国家外汇管理局:《银行间外汇市场做市商指引（暂行）（汇发［2005］86 号）》,国家外汇管理局网站。

　　［41］国家外汇管理局:《关于在银行间外汇市场推出即期询价交易有关问题的通知（汇发［2005］87 号）》,国家外汇管理局网站。

　　［42］中国外汇管理局:《关于境内机构自行保留经常项目外汇收入的通知（汇发［2007］49 号）》,国家外汇管理局网站。

　　［43］国家外汇管理局:《关于开展境内个人直接投资境外证券市场试点的批复（汇复［2007］276 号）》,国家外汇管理局网站。

　　［44］国家外汇管理局:《关于调整境内居民个人经常项目下因私购汇限额及简化相关手续的通知（汇发［2008］60 号）》,国家外汇管理局网站。

　　［45］国家外汇管理局国际收支分析小组:《2006 年中国国际收支报告》,

2007 年 5 月。

[46] 国务院:《中华人民共和国外汇管理条例（新修订）（中华人民共和国国务院 2008 年第 532 号令）》，国家外汇管理局网站。

[47] 管涛:《中国外汇市场再次提速》，《中国货币市场》2005 年第 8 期。

[48] 管涛:《对当前我国贸易项下异常资金流入分析》，《国际金融研究》2007 年第 6 期。

[49] 管涛:《资本项目可兑换的定义》，《经济社会体制比较》2001 年第 1 期。

[50] 高扬:《我国外汇市场微观组织结构选择研究》，《北京工商大学学报》2005 年第 5 期。

[51] 江春:《超额货币与人民币汇率》，《经济科学》2006 年第 1 期。

[52] 韩复龄:《一篮子货币》，中国时代经济出版社 2005 年版。

[53] 韩剑等:《资本流入、外汇储备非均衡增长对我国外汇政策的影响》，《国际金融研究》2006 年第 6 期。

[54] 黄泽民:《人民币汇率继续改革的理由与及其改革方向 》，《国际商务研究》2006 年第 1 期。

[55] 韩继云:《国际"热钱"：中国一个必须正视的博弈》，《对外经贸实务》2005 年第 5 期。

[56] 韩继云等:《非正常外资流入快速膨胀及其狙击策略》，《经济研究参考》2007 年第 2 期。

[57] 胡晓炼:《人民币资本项目可兑换问题研究》，《中国外汇管理》2002 年第 4 期。

[58] IMF. *Internationl Financial Statistics Yearbook*. 2002..

[59] 姜凌等:《汇率目标区理论与人民币汇率机制的改革思路》，《经济评论》2003 年第 2 期。

[60] Jaime Marquez, John W. Schindler. *Exchange—Rate Effects on China's Trade：AnInterim Report*, *International Finance Discussion Papers*, 2006 年第 86 期。

[61] 姜波克等:《 资本账户开放研究：一种基于内外均衡的分析框架》，《国际金融研究》2004 年第 4 期。

[62] 姜波克（2006a):《均衡汇率理论和政策的新框架》，《中国社会科

学》2006 年第 1 期。

　　［63］姜波克等（2006b）:《人民币均衡汇率理论的新视角及其意义》,《国际金融研究》2006 年第 4 期。

　　［64］姜波克等:《开放条件下的宏观金融稳定与安全》,复旦大学出版社 2005 年版。

　　［65］金三林:《我国国际收支出现的新问题和新趋势》,《经济纵横》2006 年第 11 期。

　　［66］鞠荣华:《中国主要出口商品汇率传递效率的国别比较：美国与日本》,《山东大学学报》（哲学社会科学版）2009 年第 4 期。

　　［67］金永军等:《人民币汇率制度改革评析》,《国际金融研究》2006 年第 6 期。

　　［68］阙水深:《国际货币运行机制》,中国发展出版社 2005 年版。

　　［69］景学成:《分阶段推进人民币基本可兑换与我国外汇市场的发展》,《国际贸易》2004 年第 1 期。

　　［70］贾玉贺、王静涛:《浅析影响人民币汇率制度选择的非传统因素》,《特区经济》2004 年第 11 期。

　　［71］［美］克鲁格曼:《汇率的不稳定性》,北京大学出版社 2000 年版。

　　［72］Liew Khim – sen, Lim Kian – ping and Hussain Huzaimia. 2003. *Exchange rate and trade balance relationship*：*The experience of Asian countries. International Trade*（7）.

　　［73］雷达等:《人民币汇率与中国货币政策研究》,中国经济出版社 2006 年版。

　　［74］李东平:《近年中国贸易顺差虚假程度及其对货币政策的影响简析》,《国际经济评论》2008 年第 5—6 期。

　　［75］李扬等:《全球经济失衡及中国面临的挑战》,《国际金融研究》2006 年第 2 期。

　　［76］刘凤娟:《人民币实际有效汇率及其波动与我国贸易平衡》,《财经理论与实践》（双月刊）2007 年第 9 期。

　　［77］卢锋:《长期经济成长与实际汇率演变》,《经济研究》2006 年第 7 期。

　　［78］卢锋等:《我国两部门劳动生产率增长及国际比较（1978—2005）》,《经济学》（季刊）2007 年第 1 期。

［79］刘舒年:《国际金融》,对外贸易出版社 1997 年版。

［80］刘宇等:《汇率变动与经济增长方式的转变》,《国际金融研究》
2008 年第 10 期。

［81］鲁志勇等:《人民币汇率低估对我国产业结构的影响》,《集团经
济》2005 年第 7 期（上）。

［82］联合国贸发会（UNCTAD）:《2004 年世界投资报告》,联合国贸发
会网站。

［83］联合国贸发会（UNCTAD）:《2005 年世界投资报告》,联合国贸发
会网站。

［84］联合国贸发会（UNCTAD）:《2006 年世界投资报告》,联合国贸发
会网站。

［85］联合国贸发会（UNCTAD）:《2007 年世界投资报告》,联合国贸发
会网站。

［86］联合国贸发会（UNCTAD）:《2008 年世界投资报告》,联合国贸发
会网站。

［87］Marston. R. C. 1990,"*Price Behavior in Japanese and U. S Manu facturing*" NBER Working Paper NO. 3364.

［88］麦金农:《东亚美元本位、浮动恐惧和原罪》,《经济社会体制比
较》2003 年第 3 期。

［89］蒙代尔:《实行新的汇率政策:中国会步日本的后尘陷入流动性陷
阱吗?》,《国际金融研究》2005 年第 11 期。

［90］欧元明:《汇率与中国对外出口关系的实证分析》,《国际贸易问
题》2005 年第 9 期。

［91］殷德生:《中国贸易收支的汇率弹性与收入弹性》,《世界经济研
究》2004 年第 11 期。

［92］袁冬梅等:《美元特权对美国贸易逆差的影响探析》,《国际贸易问
题》2007 年第 1 期。

［93］任缙:《人民币汇率变动与中国国际贸易收支关系的弹性分析》,
《西南民族大学学报》（人文社科版）2005 年第 8 期。

［94］钱荣、陈平:《国际金融》,四川人民出版社 1994 年版。

［95］任永菊:《我国进口与出口的关系检验》,《当代经济科学》2003 年
第 3 期。

［96］任兆璋等：《人民币实际汇率与贸易收支实证分析》，《现代财经》2004 年第 11 期。

［97］上海财经大学现代金融研究中心：《2006 中国金融发展报告：金融开放与金融安全》，上海财经大学出版社 2006 年版。

［98］沈国兵：《外商在华投资与中美贸易平衡问题》，《财经研究》2005 年第 9 期。

［99］THE World Bank. *World Development Report*. 2003.

［100］宿玉海等：《人民币名义汇率与中国对欧元区国家出口的关系》，《财经科学》2006 年第 4 期。

［101］温彬：《人民币汇率改革的效应和趋势分析》，《国际金融研究》2006 年第 3 期。

［102］王洪庆等：《美国在华直接投资对中美贸易影响的协整分析》，《上海交通大学学报》2005 年第 10 期。

［103］王学真：《东亚地区汇率波动的理论与实际》，《博士论文》2004 年版。

［104］王志浩：《中国贸易百慕大三角，计算问题，还是外汇流入?》，《渣打银行报告》2006 年 4 月 20 日。

［105］王元龙等：《警惕人民币汇率改革后的风险》，《现代商业银行》2006 年第 10 期。

［106］肖宏伟等：《中国外汇储备规模与汇率关系的实证研究：基于人民币对国外主要币种汇率分析》，《经济与管理》2009 年第 7 期。

［107］许和连等：《中国对外贸易平衡与实际有效汇率》，《统计与决策》2002 年第 2 期。

［108］许少强等（2006a）：《人民币实际汇率研究》，复旦大学出版社 2006 年版。

［109］许少强等（2006b）：《实际汇率与中国宏观国际竞争力管理研究》，复旦大学出版社 2006 年版。

［110］许少强等（2006c）：《均衡汇率与人民币汇率政策》，复旦大学出版社 2006 年版。

［111］徐晖：《经常项目可兑换条件下的我国进出口关联性检验（1974—2003）》，《当代财经》2005 年第 7 期。

［112］谢康等：《货物贸易与服务贸易互补性的实证分析》，《国际贸易问

题》2000 年第 9 期。

[113] 谢建国等:《人民币汇率与贸易收支：协整研究与冲击分解》,《世界经济》2002 年第 2 期。

[114] 谢智勇等:《亚洲金融危机以来人民币汇率与进出口贸易增长关系的实证分析》,《国际金融研究》1999 年第 7 期。

[115] Yang J, 1998. "*Pricing – to – market in U. S. Importer and Exports A Tine series and Cross – sectional Study*" Quarterly Review of Economics and Finance Vol38（4）, pp. 843—861.

[116] 杨帆:《人民币汇率研究》,首都经济贸易大学出版社 2000 年版。

[117] 杨帆等:《透视汇率》,中国经济出版社 2005 年版。

[118] 杨海珍:《资本外逃——国际趋势与中国问题》,中国金融出版社 2005 年版。

[119] 岳华:《最优汇率制度选择理论与政策判断》,《华东师范大学学报》2006 年第 7 期。

[120] 杨娉:《人民币汇率变动对我国各行业贸易条件的影响》,《经济评论》2009 年第 5 期。

[121] 杨胜刚等:《论建立人民币汇率目标区》,《财经科学》2003 年第 6 期。

[122] 杨胜刚等:《国际金融》,高等教育出版社 2005 年版。

[123] 杨新华:《对我国劳动力比较优势的理性思考》,《北方经济》2008 年第 2 期。

[124] 杨如彦:《中国金融制度创新报告（2005）》,社会科学文献出版社 2005 年版。

[125] 杨如彦:《中国金融制度创新报告（2006）》,社会科学文献出版社 2006 年版。

[126] 杨如彦:《中国金融制度创新报告（2007）》,社会科学文献出版社 2007 年版。

[127] 杨如彦:《中国金融制度创新报告（2008）》,社会科学文献出版社 2008 年版。

[128] 易纲:《汇率制度选择》,《金融研究》2000 年第 9 期。

[129] 易纲:《人民币汇率的决定因素及走势分析》,《经济研究》1997 年第 10 期。

［130］郑恺:《实际汇率波动对我国出口的影响——基于 SITC 比较》,《财贸经济》2006 年第 9 期。

［131］张斌:《人民币均衡汇率:简约一般均衡下的单方程式模型研究》,《世界经济》2003 年第 11 期。

［132］张礼卿:《汇率制度变革——国际经验与选择》,中国金融出版社 2005 年版。

［133］张谊浩:《现行人民币汇率有利于引进外商直接投资》,《财经科学》2003 年第 6 期。

［134］张陶伟等:《人民币 NDF 与人民币汇率失衡关系的实证分析》,《国际金融研究》2005 年第 10 期。

［135］张明:《人民币贬值与我国贸易收支关系的研究》,《金融教学与研究》2001 年第 1 期。

［136］张明等:《全口径测算中国当前的热钱规模 》,《当代亚太》2008 年第 4 期。

［137］张志柏:《以相对购买力评价估值人民币汇率》,《国际金融研究》2005 年第 10 期。

［138］湛柏明:《从中美贸易看中国增长方式的转变》,《当代亚太》2005 年第 11 期。

［139］中国人民银行货币司:《企业规避汇率风险情况调查》,中国人民银行网站。

［140］中国人民银行:《关于扩大外汇指定银行对客户远期结售汇业务和开办人民币与外币掉期业务有关问题的通知 (银发 [2005] 第 201 号)》,中国人民银行网站。

［141］中国人民银行:《关于加快发展外汇市场有关问题的通知 (银发 [2005] 202 号文)》,中国人民银行网站。

［142］中国人民银行:《关于进一步改善银行间外汇市场交易汇价和外汇指定银行挂牌汇价管理的通知 (银发 [2005] 第 250 号)》,中国人民银行网站。

［143］中国人民银行:《关于完善人民币汇率形成机制改革的公告 (中国人民银行公告 [2005] 第 16 号)》,中国人民银行网站。

［144］中国人民银行:《关于进一步完善银行间即期外汇市场的公告 (中国人民银行公告 [2006] 第 1 号)》,中国人民银行网站。

［145］中国人民银行:《中国人民银行关于扩大银行间即期外汇市场人民币兑美元交易价浮动幅度的公告（中国人民银行公告［2007］第9号)》，中国人民银行网站。

［146］中国人民银行:《个人外汇管理办法"中国人民银行令（2006）第3号"》，中国人民银行网站。

［147］中国人民银行:《中国人民银行外汇一级交易商准入指引》，中国人民银行网站。

［148］中国人民银行:《中国人民银行关于在银行间外汇市场开办人民币外汇货币掉期业务有关问题的通知（银发［2007］287号)》，中国人民银行网站。

［149］中国人民银行:《中国货币政策执行报告（2005年第四季度)》，中国人民银行网站。

［150］中国人民银行:《中国货币政策执行报告（2006年第二季度)》，中国人民银行网站。

［151］中国人民银行:《中国货币政策执行报告（2006年第四季度)》，中国人民银行网站。

［152］中国人民银行:《中国货币政策执行报告（2007年第二季度)》，中国人民银行网站。

［153］中国人民银行:《中国货币政策执行报告（2007年第四季度)》，中国人民银行网站。

［154］中国人民银行:《中国货币政策执行报告（2008年第二季度)》，中国人民银行网站。

［155］中国人民银行:《中国货币政策执行报告（2008年第四季度)》，中国人民银行网站。

［156］中国人民银行:《中国货币政策执行报告（2009年第二季度)》，中国人民银行网站。

［157］中国人民银行:《中国货币政策执行报告（2009年第四季度)》，中国人民银行网站。

［158］中国人民银行:《中国货币政策执行报告（2010年第一季度)》，中国人民银行网站。

［159］中国人民银行:《中国货币政策执行报告（2010年第二季度)》，中国人民银行网站。

［160］中国人民银行：《2006 年中国房地产金融报告》，中国人民银行网站。

［161］朱耀春：《汇率制度的国际比较研究及影响因素分析》，《国际金融研究》2003 年第 10 期。

［162］赵庆明：《人民币资本项目可兑换及国际化研究》，中国金融出版社 2005 年版。

［163］周小川：《转变思维模式看汇率机制改革》，《中国货币市场》2005 年第 8 期。

［164］钟伟、张庆：《美元危机和人民币面临的挑战》，《国际金融研究》2003 年第 4 期。

［165］张宗新：《金融开放条件下利率和汇率改革的协同效应分析》，《国际金融研究》2006 年第 6 期。

二 主要参考网站网址

1. 国际货币基金组织（IMF）：http：//www. ifs. apdi. net.

2. 联合国官方数据库：http：//unstats. org.

3. 美国劳工统计局（U. S. Bureau of Labor Statistics）：http：//www. bls. gov. org.

4. 世界银行（WB）：http：//www. worldbank. org.

5. 联合国贸发会（UNCTAD）：http：//www. unctad. org.

6. 国际清算银行（BIS）：http：//www. bis. org.

7. 中华人民共和国国家统计局：http：//www. stats. gov. cn.

8. 中国人民银行：http：//www. pbc. gov. cn.

9. 中华人民共和国商务部：http：//www. mofcom. gov. cn.

10. 中华人民共和国海关总署：http：//www. customs. gov. cn.

11. 中华人民共和国国家外汇管理局：http：//www. safe. gov. cn.

12. 中商情报网 http：//www. askci. com.

Contents

Part 6   Analysis on Leverage Effect on
China's Internal Economy

Part 7   China's Restructuring and Transferring Effect of Industry after Yuan Appreciation

Part 8   Planning and Feasibility Expounding about
Further Reform of the RMB Exchange Rate